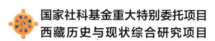中国社会科学院创新工程学术出版资助项目

国家社科基金重大特别委托项目
西藏历史与现状综合研究项目

 中国社会科学院创新工程学术出版资助项目

 国家社科基金重大特别委托项目
西藏历史与现状综合研究项目

排除农牧民的发展障碍

青藏高原东部农牧区案例研究

杨春学　朱　玲　主编

社会科学文献出版社
SOCIAL SCIENCES ACADEMIC PRESS (CHINA)

中国社会科学院
藏区发展研究课题组

主持人　杨春学　经济研究所　　研究员

成　员　朱　玲　经济研究所　　研究员

　　　　　魏　众　经济研究所　　研究员

　　　　　周　济　经济研究所　　研究馆员

　　　　　扎　洛　民族学与人类学研究所　研究员

　　　　　丁　赛　民族学与人类学研究所　研究员

　　　　　姚　宇　经济研究所　　副研究员

　　　　　邓曲恒　经济研究所　　副研究员

　　　　　佘成武　经济研究所　　副研究员

Tibetan Development Research Team of CASS

Manager: Yang Chunxue   Professorial Fellow, Institute of Economics

Members: Zhu Ling   Professorial Fellow, Institute of Economics

Wei Zhong   Professorial Fellow, Institute of Economics

Zhou Ji   Professorial Librarian, Institute of Economics

Zhaluo   Professorial Fellow, Institute of Ethnology and Anthropology

Ding Sai   Professorial Fellow, Institute of Ethnology and Anthropology

Yao Yu   Associate Research Fellow, Institute of Economics

Deng Quheng   Associate Research Fellow, Institute of Economics

Jin Chengwu   Associate Research Fellow, Institute of Economics

总　序

郝时远

　　中国的西藏自治区，是青藏高原的主体部分，是一个自然地理、人文社会极具特色的地区。雪域高原、藏传佛教彰显了这种特色的基本格调。西藏地区平均海拔 4000 米，是人类生活距离太阳最近的地方；藏传佛教集中体现了西藏地域文化的历史特点，宗教典籍中所包含的历史、语言、天文、数理、哲学、医学、建筑、绘画、工艺等知识体系之丰富，超过了任何其他宗教的知识积累，对社会生活的渗透和影响十分广泛。因此，具有国际性的藏学研究离不开西藏地区的历史和现实，中国理所当然是藏学研究的故乡。

　　藏学研究的历史通常被溯到 17 世纪西方传教士对西藏地区的记载，其实这是一种误解。事实上，从公元 7 世纪藏文的创制，并以藏文追溯世代口传的历史、翻译佛教典籍、记载社会生活的现实，就是藏学研究的开端。同一时代汉文典籍有关吐蕃的历史、政治、经济、文化、社会生活及其与中原王朝互动关系的记录，就是中国藏学研究的本土基础。现代学术研究体系中的藏学，如同汉学、东方学、蒙古学等国际性的学问一样，曾深受西学理论和方法的影响。但是，西学对中国的研究也只能建立在中国历史资料和学术资源基础之上，因为这些历史资料、学术资源中所蕴含的不仅是史实，而且包括了古代记录者、撰著者所依据的资料、分析、解读和观念。因此，中国现代藏学研究的发展，不仅需要参考、借鉴和吸收西学的成就，而且必须立足本土的传统，光大中国藏学研究的中国特色。

作为一门学问，藏学是一个综合性的学术研究领域，"西藏历史与现状综合研究项目"即是立足藏学研究综合性特点的国家社会科学基金重大特别委托项目。自 2009 年"西藏历史与现状综合研究项目"启动以来，中国社会科学院建立了项目领导小组，组成了专家委员会，制定了《"西藏历史与现状综合研究项目"管理办法》，采取发布年度课题指南和委托的方式，面向全国进行招标申报。几年来，根据年度发布的项目指南，通过专家初审、专家委员会评审的工作机制，逐年批准了一百多项课题，约占申报量的十分之一。这些项目的成果形式主要为学术专著、档案整理、文献翻译、研究报告、学术论文等类型。

承担这些课题的主持人，既包括长期从事藏学研究的知名学者，也包括致力于从事这方面研究的后生晚辈，他们的学科背景十分多样，包括历史学、政治学、经济学、民族学、人类学、宗教学、社会学、法学、语言学、生态学、心理学、医学、教育学、农学、地理学和国际关系研究等诸多学科，分布于全国 23 个省、自治区、直辖市的各类科学研究机构、高等院校。专家委员会在坚持以选题、论证等质量入选原则的基础上，对西藏自治区、青海、四川、甘肃、云南这些藏族聚居地区的学者和研究机构，给予了一定程度的支持。这些地区的科学研究机构、高等院校大都具有藏学研究的实体、团队，是研究西藏历史与现实的重要力量。

"西藏历史与现状综合研究项目"具有时空跨度大、内容覆盖广的特点。在历史研究方面，以断代、区域、专题为主，其中包括一些历史档案的整理，突出了古代西藏与中原地区的政治、经济和文化交流关系；在宗教研究方面，以藏传佛教的政教合一制度及其影响、寺规戒律与寺庙管理、僧人行止和社会责任为重点，突出了藏传佛教与构建和谐社会的关系；在现实研究方面，则涉及政治、经济、文化、社会和生态环境等诸多领域，突出了跨越式发展和长治久安的主题。

在平均海拔 4000 米的雪域高原，实现现代化的发展，是中国改革开放以来推进经济社会发展的重大难题之一，也是没有国际经验可资借鉴的中国实践，其开创性自不待言。同时，以西藏自治区现代化为主题的经济社会发展，不仅面对地理、气候、环境、经济基础、文化特点、社会结构等特殊性，而且面对境外达赖集团和西方一些所谓"援藏"势力制造的"西藏问题"。因此，这一项目的实施也必然包括针对这方面的研究选题。

所谓"西藏问题"是近代大英帝国侵略中国、图谋将西藏地区纳入其殖民统治而制造的一个历史伪案，流毒甚广。虽然在一个世纪之后，英国官方承认以往对中国西藏的政策是"时代错误"，但是西方国家纵容十四世达赖喇嘛四处游说这种"时代错误"的国际环境并未改变。作为"时代错误"的核心内容，即英国殖民势力图谋独占西藏地区，伪造了一个具有"现代国家"特征的"香格里拉"神话，使旧西藏的"人间天堂"印象在西方社会大行其道，并且作为历史参照物来指责 1959 年西藏地区的民主改革、诋毁新西藏日新月异的现实发展。以致从 17 世纪到 20 世纪上半叶，众多西方人（包括英国人）对旧西藏黑暗、愚昧、肮脏、落后、残酷的大量实地记录，在今天的西方社会舆论中变成讳莫如深的话题，进而造成广泛的"集体失忆"现象。

这种外部环境，始终是十四世达赖喇嘛及其集团势力炒作"西藏问题"和分裂中国的动力。自 20 世纪 80 年代末以来，随着前苏联国家裂变的进程，达赖集团在西方势力的支持下展开了持续不断、无孔不入的分裂活动。达赖喇嘛以其政教合一的身份，一方面在国际社会中扮演"非暴力"的"和平使者"，另一方面则挑起中国西藏等地区的社会骚乱、街头暴力等分裂活动。2008 年，达赖集团针对中国举办奥运会而组织的大规模破坏活动，在境外形成了抢夺奥运火炬、冲击中国大使馆的恶劣暴行，在境内制造了打、砸、烧、杀的严重罪行，其目的就是要使所谓"西藏问题"弄假成真。而一些西方国家对此视而不见，则大都出于"乐观其成"的"西化""分化"中国的战略意图。其根本原因在于，中国的经济社会发展蒸蒸日上，西藏自治区的现代化进程不断加快，正在彰显中国特色社会主义制度的优越性，而西方世界不能接受中国特色社会主义取得成功，达赖喇嘛不能接受西藏地区彻底铲除政教合一封建农奴制度残存的历史影响。

在美国等西方国家的政治和社会舆论中，有关中国的议题不少，其中所谓"西藏问题"是重点之一。一些西方首脑和政要时不时以会见达赖喇嘛等方式，来表达他们对"西藏问题"的关注，显示其捍卫"人权"的高尚道义。其实，当"西藏问题"成为这些国家政党竞争、舆论炒作的工具性议题后，通过会见达赖喇嘛来向中国施加压力，已经成为西方政治作茧自缚的梦魇。实践证明，只要在事实上固守"时代错误"，所谓"西藏问题"的国际化只能导致搬石砸脚的后果。对中国而言，内因是变化的依据，外因是变化的条件这一哲学原理没有改变，推进"中国特色、西藏特点"现代化建设的时间表是由中国确定的，中国具备抵御任何外部势力破坏国家统一、民族团结、社会稳定的能力。从这个意义上说，本项目的实施不仅关注了国际事务中的涉藏斗争问题，而且尤其重视西藏经济社会跨越式发展和长治久安的议题。

在"西藏历史与现状综合研究项目"的实施进程中，贯彻中央第五次西藏工作座谈会的精神，落实国家和西藏自治区"十二五"规划的发展要求，是课题立项的重要指向。"中国特色、西藏特点"的发展战略，无论在理论上还是实践中，都是一个现在进行时的过程。如何把西藏地区建设成为中国"重要的国家安全屏障、重要的生态安全屏障、重要的战略资源储备基地、重要的高原特色农产品基地、重要的中华民族特色文化保护地、重要的世界旅游目的地"，不仅需要脚踏实地的践行发展，而且需要科学研究的智力支持。在这方面，本项目设立了一系列相关的研究课题，诸如西藏跨越式发展目标评估，西藏民生改善的目标与政策，西藏基本公共服务及其管理能力，西藏特色经济发展与发展潜力，西藏交通运输业的发展与国内外贸易，西藏小城镇建设与发展，西藏人口较少民族及其跨越式发展等研究方向，分解出诸多的专题性研究课题。

　　注重和鼓励调查研究，是实施"西藏历史与现状综合研究项目"的基本原则。对西藏等地区经济社会发展的研究，涉面甚广，特别是涉及农村、牧区、城镇社区的研究，都需要开展深入的实地调查，课题指南强调实证、课题设计要求具体，也成为这类课题立项的基本条件。在这方面，我们设计了回访性的调查研究项目，即在 20 世纪五六十年代开展的藏区调查基础上，进行经济社会发展变迁的回访性调查，以展现半个多世纪以来这些微观社区的变化。这些现实性的课题，广泛地关注了经济社会的各个领域，其中包括人口、妇女、教育、就业、医疗、社会保障等民生改善问题，宗教信仰、语言文字、传统技艺、风俗习惯等文化传承问题，基础设施、资源开发、农牧业、旅游业、城镇化等经济发展问题，自然保护、退耕还林、退牧还草、生态移民等生态保护问题，等等。我们期望这些陆续付梓的成果，能够从不同侧面反映西藏等地区经济社会发展的面貌，反映藏族人民生活水平不断提高的现实，体现科学研究服务于实践需求的智力支持。

　　如前所述，藏学研究是中国学术领域的重要组成部分，也是中华民族伟大复兴在学术事业方面的重要支点之一。"西藏历史与现状综合研究项目"的实施涉及的学科众多，它虽然以西藏等藏族聚居地区为主要研究对象，但是从学科视野方面进一步扩展了藏学研究的空间，也扩大了从事藏学研究的学术力量。但是，这一项目的实施及其推出的学术成果，只是当代中国藏学研究发展的一个加油站，它在一定程度上反映了中国藏学研究综合发展的态势，进一步加强了藏学研究服务于"中国特色、西藏特点"

的发展要求。但是，我们也必须看到，在全面建成小康社会和全面深化改革的进程中，西藏实现跨越式发展和长治久安，无论是理论预期还是实际过程，都面对着诸多具有长期性、复杂性、艰巨性特点的现实问题，其中包括来自国际层面和境外达赖集团的干扰。继续深化这些问题的研究，可谓任重道远。

在"西藏历史与现状综合研究项目"进入结项和出版阶段之际，我代表"西藏历史与现状综合研究项目"专家委员会，对全国哲学社会科学规划办公室、中国社会科学院及其项目领导小组几年来给予的关心、支持和指导致以崇高的敬意！对"西藏历史与现状综合研究项目"办公室在组织实施、协调联络、监督检查、鉴定验收等方面付出的努力表示衷心的感谢！同时，承担"西藏历史与现状综合研究项目"成果出版事务的社会科学文献出版社，在课题鉴定环节即介入了这项工作，为这套研究成果的出版付出了令人感佩的努力，向他们表示诚挚的谢意！

2013 年 12 月北京

目　录

1

第
一
篇

 产权的确立和保护

第一章　导言[*]

朱　玲

一　研究背景和目的

在发展经济学研究中，有两类问题一直备受关注。其一，为什么有些国家或地区的发展取得成功，另外一些却不然。弄清其中的根源，将有助于了解如何战胜贫困。[①]　其二，如何通过外部援助，促进欠发达国家或地区摆脱贫困陷阱，进入良性发展轨道并应对不断出现的新挑战。对这个问题的回答，建立在对前一问题的研究基础上，同时还将超越经济学边界，进一步涉及多种因素的解析，诸如发展援助的设计，援助政策与受援国家或地区社会、政治、经济、文化的相互调整，政府的施政能力，公共机构的激励机制，受援群体在政策设计及执行过程中的参与，监督及问责，等等。[②]　对于地区差距显著的同一国家，这同样是值得深入探讨的发展理论和发展实践问题。或者说，针对一国之内欠发达地区的发展战略、政策和实践的研究，必将丰富世界性的发展问题的探索，并为其他发展中国家提供可资借鉴的思想材料。

进一步讲，无论是研究国家的还是地区的发展问题，都需要明晰地定

[*]　笔者在写作期间曾受益于其他课题组成员对本文的讨论，以及课题评审专家郝时远、孟宪范、冯小双、李凌静、刘亚秋和文稿匿名评审专家的修改建议。在收集数据和制作统计表时，得到蒋中一和金成武的帮助。谨在此一并致谢。

①　达龙·阿西莫格鲁（Daron Acemoglu）：《社会科学面临的挑战：制度与经济发展》、阿尔贝托·阿莱西纳（Alberto Alesina）：《拓展经济学的边界》，《比较》2012 年第 5 期。

②　Daron Acemoglu and James Robinson, 2012, *Why Nations Fail：The Origins of Power，Prosperity，and Poverty*，New York：Crown Publishers.

义"发展"这一概念。诺贝尔经济学奖获得者 Amartya Sen 把发展定义为扩展人类自由的一个过程。他所说的自由，反映的是人类的生活状态，其内涵更容易从"不自由"状态反向理解。例如贫困，意味着在这一状态下生活的人们尚未获得满足自身基本生存需求的自由。在这个意义上，经济增长可谓扩展自由的一个重要手段。Sen 尤其强调社会成员选择自己所珍视的生活方式的自由。他指出，个人的选择自由实质上取决于社会经济制度安排。① 对此，当代中国农村劳动力的迁移史便可提供典型的注解。改革开放前，劳动者不能自由迁移和择业，这是集权计划经济制度使然。自转向市场经济始，农村劳动者获得了进城谋生的自由。然而城市的正式和非正式制度对其享有公共服务和社会保障的排斥，既限制了他们对迁移方式的选择，又阻碍了他们拥有尊严地融入城市社群生活。

由此可见，Sen 的定义通过勾连发展的目的和手段，不仅为观察和测度国家或地区发展状况提供了一个独特的视角，还将决策者和公众的注意力，引向处于不利地位的个人、家庭、群体、地区和国家对发展进程的参与和对发展成果的分享。人类发展指数和联合国千年发展目标的理论基础及政策含义正在于此。在联合国设定的 2000～2015 年千年发展目标的 8 项指标值当中，② 中国已经提前实现贫困人口减半、③ 普及初等教育，以及降低产妇和婴幼儿死亡率的目标。④ 然而，联合国千年发展目标在乡村，特别是在西部地区贫困乡村的实现程度，明显低于全国平均水准。例如，西部地区孕产妇死亡率是东部的 2.5 倍，农村 5 岁以下儿童死亡率是城市的 2.8 倍。究其原因，并非在于千年发展目标的指标值设置过高，而是以往的发展理念、战略、政策以及与之相关的制度环境存在缺陷。最明显的例证是，社会政策改

---

① Amartya Sen：《以自由看待发展》（*Development as Freedom*），任赜、于真译，中国人民大学出版社，2002，第 1～43、62～70 页。

② 参见联合国千年发展目标网（http：//www. un. org/zh/millenniumgoals/）显示的 8 项核心目标：消灭极端贫穷和饥饿，普及小学教育，促进男女平等并赋予妇女权利，降低儿童死亡率，改善产妇保健，与艾滋病毒/艾滋病、疟疾和其他疾病作斗争，确保环境的可持续能力，全球合作促进发展。

③ 中国新闻网：《中国贫困人口减半实现联合国千年发展目标》（2012 年 6 月 21 日），2012 年 7 月 26 日下载自 http：//www. chinanews. com/gn/2012/06－21/3979520. shtml。

④ 中华人民共和国卫生部：《2012 年全国妇幼卫生工作会议在京召开》（2012 年 2 月），2012 年 2 月 23 日下载自 http：//www. moh. gov. cn/publicfiles/business/htmlfiles/liuq/ptpjj/201202/54191. htm。

革远远滞后于经济政策改革。尤其是在很长一段时间，政府决策层将"增长"混同于"发展"，而且忽略了效率与公平之间的权衡。① 与此相关，基础设施和公共服务投资多年向城市倾斜，西部大开发项目也不例外。结果西部城市与东部城市的差距缩小，但西部乡村与本地区城市的差距拉大。

西藏及青海、甘肃、云南和四川的藏区，皆为西部的欠发达地域。当地大部分人口主要以农牧业为生。为了在贫瘠的土壤上和脆弱的生态条件下维持生存，农牧户居住分散而且保留了诸多传统农牧社会的非正式制度。这些地方的农牧区，至今依然人力资本不足、物质资源匮乏、交通不便、市场狭小。自 20 世纪 50 年代以来，中央政府一直对藏区采取援助政策，尝试通过引入现代国家行政制度并输送物力、人力，促使该地区实现发展阶段的跨越。最近 30 多年里，在政府实施的扶贫项目、西部大开发战略、新农村建设和城乡统筹发展政策中，藏区始终是重点之一。中央政府还通过五次西藏工作座谈会，制定了逐步强化援藏力度的措施。特别是中央第五次西藏工作座谈会（2010 年），对省属藏区的发展问题给予了前所未有的重视。

在高强度的地区发展援助下，藏区有了引人瞩目的发展。② 然而，无论是在计划经济时代还是在向市场经济转型的过程中，其发展程度一直低于全国平均水平。到目前，当地农牧区依然是贫困高发的地方。为了探寻解决问题的办法，国外学者多通过国际合作项目做田野调查，以各自的视角回答了现状"是什么"的问题。但因缺少对政策制定和执行过程的了解，在说明"为什么"和推论"应当是什么"及"怎么办"的层面上，不免隔靴搔痒。③ 国内学者有的从产业经济政策方面找原因，用大量统计数据揭示政府投资决策曾一度有悖因地制宜原则，制造业投资几乎无一例外地造成资源配置低效率。④ 有的学者针对援助项目的效果展开调查和分

① 杨春学：《效率优先兼顾公平命题的反思——我们需要什么样的公平观》，《经济学动态》2006 年第 4 期。

② 国务院新闻办公室：《西藏和平解放 60 年》（2011 年 7 月 15 日），2012 年 12 月 26 日下载自 http://www.tibet.cn/2011xzts/zgzfxzbpshb/xzhpjf60n/201107/t20110715_1105896.html。

③ Goldstein, M. C., 1989, "The Impact of China's Reform Policy on the Nomads of Western Tibet", *Asian Survey*, No. 6; Goldstein, M. C., Ben Jiao, C. M. Beall & Phuntsog Tsering, 2003, "Development and Change in Rural Tibet", *Asian Survey*, No. 5.

④ 孙勇主编《西藏：非典型二元结构下的发展改革》，中国藏学出版社，2000；温军：《西藏农业可持续发展战略研究》，中国藏学出版社，2006。

析，阐释项目实施过程中何以不乏寻租行为和资源浪费，以至于有些工程完工不久即告报废。①

这些研究虽然说明了援助何以低效，却未明确区分"援藏"与援助藏区贫困人口这两个概念。前者实质上指的是，中央和各地区对藏区的地区性发展的援助，后者才是帮助藏区处境最差即面临严重发展障碍的群体。如果混淆二者，很可能会在政策上忽视何者从"援藏"中受益的问题，从而减弱援助项目的扶贫效果。基于这一理解，中国社会科学院藏区发展研究课题组一直关注以下问题：第一，哪些群体当为藏区发展政策的重点目标人群（即通常所说的政策对象）？第二，如何将援助资源和服务送抵这些群体？第三，采用何种制度安排保证他们受益？本项研究的一个目的，正在于解答这些问题，为中央和地方政府改进地区发展战略和发展政策提供参考。

二　研究方法和分析路径

对于藏区发展问题，政府部门的研究机构由于职能所限，多偏重于对策性研究而难以在基础理论上着力；② 大学因为承担着传授基础理论的任务，所做的研究更具学术导向而与政策操作层面略有隔膜；③ 专门的藏学研究机构至今社会科学门类不足，故而欠缺跨学科的综合研究。④ 中国社会科学院学科门类齐全、基础理论和应用研究并重的优势，赋予了本课题组跨所和跨学科合作研究的特点。课题组先后有来自经济学、法学、社会学、宗教学、民族学和人类学等学科 7 个研究所的科研人员参加。每个成员既在研究中跨越自己原有的学科边界，又以不同的学科专长相互支持，并共同聚焦于特定的调研地区，分专题评估现行发展政策和探讨中长期发展战略。

---

① 靳薇：《西藏：援助与发展》，西藏人民出版社，2010，第 127～140、345～361 页。
② 白涛主编《从传统迈向现代——西藏农村的战略选择》，西藏人民出版社，2004；曹洪民、王小林、陆汉文等：《特殊类型贫困地区多维贫困测量及干预——四川省阿坝藏族羌族自治州案例》，中国农业出版社，2011。
③ 马戎：《拉萨市区藏汉民族之间社会交往的条件》，《社会学研究》1990 年第 3 期；马戎、旦增伦珠：《拉萨市流动人口调查报告》，《西北民族研究》2006 年第 4 期。
④ 徐平、郑堆：《西藏农民的生活》，中国藏学出版社，2000；中国藏学研究中心社会经济研究所：《西藏家庭四十年变迁》，中国藏学出版社，1996；罗绒占堆：《西藏的贫困与反贫困研究》，中国藏学出版社，2002。

课题组采用经验研究方法，以实地调查收集第一手资料为主，综合分析每一专题涉及的社会、政治、经济、文化等多方面因素。同时，注重将文献回顾、宏观社会经济统计、微观抽样调查和案例分析相结合。我们的调查方式主要是个人访谈。访谈对象包括各级政府官员、基本公共服务供给机构和其他国有单位、调研地区村委会成员和农牧民家庭成员、寺院僧人和居士、本地和外来企业家、做工者和商人。在研究过程中，课题组一方面借助与中央和地方研究机构的交流，拓展学术网络和研究视野；另一方面，通过参与政策对话和咨询活动，在将研究成果传递到中央职能部门和调研地区政府的同时，获得政府机构对调研工作的有效支持。

关注发展政策设计和实施中的包容性，是课题组的另一个特点。按照1995 年哥本哈根联合国社会发展峰会的说法，所谓"包容性"，指的是在一个社会中，每一个人都有平等的权利和责任发挥积极作用。包容性社会的特征在于，超越种族、性别、阶层、代际和地理区位等差别，保证社会成员机会平等。那么，社会包容的反面便是社会排斥，促进包容性发展也就意味着减少发展进程中的社会排斥。① 基于这一理解，课题组成立十多年来一直将排除农牧民的发展障碍作为研究重点。

我们的研究分为五个阶段：第一阶段（2000～2002 年），基于"政府治理和基层动员力"的分析框架，以云南藏区为例，探讨欠发达地区的发展路径。② 第二阶段（2003～2005 年），先后在青海藏区和西藏自治区从事案例研究，采用的分析框架是"经济转型中的公共服务需求与供给"。③ 第三阶段（2004～2005 年）与第二阶段的研究交叉进行，课题组选择的调研地域是四川藏区和西藏昌都地区，采用的分析角度是排除农牧民的发展障碍。④

---

① 朱玲：《发展的度量》，《中国人口科学》2013 年第 1 期。
② 王洛林、朱玲主编《后发地区的发展路径选择——云南藏区案例研究》，经济管理出版社，2002。
③ 王洛林、朱玲主编《市场化与基层公共服务——西藏案例研究》，民族出版社，2005。
④ 藏族讲康方言的人，主要分布在西藏自治区的昌都地区、四川省的甘孜州、青海省的玉树州和云南省的迪庆州，这些地区通称为康巴或康藏地区。参见任乃强先生于 1942 年发表的《康藏史地大纲》，载于《任乃强藏学文集》（中国藏学出版社 2009 年版），第 440～447 页；泽波、格勒主编《横断山民族文化走廊——康巴文化名人论坛文集》，中国藏学出版社，2004，第 2～3 页。这里只是为了叙述方便，把川西和藏东地区从事的田野工作简称为康藏调研。参见中国社会科学院课题组《康藏地区社会调研》，《经济活页文选》2005 年第 10 期，中国财政经济出版社。

第四阶段（2006～2010 年），为了探索突破贫困陷阱的途径，课题组除了在甘肃和青海藏区从事案例调研外，还对云南藏区做了回访。① 第五阶段（2011～2013 年），我们重访了西藏昌都地区和四川省甘孜藏族自治州，在金沙江西岸昌都地区的贡觉县、江达县和东岸甘孜州的德格县，分别走访了村庄和农牧民家庭，着重观察了"十一五"（2006～2010 年）期间"民生工程建设"的实施效果。

在金沙江两岸选择调查点的原因在于，最近 50 年来，中央政府对不同行政区的优惠政策有别，这使得其他省的藏区和西藏自治区的藏族居民仅仅由于区位不同，就拥有不同的社会福利水平。对两岸民生工程实施中的关节点加以比较，能够相对容易地分离出由行政隶属关系不同导致的地方政策差别对居民福利的影响。2004～2006 年，我们的调研地点之所以还包括一些汉族、回族、东乡族和纳西族的聚居地（见表 1－1），例如四川大邑县、甘肃临夏回族自治州和西藏芒康县盐井纳西族民族乡，是因为当地居民与藏族有着较为密切的社会、经济、文化交往。在这些地点从事"田野工作"，为的是观察族群之间的交往对藏族发展的影响。

表 1－1　调研地点概览（2004～2006 年、2011 年）

调研时间	省/自治区	市/自治州/地区	县
2004 年 6～7 月	四川省	成都市（省政府部门）	大邑县
		阿坝藏族羌族自治州	九寨沟县
			松潘县
2005 年 6～7 月	四川省	甘孜藏族自治州	巴塘县
	西藏自治区	昌都地区	芒康县
			左贡县
			昌都县
		拉萨市（自治区政府部门）	
2006 年 8 月	甘肃省	兰州市（省政府部门）	
		甘南藏族自治州	卓尼县
			夏河县
		临夏回族自治州	临夏县
			和政县

① 王洛林、朱玲主编《如何突破贫困陷阱——滇青甘农牧藏区案例研究》，经济管理出版社，2010。

续表

调研时间	省/自治区	市/自治州/地区	县
2011 年 8 月	四川省	成都市(四川省社会科学院康藏研究中心)	
		甘孜藏族自治州	德格县
	西藏自治区	昌都地区	江达县
			贡觉县

"十一五"期间,特别是在中央第五次西藏工作座谈会确定新增援助项目之后,以"学有所教、劳有所得、病有所医、老有所养、住有所居"为目标的民生工程和社会保障体系建设,成为援藏政策和地方发展政策中最突出的重点。对这类政策的实施效果,采用"人类发展指数"仅能部分地加以衡量,因为它主要由人均国内生产总值、人均预期寿命和成人文盲率决定。[①]从发展的包容性角度评估,则要看贫困群体的基本需求满足程度。

联合国千年发展目标研究小组曾将基本需求定义为:个人和家庭为了保持具有创造力的生活,需要清洁且可持续的生态环境,足够的食物营养,附有租约保障或财产权保障的住所,安全饮水和卫生设施,安全的生活能源,安全的道路和可靠的交通服务,卫生和计划生育服务,基础教育和工作技能培训,现代信息和通信技术服务,资产所有权和租用权保障,包括性别平等、就业与创业机会平等在内的基本权利平等。[②] 这 定义,突出地阐明了全球化时代下,维持人类的生存和发展潜力所必需的人力资本、基础设施和服务,以及社会经济和政治权利。这一定义,也是本课题组考察地区发展状况和评估发展政策实施效果的一个参照系。

进一步讲,上述定义并不完全取决于单个人或家庭的偏好,而是经过联合国政治程序表达出来的制度化的社会偏好,因而是外在于具体个人或家庭的基本需求的定义。它在某些方面或许与个人偏好一致,例如现代信息和通信技术服务;在某些方面可能不完全一致,例如环保和健康促进。这些不一致之处,正是实施公共政策的切入点。例如,个人对良好的健康和环境有着潜在的需求,只是由于生活习惯或信息障碍,而保持着不利于

---

① 关于人类发展指数的计算方法,参见联合国发展计划署《2004 年人类发展报告:当今多样化世界中的文化自由》,中国财政经济出版社,2005,第 259 页。

② UN Millennium Project, 2005, *Investing in Development: A Practical Plan to Achieve the Millennium Development Goals*, New York (first published by Earthscan), pp. 8, 281 – 293.

健康和环境的行为。这就需要借助政策设计和实施，消除信息障碍，激发个人潜在的需求以改变陋习。又例如，基础教育可为儿童的成长及整个社会带来长期收益，可有些家长却因为顾虑教育带来的短期机会成本而不愿送子女上学。若要突破这种心理限制，就不仅需要为家庭提供激励，还必须实施强制。实际上，这也是义务教育制度的由来。总之，对贫困群体基本需求满足程度的观察，始终需要关注个人及家庭偏好与社会偏好的差异，并由此探寻二者的结合点和易于被家庭接受的衔接方式。循着这种研究途径得到的发现，将有助于展示公共政策能够提供什么、改变什么，以及政策本身还应做怎样的调整。

鉴于此，以下首先借助联合国发展计划署 2005 年和 2010 年发布的《中国人类发展报告》（该报告的统计数据仅限于国家和省/区层面的信息），了解西藏自治区的发展状况。其次，采用农业部农村社会经济调查网 2004 年和 2009 年的西藏农牧村庄和住户抽样调查数据，通过描述统计和非参数分析，展示农牧民的生活状态及变化。再次，基于 2005 年和 2011 年的案例研究，探寻这种变化背后的制度性和政策性原因。

三　社群差距的变化

要在统计上确认面临严重发展障碍的群体，在教育、健康和收入方面，区分地域和个人特征（例如城乡、性别和族群）的信息是不可或缺的。有鉴于调研地区恰恰缺少这种分类统计，而西藏自治区可供使用的数据比其他省的藏区要多一些，本节的统计分析便以西藏为主。

（一）最需要援助的群体

联合国发展计划署的年度报告表明，2003～2008 年，西藏自治区的人类发展指数明显提高，从 0.586 增加到 0.630（见表 1-2）。这意味着，当地居民在健康、知识和生活水平方面，有了显著的改善。不过，城镇居民与农村居民相比、男性与女性相比，前者的健康和教育指标值都高于后者。那么，农牧人口较短的人均预期寿命意味着，这一群体在相对低龄的时候即易于死亡。它反映的是，农牧群体较高的健康风险和不利的生活状况。健康和长寿固然与遗传因素有关，但居住条件、职业环境、安全用水、食物和营养、生活习惯、健康教育和卫生服务的可及性等因素，综合起来所起的决定性作用更为显著。否则难以解释，西藏城镇人口的人均预期寿命何以会高于全国城镇平均水平。

在联合国发展计划署构造的教育指数中，成人识字率被赋予高于入学率的权重。其含义在于强调，文盲和半文盲即意味着被排除在阅读和文字交流世界之外，因而极有可能在社会、政治、经济活动中陷入边缘化状态。表1-2的教育统计虽然没有区分城乡，鉴于西藏人口的大多数是农牧

表1-2 西藏自治区人类发展指标值

指　　标			全体	城　　镇			农　　村		
	地区	年份		男性	女性	全体	男性	女性	全体
人类发展指数	西藏	2003	0.586	—	—	0.713	—	—	0.562
		2008	0.63	—	—	—	—	—	—
	全国	2003	0.755	—	—	0.816	—	—	0.685
		2008	0.793	—	—	—	—	—	—
人均预期寿命（岁）	西藏	2003	65.81	73.05	78.81	75.88	62.83	65.73	64.34
		2009	67.00	—	—	—	—	—	—
	全国	2000	71.40	73.11	77.51	75.21	67.94	71.31	69.55
		2010	74.83	—	—	—	—	—	—
文盲/半文盲率（％）				女性			男性		
	西藏	2003	54.86	62.63			45.87		
		2008	—	—			—		
	全国	2003	10.95	15.85			6.12		
		2010	4.08						

注：1. 如无另外说明，2003年数据引自联合国发展计划署编《中国人类发展报告2005：追求公平的人类发展》（中国对外翻译出版公司，2005，第140~149页），2008年数据引自《2009/10中国人类发展报告：迈向低碳经济和社会的可持续未来》（中国对外翻译出版公司，2010，第104~105页）。

2. 2009年西藏人均预期寿命引自新华网《西藏人均预期寿命比和平解放时增加31.5岁》（2009年3月21日），2012年8月17日下载自http://news.xinhuanet.com/newscenter/2009-03/21/content_11047921.htm。2000年与2010年全国人均预期寿命引自新华网《统计局：我国人均预期寿命超74岁》（2012年8月11日），2012年8月17日下载自http://news.xinhuanet.com/politics/2012-08/11/c_112692771.htm。

3. 文盲率指大陆31个省（自治区、直辖市）和现役军人的人口中15岁及以上不识字人口所占比重。2010年全国文盲率引自国家统计局《2010年第六次全国人口普查主要数据公报（第1号）》（2011年4月28日），2012年8月17日下载自http://www.stats.gov.cn/tjgb/rkpcgb/qgrkpcgb/t20110428_402722232.htm。

4. "—"表示无数据可用。

人口，加之城镇教育又领先于乡村，故而可以判断，大多数发生功能性识字障碍的人生活在农牧区。由此不难设想，一个西藏居民如果兼有农牧民和女性两个特征，陷入社会经济生活边缘的概率必然高于其他人。

（二）农牧户之间的发展差别

课题组在 2005 年的康藏调查中，大多收集的是 2004 年的信息。因此从农业部调查系统中，首先选择的也是 2004 年数据集。该年份的数据集包括 4 个样本村，90 个住户（其中 1 户数据完全缺失），508 人（见表1-3）。西藏自治区统计局历年来编制的《西藏统计年鉴》，虽然也包括农村住户抽样调查数据，[①] 但那只是加总处理的结果，不能完全满足本项研究的需求。为了弄清农业部样本与西藏统计局样本的区别，我们借助 Wilcoxon 秩和检验（rank-sum test），来判断农业部样本的个人纯收入与《西藏统计年鉴》同期数据的差别。结果是，农业部样本个人纯收入的分布与统计局的相比，在3‰的水平上存在显著差异。这也就从统计上表明，农业部样本与统计局样本存在显著差别，换句话说，二者具有不同的代表性。

我们在西藏调研中也了解到，农业部调查系统的样本村，可谓优中选优，全都位于高原河谷地带，交通相对便利，数据收集难度较低。那曲县位居藏北牧区，境内的仁毛乡色尼村临近那曲河（"曲"在藏语中即为河流）。其他 3 个村都在农区：堆龙德庆县紧邻拉萨市，境内的羊达乡羊达村临近堆龙河；年末乡湖达村属于日喀则市辖区，临近年楚河与雅鲁藏布江；乃东县昌珠镇克松村临近雅砻河，属于山南地区的藏族发源地。笔者曾于 2003 年去克松村调查，看到那里的发展程度远远高于藏区一般水平。为了观察样本村及其住户近年来的社会经济变化，我们又从同一调查系统，选取了数据相对完整一些的 2009 年数据集。在这一数据集内，色尼村和克松村的数据缺失，然而新增一个样本村（含样本户 20 户），即工布江达县帮嘎岗村。课题组也曾在该县做过调查，那里属于具有"西藏江南"之称的林芝地区。遗憾的是，该数据集虽有帮嘎岗村样本户的数据，却无村庄层面的信息。这样，纳入 2009 年统计的样本村只有 3 个，样本户共 70 户，327 人（见表1-3）。

---

① 西藏自治区统计局的农村住户抽样调查包括 480 个住户，2934 人。参见西藏自治区统计局《西藏统计年鉴2005》，中国统计出版社，2005，第 127 页。

表 1 – 3　2004 年与 2009 年农牧户抽样调查情况

村	那曲县仁毛乡色尼村	堆龙德庆县羊达乡羊达村		日喀则市年末乡湖达村		乃东县昌珠镇克松村	工布江达县江达乡帮嘎岗村
年　份	2004	2004	2009	2004	2009	2004	2009
年末总户数	49	481	668	99	110	200	—
调查户数	20	30	30	20	20	20	20
住户抽样比重（%）	41.0	6.0	4.5	20.0	18.2	10.0	—
年末常住总人口（人）	200	2019	2181	642	663	826	—
样本人口比重（%）	40.0	8.0	6.2	27.0	22.5	12.0	—
调查人数（人）	80	155	136	175	149	98	42
女性人数（人）	42	81	76	89	74	48	20
女性比重（%）	53.0	52.0	55.9	51.0	49.7	49.0	47.6
样本户加权人均纯收入（元/年）	3573	2286	2608	4719	4856	4138	4512
标准差	2315.6	3285.9	1446.0	1479.2	3863.0	2788.1	2109.0

注：本表数据来自农业部社会经济调查系统西藏固定观察点的抽样调查。若无特殊注明，以下各表同。样本户加权人均纯收入 = 样本户全年纯收入加总/样本户人口加总。"—"表示无可用数据。

对照 2004 年和 2009 年农业部样本数据的处理结果，主要有如下发现。

第一，如果不考虑价格因素，2009 年样本总体的年人均纯收入，与 2004 年相比略有增长（3%）。在样本户当中，干部户的收入增幅远高于非干部户，两个组别的收入比从 1.6∶1 扩大到 2.85∶1（见表 1 – 4）。倘若按

表 1 – 4　2004 年与 2009 年的样本户人均纯收入（元/年）

年　份	2004			2009		
类　型	干部户	非干部户	全部	干部户	非干部户	全部
户数	11	78	89	6	64	70
人均纯收入	5472.3	3415.9	3685.2	9335.2	3274.7	3794.2
最小值	965.8	144.4	144.4	5571.0	167.0	167.0
第一四分位数	1574.8	1586.2	1586.2	5571.0	1048.0	1203.0
中位数	3570.3	2438.1	2535.7	8942.0	2146.0	2400.0
第三四分位数	6148.2	4265.0	4835.9	10000.0	4101.0	4850.0
最大值	18271.0	10190.8	18271.0	14325.0	15556.0	15578.0

注：组人均纯收入 = 本组样本户全年纯收入加总/本组样本户人口加总。根据各户人均纯收入由低到高次序，把全部样本户分为四等分组。第一四分位数，即 1/4 位置户的人均纯收入；中位数，即 1/2 位置户的人均纯收入；第三四分位数，即 3/4 位置户的人均纯收入。2004 年样本中，有 1 户数据完全缺失。

照从低向高的人均纯收入数额，分别对这两个组别排序，那么对于第一四分位数，两个组别收入差距拉大的状况则更为明显。此处的样本户收入比，从2004年的0.99：1扩大到2009年的5.32：1。

在此，我们把农业部样本中那些家有财政供养人员（干部和公立机构就业者，如教师和医生等）的住户，归为"干部户"一组，余者纳入"非干部户"组别。虽然表1-4已经直观地反映了非干部户的平均收入水平低于干部户，我们还是对此采用Wilcoxon秩和检验来判断在同一坐标系中，两个组别收入分布的图形及位置的差异是否显著，并借此进一步估计与干部户相比，非干部户的人均纯收入更高的可能性有多大（坐标图未在文中显示）。估计的结果是，非干部户的人均纯收入高于干部户的概率不到50%。这意味着，从整体来看，干部户这一组别的人均纯收入较高的可能性更大，从而也就在统计上支持了我们的观察。

第二，劳动年龄人口的健康自评结果表明，2004年，收入越高的人，健康状况越好；2009年，低收入组的健康状况显著改善（见表1-5和表1-6）。为了观察不同收入群体在健康和教育方面的差别，以下把人均纯收入当作分组标准，将（数据不缺失的）样本户排序后划分为四等分组。表1-5注明的人均纯收入最小值和最大值，分别是每个相应的组别在收入序列上的起点和终点。表1-6显示，绝大多数被调查者都自评身体良好，不同收入组之间的差异主要发生在对"优"和"良"两个等级的选择上。

表1-5　四等分收入组概览

组　　别		低收入组		中低收入组		中高收入组		高收入组	
年　　份		2004	2009	2004	2009	2004	2009	2004	2009
户　　数		22	17	23	18	22	18	22	17
人　　口		97	96	109	67	153	73	145	91
人均纯收入（元/年）	最小值	144.4	167.0	1586.2	1238.0	2599.5	2444.0	5136.9	5175.0
	最大值	1574.8	1203.0	2535.7	2400.0	4835.9	5000.0	18271.0	15556.0

不过，此类健康自评也可以说是一种主观评价。它几乎不可能报告潜在的疾病，也不似医学检查那样可以准确测度个人的生理和心理健康状态（客观评价）。加之被调查者社会经济状况不同，利用医疗服务的频率不一，这些必然导致主观综合评价结果与实际情况有所偏离。但是已有的研

究也表明，个人对自身健康状况的主观综合评价，既与客观评价结果显示的趋势大体一致，也与个人的劳动参与和就业表现成正相关关系。对于低收入者，情况更是如此。原因在于，这一层次的劳动者主要从事体力劳动或技术性较低的工作，此类工作对体格的健壮程度有直接的要求。[1] 此外，健康与收入无疑相互影响，然而这里由于数据限制，难以借助分析统计工具确认这种相互作用。尽管如此，从表 1－6 的数据中不难看到一大亮点，即在 2004 年，低收入组中自评健康状况为"优"的人还不到 21%；到 2009 年，这个比重则几近于 80%。

表 1－6 15～65 岁样本人口的健康自评结果

组　别		低收入组		中低收入组		中高收入组		高收入组	
年份	健康级别	人数	百分比	人数	百分比	人数	百分比	人数	百分比
2004	优	12	20.7	42	49.4	96	87.3	92	89.3
	良	41	70.7	34	40.0	12	10.9	10	9.7
	中	5	8.6	7	8.2	1	0.9	0	0
	差	0	0	1	1.2	0	0	1	1.0
	无劳动能力	0	0	1	1.2	0	0	0	0
	缺失值	0	0	0	0	1	0.9	0	0
	全　部	58	100	85	100	110	100	103	100
2009	优	59	79.7	27	52.9	40	64.5	60	82.2
	良	13	17.6	14	27.5	15	24.2	8	11.0
	中	0	0	5	9.8	7	11.3	3	4.1
	差	0	0	1	2.0	0	0	0	0
	无劳动能力	1	1.4	0	0	0	0	0	0
	缺失值	1	1.4	4	7.8	0	0	2	2.7
	全　部	74	100	51	100	62	100	73	100

第三，劳动人口（15～65 岁）和学龄人口（7～18 岁）的学历统计表明，2004～2009 年，这两个年龄组（互有交叉）的受教育程度明显提高（见表 1－7 和表 1－8）。尤其引人瞩目的是，在低收入组的劳动人口当中，2004 年无人接受过 9 年以上的学校教育；2009 年，他们当中出现了 12 年以上的人（见表 1－7）。就学龄人口而言，收入越高的组别，完成九年义

[1] Strauss, J. and D. Thomas, 1998, "Health, Nutrition and Economic Development", *Journal of Economic Literature*, Vol. XXXVI, June, pp. 766–817.

务教育者所占的比重也越大。不过，低收入组中具有 6～9 年学历者所占的比重也在增加，而且出现了将学历延伸到 9 年以上的人（与表 1-8 中的数据有重叠）。这既表明低收入和贫困人口已从义务教育中受益，也预示着新一代劳动人口整体受教育水平的提高。

表 1-7　15～65 岁样本人口的受教育年限

组　别		低收入组		中低收入组		中高收入组		高收入组	
年份	受教育年限	人数	百分比	人数	百分比	人数	百分比	人数	百分比
2004	≤3	5	8.6	18	21.2	7	6.4	4	3.9
	>3 且≤6	33	56.9	39	45.8	24	21.8	21	20.4
	>6 且≤9	5	8.6	8	9.4	8	7.3	7	6.8
	>9 且≤12	0	0	2	2.4	2	1.8	3	2.9
	>12	0	0	2	2.4	0	0	2	1.9
	缺失值	15	25.9	16	18.8	69	62.7	66	64.1
	全　部	58	100	85	100	110	100	103	100
2009	≤3	5	6.8	5	9.8	10	16.1	2	2.7
	>3 且≤6	18	24.3	27	52.9	20	32.3	13	17.8
	>6 且≤9	4	5.4	9	17.6	9	14.5	5	6.8
	>9 且≤12	4	5.4	4	7.8	2	3.2	6	8.2
	>12	1	1.4	0	0	0	0	3	4.1
	缺失值	42	56.8	6	11.8	21	33.9	44	60.3
	全　部	74	100	51	100	62	100	73	100

表 1-8　7～18 岁样本人口的受教育年限

组　别		低收入组		中低收入组		中高收入组		高收入组	
年份	受教育年限	人数	百分比	人数	百分比	人数	百分比	人数	百分比
2004	≤3	8	36.4	4	28.6	4	13.3	2	5.9
	>3 且≤6	11	50.0	6	42.9	5	16.7	9	26.5
	>6 且≤9	1	4.6	4	28.6	4	13.3	7	20.6
	>9 且≤12	0	0	0	0	0	0	2	5.9
	缺失值	2	9.1	0	0	17	56.7	14	41.2
	全　部	22	100	14	100	30	100	34	100
2009	≤3	4	18.2	7	41.2	2	20.0	3	17.6
	>3 且≤6	8	36.4	2	11.8	3	30.0	3	17.6
	>6 且≤9	2	9.1	6	35.3	1	10.0	8	47.1
	>9 且≤12	2	9.1	2	11.8	2	20.0	2	11.8
	缺失值	6	27.3	0	0	2	20.0	1	5.9
	全　部	22	100	17	100	10	100	17	100

　　需要说明的是，在受调查者当中，无人报告自己的受教育年限少于 1 年。可是，未报告学历者（缺失值）的比重之大也异乎寻常。这种情形，在 15~65 岁年龄组尤为普遍。只是由于缺少必要的信息，在此难以将未报告人当中的文盲和半文盲者识别出来。鉴于教育是提高个人能力、扩展个人选择空间和增强社会流动性的决定性因素之一，处于文盲和半文盲状态的劳动者遭遇的发展障碍，必然大于教育背景良好的群体。这是西藏发展研究中不可忽视的一个关节点。

　　第四，2004 年，样本村的交通条件和村庄社会服务及基础设施在西藏已属上乘（见表 1-9）。2008 年，具有可比数据的样本村仅有 2 个。在现有的指标值当中，有的显示村民生活质量有实质性提高，有的意味着他们的信息获取能力有所扩展。例如，合作医疗制度实现全覆盖，电视机覆盖率达 80% 以上，安全饮水覆盖率从 55.6%~67.6% 提高到 83.2%~100%，村民拥有手机和座机的数量约为 2004 年的 4~13 倍，等等。这些进展，正是西藏自治区政府近年来持续实施民生改善工程的一个反映。

表 1-9　2004 年和 2008 年样本村的基础设施和社会服务*

村　名	那曲县色尼村	堆龙德庆县羊达村		日喀则市湖达村		乃东县克松村
年　份	2004	2004	2008	2004	2008	2004
年末住户（户）	49	481	668	99	110	200
比重（%）	100	100	100	100	100	100
饮用自来水户（户）	49	325	556	55	110	200
比重（%）	100	67.6	83.2	55.6	100	100
用电户（户）	49	478	668	99	110	200
比重（%）	100	99.4	100	100	100	100
电话机（部）	6	23	280	18	80	80
手机（部）	3	86	900	10	60	50
村庄与公路距离（公里）	0.2	2	2.5	0.5	1	1
五保户（人）	3	5	8	2	2	7
医务室和诊所（个）	1	2	1	1	1	1
参加合作医疗户（户）	49	437	668	99	110	85
比重（%）	100	90.9	100	100	100	42.5
拥有电视机户（户）	45	463	668	80	98	160
比重（%）	91.8	96.3	100	80.8	89.1	80.0

　　注：* 色尼村和克松村 2008 年数据缺失，帮嘎岗村的村庄层面数据缺失。整个数据集的 2009~2011 年村庄基础设施和社会服务数据缺失。

（三）小结

2003～2010年，西藏居民的健康、教育和收入水平普遍提高，农牧村庄的基础设施和社会服务有了明显改善。低收入群体生活状况的好转，成为此间西藏发展的一大亮点。然而不可忽视的是，农牧人口的发展水平依然远低于城镇，农牧村庄中干部户与非干部户的收入差距迅速拉大，低收入农牧家庭在健康和教育方面仍处于不利地位。因此，贫困农牧人口当为援藏项目的目标人群；排除他们的发展障碍，当为藏区发展计划的重点。

四　公共政策实施中的正式和非正式制度安排

在案例研究中，课题组主要通过对2005年和2011年两次调研结果进行比较，着重观察藏区农牧人口基本需求满足程度的变化。如上节统计表所示，农牧民的生活状况、村庄基础设施和社会服务均明显改善。这其中，虽有市场经济的激励和农牧民相应的努力在起作用，但地方政府在产权保护、基础设施投资、公共卫生、基本医疗、基础教育、扶贫和社会保障等领域推行的政策，也是一个不可忽视的决定因素。仅从西藏农牧民每户一册的"明白卡"即可获知，截至2012年上半年，直接传送到户的惠民项目就达38项。"民生工程建设"的实施力度之大，由此可见一斑。

课题组选择了以下几个与农牧民的生产和生活紧密相关的领域，从三个方面考察和评估政策的实施效果：第一，观察政策的实施方式和政策目标的实现情况；第二，分析政策实施中的制度安排及参与者行为；第三，确认政策干预对农牧户特别是极端贫困户基本需求满足程度的影响。

（一）草场产权的确立和保护

2005～2011年，西藏自治区政府在农牧区试点和推广了草场使用权承包到户制度。这项草场确权政策，类似20世纪80年代的农地改革（家庭承包制），1995年就已在四川省甘孜州开始实施。改革的最终目标，是通过明晰产权，消除草场超载及其引发的草场退化现象（即"公地悲剧"）。然而在政策推行之初，确权到户造成草场细碎分割，致使游牧无从进行。

针对这一难题，牧民根据自己的生产特点组织起来，在政府推行的正式制度基础上，自主地创立了"承包到户、联户放牧"的新规则。此外，草场确权虽然有利于解决村内利益分配和村与村之间的草场纠纷，但并未自动消除公地悲剧现象。一些村委会因而组织村民制定有关牲畜限量的规定，借助村规民约减缓草场载畜量的增长。这与欧共体时代限制饲料地载畜量的立法相较，实有异曲同工之妙，二者都是为了防止资源和环境恶化而采取的公共管理行动。

据地方农牧局官员、技术人员和年长牧民的评估，即使是正式和非正式制度相结合的草场产权安排，至多也只能消除大约 2/3 的超载原因。还有一些导致超载的宗教因素（放生及禁杀）以及牲畜的财富象征因素等，则属于很难在短期内改变的地方文化规范或习俗。更值得注意的是，导致草场牲畜超载的根本原因，是人口增速过高且现代生活方式带来的消费需求增长过快，可新的就业机会和收入来源却极为有限。这意味着，仅仅注重草场产权制度的选择是不够的，还需要人口政策、环境政策和社会经济发展政策的配合，才有望可持续地维护高寒草场的生态平衡。[1]

事实上，在牧民的物质需求和收入缺口日益增大的情况下，一些历史上有过部落产权争议的草场，最近 60 年来行政区勘界中界线变更的地段，以及虫草、松茸等自然资源相对丰富的县界、乡界和村界地带，近年来成为草场纠纷频发的导火索。纠纷还经常演变为村落之间的群体武装冲突，造成人身伤亡和财产损失，部分械斗参与者的家庭甚至整个村落因此而陷入长期贫困。[2] 是故草场纠纷的调处与社会秩序的维护，对政府的施政能力和法治服务形成巨大挑战。

政府的回应一是通过勘界和草场承包等手段，明确行政区划和草场使用权，以期约束侵权行为。二是大规模地开展普法宣传，限制其他社会权威参与纠纷处置，以使国家法成为唯一的法律救济渠道。三是在群体冲突发生后，县政府派出由"四大班子"人员组成的工作组，会同乡政府官员前往现场调停。如果事件涉及刑事犯罪，还会邀请公检法人员参加工作组。经调查取证和参考冲突双方提出的解决方案，由工作组做出处理决

---

① 杨春学：《"超载"现象、制度选择和政策思考》（本书第二章）。
② 扎洛：《社会转型期藏区草场纠纷调解机制研究》，《民族研究》2007 年第 3 期。

定。四是在纠纷频发时期（例如虫草、松茸采挖期），县政府派员前往冲突高危乡和村蹲点，以便及时采取预防措施。然而问题是，纠纷的化解远非药到病除那般顺畅。笔者从本课题组成员扎洛的案例陈述中看到：

第一，政府在采取勘界措施时，对争议地段涉及的社会矛盾未给予充分重视。不同职能部门之间欠缺协调，在未解决原有争议的情况下勘界，反而导致草场纠纷变本加厉。

第二，普法宣传收到了强化国家权威的效果。每逢草场争议初起，农牧民首先找政府求助便是例证。但是在法治实践中，存在政府执行力薄弱或服务不到位的现象。例如，有的地方政府对连续几年发生草场争议的案例不予过问，或对争议双方的报告拖延回应，直到酿成群体冲突才派工作组应急。又例如，在一些纠纷反复发生的地方，以往的纠纷处置档案却没有长期保存，原因竟然是政府换届或官员调动。此外，地方政府办事经费不足，一些纠纷处置人员平日极少接近农牧民，故而缺少地方知识。到处理纠纷之时，他们与争议双方很难沟通甚至无法接触和对话，也就难以建立调解者和仲裁者的权威性及可信度。

第三，在纠纷处理方案形成过程中，有些政府主管部门与争议双方缺少充分协商，在争议双方意愿表达不足和共识尚未达成的情况下，便拿出处置意见。结果，这样的"仲裁方案"往往接受程度不佳，或者说它的有效性从出台之日起便已打了折扣。

第四，纠纷处置方案的执行欠缺有效的政府监督和强制。有的地方政府在坚持国家法律原则的前提下，灵活采用广为接受的方式，引入民间权威（寺院高层僧侣、第三方年长牧民或卫生院大夫等）参与纠纷调解并监督决议的执行。在争议双方经过充分谈判认同处置方案后，还由寺院主持宗教仪式，促使争议者用宗教伦理约束行为并履行协议。但在多数情况下，政府主管部门既未利用民间文化规范约束争议者行为，也未将国家的强制力量贯彻到协议履行过程的始终。在此背景下，争议双方毁约现象多发，以致冲突愈演愈烈。

第五，农牧民在对产权保障的需求得不到充分满足的情况下，极有可能沿用部落时代的经验，不但在草场纠纷中采取暴力争夺方式，而且在冲突后弃置国家法，并转向民间法（部落习俗）寻找谈判依据。可是，部落时代的头人负责制及相应的社会结构已经消失，冲突双方即使根据习俗达成协议，也依然缺少强制执行的社会机制。因此，冲突隐患再次遗留，国家法的权威也遭受损害。

这就需要追问，产权保障（草场纠纷化解）和社会秩序及安全的维护，本就属于国家的核心职能即法治环境的提供，为什么在农牧区供给不到位？首先，政府和司法机构的正向激励不足。政府及其他公共部门的人员升迁多半与农牧民的满意度无关，因而农牧民的求助以及他们对服务质量的反馈往往被忽略。尤其是，来自上级政府和机构的评估和问责，更多地是关切群体冲突是否发生而非隐患是否排除。这就导致县乡政府部门宁可采用看守和拦堵的办法维稳，也不愿承担风险去疏导和化解基层社会矛盾。

其次，法治及其他公共服务提供的过程中，缺少制度化的民间社会参与。保障公共产品和服务供给是政府的责任，但这并不意味着供给者是排他的。吸纳政府之外的组织资源特别是富有活力的基层社会组织参与决策及执行，才能够最广泛地动员社会成员将公共政策付诸实践，并把知识、信息和服务传送到目标人群。[1] 草场确权到户的案例显示，在制度设计过程中吸纳村委会和牧民参与，才可能由于民间智慧的添加而实现产权政策的合理化。草场纠纷处置案例也说明，只有建立社会群体参与利益协调的机制，才有可能在坚持国家法律原则的基础上，通过争端各方利益诉求的充分表达和相互妥协，实现双方之间的利益均衡。

（二）人力资本投资

我们在藏区调研中还注意到，尽管公共卫生和学校教育已被理论和实践证明有助于缓解贫困和人类发展，但农牧民特别是极端贫困者对这些服务的需求却疲软微弱。对于这类现象，通常的解释在于，一是服务质量低和便捷程度差，即使服务免费，贫困者也不愿为此付出时间；二是某些地方文化因素的阻碍，例如女童上学和产妇住院分娩就并非易事；三是服务供给者与消费者之间存在社会隔膜，例如医疗机构员工来自城市，缺少与农村患者平等对话沟通的心态和能力。[2]

---

[1] 世界银行：《变革世界中的政府》，中国财政经济出版社，1997，第 4～12、25～28 页。

[2] World Bank，2004，*Making Services Work for Poor People*，A Copublication of the World Bank and Oxford University Press，pp. 1 – 43.

这些因素在青藏高原农牧区虽然也不同程度地存在，却不能充分解释仅仅是隔了一条金沙江，四川甘孜州的农牧民对这些服务的需求何以会比西藏昌都地区的农牧民强烈？我们的调查表明，还有两个重要的因素：一是与地理环境闭塞程度相关的知识和信息的传播程度；二是非农就业市场对劳动力质量的需求以及此类市场信息向农牧家庭的反馈。

　　2010 年，新型农村合作医疗制度已在金沙江两岸农牧区实现全覆盖。虽然昌都地区农牧人口的人均参合补贴高于甘孜州，但二者在合作医疗制度及政府补贴方面曾经面临的"有"和"无"之间的悬殊差异，已不复存在。① 随着合作医疗制度的普及，医疗服务的需求与供给水涨船高。可是，一些重大卫生项目尚未取得预期效果。例如，为了预防出生缺陷对农牧孕妇免费增补叶酸和维生素 AD 胶丸，但多数受访的孕妇及其家庭还不知晓这一信息。孕产期保健服务的利用率也不高，产妇住院分娩率尚不足50% 。婴幼儿纯母乳喂养时段一般为 3 个月，辅食添加过早而且由成人咀嚼后喂食婴幼儿，既营养不足也不安全。②

　　推行现代孕产期保健和婴幼儿喂养方式，意味着要改变农牧社会传统的生育习俗。与医疗服务相比，需要附加更多的健康教育措施，才有可能引导农牧民主动寻求这类服务。健康教育和服务之所以不到位，主要原因还在于卫生管理粗放，欠缺有效的激励制度促使基层卫生人员将知识、信息和服务传送到边远村落的住户。实际上，农牧民与生俱来的对健康的向往，即可作为健康教育的切入点。"西藏自治区妇女教育现状分析与对策思考"项目组 2011 年的调查结果表明，在近千名受访的农牧妇女当中，50% 左右的人表示，她们需要有关体检、性传播疾病、艾滋病、产前检查、优生优育、节育和生殖健康方面的咨询和治疗服务。③ 那么针对这种需要，长期传播知识、信息，特别是当地的案例故事，便足以促使农牧妇女及其家庭确信，孕产期保健服务和国家婴幼儿喂养策略有助于保障母婴生命安全和健康。

　　2005 年，我们曾在昌都地区目睹县政府官员分片包干，会同乡政府工作人员和村干部，走村串户动员适龄儿童入学。每个乡政府甚至派员驻

---

①　朱玲：《农牧区基本医疗保障的社会公平性问题》，《卫生经济研究》2006 年第 2 期。

②　朱玲：《藏区农牧家庭的儿童营养和健康》（本书第五章）。

③　"西藏自治区妇女教育现状分析与对策思考"项目组：《项目验收报告》，2012，第 11 ～ 21 页。

校，防止本乡学生逃学。这种现象，无疑是教育需求不足的反映。对此，一个重要的解释是，藏区现有的农牧生产方式还未发生实质性的现代化转型，因而相当数量的农牧民难以对教育的长期收益产生前瞻性的期望。例如，在前述西藏农牧妇女调查中，76.2%的受访者认为，自己的知识结构适应或基本适应当前农牧区发展的需要。

那么，2010年西藏的小学适龄儿童入学率已接近100%（少数儿童去寺院学佛），必定是因为义务教育政策已经生效。政府对在校生实行包吃、包住和包学费政策，无异于降低了农牧民家庭的儿童抚养成本。特别是，如今学校的伙食质量优于农牧民家庭，这无形中增添了儿童入学的吸引力。现在的主要问题与2005年相似，依然是相当数量的学校教学质量不高，而且乡镇学校的质量远低于城区。若要扭转这种状况，还需教育主管部门、学校和教师的长期努力。①

还需注意的是，农牧家庭的孩子进入初中阶段后机会成本增加，因为他们正当参加农牧业生产的年龄。如果中学毕业后上大学乃至"当干部"的机会渺茫，家长便不再支持孩子上学。这一是因为干部在收入和社会地位方面高于平均水平，其教育收益率深为农牧民向往；二是部分回归农牧业的中学毕业生，既缺少良好的传统生产技能，又无其他职业专长，还要保持相对"时尚"的城镇消费习惯，本身即成为家庭的负担。可以说，他们因接受正规教育而脱离原有的生活轨道，却未能获得新的经济活动机会。解决这一社会问题的直接措施在于：第一，重建初中阶段的职业教育。可是，这又与现行的九年义务教育制度发生冲突。② 因此，需要地方立法机构借助民族自治待遇，制定区域性职业教育法规。第二，强化学校和社会的就业服务。

在这方面，台湾地区的职业教育经验可资借鉴。2012年，笔者曾走访位于苗栗县的"大湖高级农工职业学校"。在访问中得知，苗栗是原住民（少数族群）聚居区，不少学生来自原住民家庭。该校成立于1925年，最初只是培训当地农民种植技术的机构；1947年转为初级蚕丝职业学校，招收小学毕业生；1956年增设职业高中部；1968年，入学门槛一概提高为初

---

① 邓曲恒：《关注教育质量差距的缩小》（本书第七章）。
② 魏众：《文化交流中的藏区义务教育》（本书第六章）。

中毕业；2011 年，学校开始筹备大专科目。在此期间，该校开设的专业及课程多次调整，以便与当地及周围地域的产业结构和市场需求变化相匹配。例如，先后停办农艺、桑蚕和兽医专业，增设水电技术、机械制造、电脑维护、食品加工、花卉园艺和装潢技术等。

在台湾地区劳动管理机构主办的年度技艺大赛中，"大湖农工"每次都有学生获奖并有媒体报道，职校和学生的社会地位也因此而逐渐提升。该校每年都有少量毕业生考入科技大学；多数学生在实习期间就被企业选中，预先签订招聘合同；还有一些学生毕业后自行创业。即使在 2008 年全球金融危机期间，职校毕业生的就业状况依然良好。从这个案例可以看出，职校不但把技艺偏好较强的青少年纳入现代教育轨道，而且明显地提高了学生的教育收益率。更重要的是，它在为台湾地区的现代产业输送合格技术人才的同时，还以因地制宜、水到渠成的方式，发挥了促进原住民融入社会经济发展进程的作用。

（三）社区文化和生活基础设施建设

2005～2010 年，农牧区的阅读设施和广播电视服务有了长足的进步。只不过，县图书馆和乡文化站的建设与人口的聚集程度配置错位，即便是场馆落成，利用率也不高。况且，边远贫困村落的农牧民及其子女也难以从中受益。倒是分布在行政村的"农家书屋"和为寺院设立的书屋，刺激了识字群体特别是藏语读者的阅读兴趣。"广播电视户户通"项目的实施，则帮助农牧人口超越地理的阻隔和识字的门槛，获得了一条喜闻乐见的信息渠道和娱乐方式。[1] 中央和地方政府赠送到户的卫星接收天线（对部分边远住户还赠送了电视机），实为项目目标全面实现的物质保障。[2] 加之手机使用已经普及，这就使农牧人口在享有现代信息和通信技术服务方面，迅速缩小了与城市居民的差距。

与"广播电视户户通"同期实施的项目，还有通电、通路、通水和安

---

[1] 周济：《农牧民阅读习惯与基层公共图书馆建设》，《中大管理研究》2006 年第 2 期；周济：《信息传播渠道的变化对农牧民文化生活的影响》（本书第九章）。

[2] 中国西藏信息中心：《西藏 40 多万户农牧民"打开电视听广播"》（2012 年 7 月 18 日），2013 年 1 月 11 日下载自 http://news.china.com.cn/live/2012-07/18/content_15218620.htm。

居工程（住房改善）等。这些项目的实施，从整体上促进了农牧民生活质量的提高。[1] 项目涉及的产品和服务当中，住房是维持人类生存的基本条件之一。因此，对那些限于支付能力而尚未获得基本居住条件的家庭施以援手，符合社会的期望。联合国人居署界定的基本居住条件包括：牢固的房屋、足够的居住面积、安全的饮水、方便的卫生设备（厕所及排污设施），以及房屋使用权保障。[2] 据此观察安居工程中的一些新建住房，除了卫生设备尚有缺陷外，其他条件均已具备。

农牧区多层式民居的卫生设备缺陷，主要在于没有排污管道，排泄物从位于二层的厕所直接落入墙外开放式的粪坑。集中的排泄物需时常填土覆盖，最终用于农田施肥。问题是，没有及时覆盖的排泄物经家畜踩踏后四处扩散，最易使蹒跚学步的孩童遭受污染。看来，如何根据青藏高原的地理和气候条件，解决农牧村落的粪便垃圾无害化处理，尚未进入安居工程主管部门的视野。进一步讲，目前农牧民对垃圾无害化处理的需求也几近于零，因为这种需求只有在普及环境卫生知识的前提下，才可能激发出来。可是，安居工程缺少公共卫生机构的参与，主管村落基础设施项目的职能部门之间也缺少协调，因此居住条件不配套的情况比比皆是。

安居工程包括农房改造和游牧民定居等子项目，政府对纳入工程计划的农牧户予以分类补助。贫困游牧民定居类别的补助额最高，为每户2.5万元。[3] 西藏昌都地区和四川甘孜州均实行了这一标准。2011年，笔者在甘孜州德格县走访牧民时得知，按照安居工程设定的住房面积施工，修建一座新房需花费6万元左右。一些牧民家庭因天灾和意外成为极端贫困的"无畜户"，需要自付的那部分建房款就成了他们难以逾越的关隘。这些家庭以往拖欠的银行贷款已成呆账，因而很难争取到足够的房贷。民间借贷的月息尽管高达3%，他们也愿四处求借。只因还贷能力差，资金还是筹不足。为此，有的"低保"人家曾想缩小一半面积盖房，但未得到批准，故而也拿不到补助款，只好继续住在民政部门救济的帐篷里。由此产生的

---

[1]　金成武：《农牧民家居条件的改善》（本书第十章）。

[2]　UN-HABITAT, 2011, "Affordable Land and Housing in Asia", pp. 20 – 22, downloaded on 2012 – 1 – 10 from http：//www. unhabitat. org.

[3]　中国西藏网：《西藏将在未来三年继续实施安居工程建设》（2012 年 5 月 17 日），2013 年 1 月 12 日下载自 http：//www. tibet3. com/Special/content/2012 – 05/17/content_ 829127. htm.

政策问题在于，项目户的住房面积是否有必要一步到位？政府如果不能对贫困户提供充分的援助，是否在项目设计过程中即吸纳他们的意愿，或在执行阶段酌情修正设计？在现实中，之所以对这些问题缺少弹性解决方案，往往是因为项目主管机构对住房统一化这一橱窗效应的需求，甚于对贫困人口基本住房需求的考虑。

单个住户居住条件的改善，还有赖于公共基础设施和村落基础设施的供给。最近 10 年来，电力和公路建设以及太阳能蓄电池的推广，既方便了农牧民出行和日常生活用电，也有利于他们运料建房。但通往公路的村道建设和村内的人畜饮水工程，还需要政府和村落居民共同筹资。昌都地区财力相对充裕，村落饮水工程和道路建设多由政府出资，因此项目完成度较高。甘孜州的财政状况远不及昌都地区，饮水工程还只是落实到村，延伸到户的支线需要住户投资建设，结果就出现了贫困户用水不便的情况。村道的修建也与此类似，如果没有政府资助，非富裕村的村委会很难组织村民自行修路。因此，借助中央下达的扶贫专项资金，由政府主管部门和村委会合作，采用以工代赈方式改造村道，同时帮助贫困家庭引水到户，当为可行的措施。

（四）社会保护与消除排斥

2004～2006 年，课题组在川甘藏区和西藏昌都地区的调查中观察到，农牧村落中的五保户、残疾人和灾民可从民政部门得到少许救济，但社会救助制度还未覆盖其他极端贫困群体。合作医疗制度只是在西藏得以推广，农村养老保险制度尚未建立。2011 年的康藏调研则显示，农牧区社会保障体系建设取得巨大进展，合作医疗、养老保险、五保户供养和最低生活保障（低保）、80 岁以上高龄老人补贴、医疗救助、高校入学救助等制度，已延伸到边缘地区并惠及贫困群体。[①]

在这些制度的实施过程中，低保和社会保险的运行遭遇了一系列基础性制度安排的瓶颈。按照低保制度的设计，必须明晰住户收入与保障标准（低保线）之间的差异，才能确定低保对象和低保金发放额。这样做的前

---

① 朱玲：《决定社会融合的经济因素》，《中国人口科学》2005 年第 2 期；丁赛：《救灾救济与家庭经济安全》（本书第十一章）。

提，一是经常性的家计调查，二是社会工作者对救助家庭及时走访。在人口居住分散而且交通不便的农牧区，为满足这两项条件而不得不支付的组织成本，极有可能高于财政拨付的低保金总额。况且，农牧户的收入或以实物形式取得，或通过单个人之间的现金交易而来，不似工业社会那样，可以通过金融或商业机构的账目往来清楚计量。对这些难题，乡政府或村委会采用民间智慧逐一破解，并得到大多数村民的认同。

其一，通常，省/区政府根据可用的专项资金和不同辖区的贫困率确定低保名额。次一级政府采用同样的办法，将名额层层分解下达到行政村。村委会则借助"熟人社会"的优势，根据村民的家庭财产和劳动力状况，从最贫困的家庭开始排序，同时筛选序列中的大病患者、残疾人和老年人分享低保名额。也就是说，村委会没有完全按照政府规定确认"低保户"，而是以认定"低保个人"和降低规定待遇的方式，扩大村庄内部的低保覆盖面。笔者在昌都地区贡觉县的调研村了解到，为了与政府的规定"衔接"，村里选出一部分贫困户领取"低保证"，并为每一持证户约定一两家贫困程度接近的"结对户"。待持证户取来低保金后，这些人家按照各户的"低保个人"数目平分，最贫困的家庭中被认定的低保个人通常会稍多一些。

其二，把村落实行的资源分配制度正规化。例如四川甘孜州德格县马尼干戈片区的玉隆乡是个贫困乡，2010年从县里得到510个低保指标，占全乡总人口的23.77%。乡政府根据村里的排序结果，把指标分给最穷和次穷的人家，每家大约3个人享受低保。此外，还根据个人的困境把低保标准分为两档，第一档每人每月65元，第二档每人每月45元。我们走访了玉隆乡最穷的两个村落，第一村的100户523人当中，有49户125人享受低保；第二村的125户503人当中，有45户122人享受低保。各村的低保人数比重都在24%左右，与全乡总人口的低保率相差无几。这种做法的特点是透明度更高，德格县的低保金直接拨付到每一低保户的储蓄账户上，由各户自行去四川省农村信用社（农村合作银行）的任何一个营业部支取。

在农牧区推行最低生活保障遇到的操作困难，主要在于来自工业社会的制度设计与农牧社会经济发展程度不相符。相形之下，实行社会保险制度遭遇的难题则不仅如此，地方政府对辖区的公共管理不到位，以及部分农牧民趁机谋取额外福利的行为，进一步增加了制度运行的难度。例如，西藏农牧区2009年底开始推行社会养老保险（新农保），2010年2月发放首批基础养老金，60 岁以上的老人无须个人缴费，每人每月可领取 55 元人民币。① 2011 年，课题组在贡觉县和江达县调查时注意到，根据第六次人口普查的数据，60 岁以上的老年人占总人口的 10%，但领取农牧民基础养老金的人数占总人口的比重却高出几个百分点。在走访农户时课题组还获悉，此前有相当一部分人既未登记户口，也没有领取身份证。②

此处暴露出来的问题一是管理粗放；二是新农保制度建立之前，户籍管理和人口统计未曾完全延伸到农牧村落和住户。与产权纠纷案例联系起来考虑，便不难看出，政府深入基层的通道不畅。人民公社时期，政权机构和经济组织合一，国家权力的行使通过生产队的政治和经济活动直抵农牧民家庭。公社制取消后，政府与基层村落和农牧家庭之间的联系弱化。在社会经济转型中，如果不能成功地重建这一联系，农牧民对社会总体的认同感和归属感也会弱化，而且会强化小群体的认同作为替代（例如亲缘、地缘或原有的部族关系）。对类似情况的国际比较研究也揭示，当这种背景下的小群体利益与社会总体利益发生冲突时，卷入其中的单个人和家庭多半会采取与社会利益相悖的行为。③ 矫正这一倾向的有效措施，便是通过基层民众和社会组织参与下的社会建设和公共服务，重建政府与基层社会的联系。

当然，在农牧区推行社会保险制度的过程中，基于工业社会的制度管理模式与农牧社会组织方式之间固有的矛盾不可忽视。前者靠的是正式制度下的精准管理，后者则依赖非正式制度下的模糊运作。社会医疗和养老保险制度产生于工业社会，其正常运行以准确的信息和精细的计量为前提，还需要设置实时监控和信息反馈系统，以及与之相匹配的服务网络，例如医疗和照料服务、金融服务和资本市场等。然而在当今中国，除了实现农村工业化的发达地区，这些条件在大部分农村都不具备，遑论远离工业和城市中心的青藏高原农牧社会。然而，决策者为什么要在条件不具备的农牧区嵌入工业社会的保障制度呢？这只能从全球和中国的总体形势变化中找原因。

---

① 中国新闻网：《西藏启动新型农村社会养老保险制度》（2010 年 2 月 3 日），2013 年 1 月 16 日下载自 http：//news. china. com. cn/rollnews/2010 – 02/03/content_ 414791. htm。

② 魏众：《农牧区的民间救助和社会救助》（本书第十二章）。

③ 福山（Francis Fukuyama）：《国家构建：21 世纪的国家治理与世界》,黄胜强、许铭原译，中国社会科学出版社，2007，第 55～66 页。

第一，中国的二元经济特征在转型和发展的进程中发生变化。最近30年来，工业化和城市化的社会经济影响以前所未有的广度和深度辐射到农村。尤其是大规模的农村劳动力转移，不但标志着卷入工业化的农村人口增加，而且通过外出劳动者带回的收入和信息，促进了农村生活方式的转变。况且，在农业现代化和农村发展过程中产生的风险，已经超越传统农业社会固有的风险范围。例如，机动车辆、农业机械和电器使用可能产生的人身伤害，膳食和消费方式带来的疾病风险，等等。因此，乡村原有的民间救助方式已不足以应对当今社会日渐增多的风险。

第二，缩小城乡之间和地区之间社保差距的政治意愿增强。在中国经济快速增长的情况下，收入分配不均等程度增大，社会保障方面的城乡和地区差距又加剧了这种不均等，从而直接影响社会稳定和社会凝聚。因此，社会保险和最低生活保障制度从城市向乡村延伸，也是政府回应公众呼声和社会需求的结果。① 从国家政治层面考虑，虽然城乡社保制度的设计有所不同，但在乡村范围内，不可能由于地区发展水平不一而在制度覆盖面上留下空白。更何况，不同地区特别是相邻区域的居民还会因为福利比较，强烈表达对社会保障公平性的诉求。例如，省属藏区的官员和农牧民通常都把西藏的社会福利作为参照。

第三，以社会偏好界定的人类基本需求水平随着全球化的进程提高，社会保障理念也从应对生存风险，扩展到消除致贫根源、帮助弱势群体发挥自身潜力和赢得发展机会；同时，社会保险、社会救助和社会服务，成为消除社会排斥及边缘化现象的政策工具。② 中国政府提出2020年建成覆盖城乡居民的社会保障体系，并把基本养老、基本医疗和最低生活保障作为制度建设的重点，可谓顺应了全球社保理念的新进展。

如此看来，在农牧区建立社会保障体系已是大势所趋。克服基础性制度瓶颈的出路，在于强化当地的管理和服务能力。同时，根据村落社会的

---

① 胡锦涛：《高举中国特色社会主义伟大旗帜　为夺取全面建设小康社会新胜利而奋斗——在中国共产党第十七次全国代表大会上的报告》，2007，2013年1月15日下载自http：//www.gov.cn/ldhd/2007－10/24/content_ 785431. htm。

② García, A. Bonilla and J. V. Gruat, 2003, "Social Protection：A Life Cycle Continuum Investment for Social Justice, Poverty Reduction and Development", Social Protection Sector, ILO, Geneva, downloaded on 2009－11－7 from http：//www.ilo.org/public/english/protection/download/lifecycl/lifecycle.pdf.

组织方式、经济特征和文化习俗，对工业社会的社保制度作适应性调整。这就不难理解，无论将何种政策措施引入基层农牧社会，都需要试错和调整，而且失败的概率会高于全国平均水平。例如我们调研过的两个村落，曾获得小额贷款项目，建立过项目规定的小组联保制度。可是村民共得银行贷款近 30 万元，却一直未还款，因而也就失去了信用。鉴于此类项目在农牧区"水土不服"，西藏自治区政府另寻制度创新之路，采用农牧户贷款证制度，一方面帮助有能力自助的农牧民重建个人信用，借助正规信贷平滑意外事件对家庭消费的冲击，或突破投资和创业的资金限制；另一方面，也以此项制度识别不同类型贫困户的还贷能力，以便更有针对性地采取其他扶贫措施。与此同时，为了改进以往的减灾救灾方式，政策性的农牧业保险也已试行。[①] 这些做法，无疑有助于消除对贫困人口的金融排斥，但政策的长期效果如何，仍需进一步追踪观察。

五 政策性结论

"十一五"期间（2006~2010 年）及至目前，藏区农牧人口的生存和发展条件明显改善。低收入群体和贫困人口的家庭经济安全、基本居住条件、文化娱乐设施、健康和受教育水平也普遍提高。对此，公共卫生、基本医疗、基础教育、基础设施和社会保障事业的发展，发挥了决定性的作用。这其中，以硬件投资为特征的基础设施建设、农牧民居住条件和文化娱乐设施改善等，皆有建树；易于量化显示的制度推广，例如实行义务教育、合作医疗、养老保险、五保户供养和最低生活保障制度等，同样成绩斐然。可是，工程建设和制度推广中，普遍存在管理粗放、质量欠佳和公共服务不到位的问题。其主要解释因素可归纳为以下几类。

（一） 政府和公共机构运行中的正向激励不足

在事务量繁多而单个工作人员的绩效不易评估的领域（例如草场纠纷处置和健康教育），政府部门和公立机构欠缺足够有效的激励机制，促使

---

① 姚宇：《西藏农牧民贷款证及当地金融业的新探索》和《政策性保险对藏区社会经济发展的贡献》（本书第十三章和第十四章）。

官员和普通工作人员尽职尽责，及时回应来自村落和农牧民的需求并提供到位的服务。与此相关，在社会偏好的基本需求（例如公共卫生和学校教育）大于农牧民家庭偏好的情况下，服务机构缺少足够的主动性，将知识和信息传递到户，激发农牧民利用这些产品和服务的欲望。

（二）政策设计和执行方式未能充分因地制宜

公共部门（供给者）与农牧民（需求者）对工程建设的利益诉求不一，并且二者之间缺少平衡话语权的机制。相对于项目主管部门，农牧民的话语权微弱，参与决策的机会也极其有限。因此，项目设计和实施往往难以做到因地制宜。有些工程与当地人口的聚集程度和社会经济发展水平不匹配，例如县图书馆建设；有些项目设计与农牧民尤其是贫困人口的需求错位，例如住房补助规定不利于贫困户受益。此外，一些在工业社会生成的制度（例如社会保险）嵌入农牧区后，与村落的组织方式和社会经济结构不相符。一方面，主管部门还需要足够的时间，通过试错逐渐调整制度设计和执行方式；另一方面，管理人员和农牧民都需要更长的时间，逐渐适应和转向精准管理，并将细致严密的工业文化特质引入当地的行事习惯。

（三）欠缺合格的管理人才与必需的管理经费

西藏自治区和省属藏区的财政自给程度极低，投资项目、社保制度和惠民政策的实施，主要依靠上级职能部门拨付的专项资金和外省市的援助资金。可这些资金几乎都未包含管理款项，投资方无一例外地要求地方政府支付管理经费。问题是地方财政拮据，日常办公经费不足，加之高原农牧人口居住分散、道路交通困难，同类事务的管理成本远高于内地平原，当地政府主管部门往往以降低管理水准的办法来应对。此外，管理岗位更多地被当作官员仕途升迁的阶石，而非以专业素养支撑的公共服务责任，故而缺少专业训练的官员担任职能部门领导的情况屡见不鲜。于是，地方基础条件薄弱造成的原发性管理粗放，加上经费不足导致的应对性管理粗放，最终必然使得投资和服务质量欠佳。

进一步讲，在同类基础设施和公共服务投资项目上，省属藏区所得资源明显少于西藏，规定的匹配资金比率也高一些，以至于前者管理经费欠缺，项目资金总量也不足。这就不仅造成项目质量降低，还可能阻碍极端贫困人口受益。例如，关于村道和饮水工程受益者匹配资金的规定，通常致使贫困村放弃修路申请，贫困户放弃用水便利。

解决上述问题的关键路径在于：

第一，重建政府与基层社会的联系，在发展政策和公共服务的设计及落实过程中，充分吸纳地方知识或民间智慧。吸纳民间智慧，需要构建不同社会组织之间的信息交流平台。当前，政府与基层农牧社会的组织连接点，是村委会及相关的民间权威。这种连接点，为建立和发展信息交流平台提供了一个现实的基础。此外，正式制度与农牧民的偏好之间的衔接口，多半在于村规民俗和宗教伦理等地方文化规范，即非正式制度。如果政府和不同社会群体均以满足农牧民的生存和发展需求为基点，通过充分交流与相互磨合达成共识，便不难确定在何种层面推进正式制度和非正式制度的互补与结合，在何种领域实行前者对后者的替代。

第二，强化政府和公立机构的能力建设。一是需要建立包括基层民众意见反馈的政府行为监测和问责制度。同时，辅之以阶段性的第三方评估，把基于专业化标准所做的公共服务评估结果，作为衡量政府部门和官员绩效的一个依据。二是定期聘请藏区内外有实际操作经验的管理者，分别对县乡公共服务领域的管理人员加以专业培训，并为村委会成员和村级服务人员创造短期学习机会。三是由上级政府拨付充足的制度运行经费，支持农牧区公共部门将服务传送到户。

第三，通过建立社会均衡机制，扭转公共投资政策中忽视制度和能力建设的偏向。制度和能力建设属于"软件"投入或"软实力"的构建，是一个细雨润无声的渐进过程，虽不可能迅速见效，却对维护"发展"的可持续性必不可少。如果没有运行良好的制度，就很难留住合格的专业人才，公共服务也难以到位，"硬件"投入更有可能效率不高或投资失当。尤其是，工程建成后通常也得不到良好的维护和使用。

然而，从计划经济时代延续至今的政府施政行为中，公共资源分配的决策者几乎都难以克服"投资饥渴"，热衷于集中资源投向短期内即可看得见、摸得着的硬件工程，偏好追求增长速度而忽略发展质量。由此造成的资源浪费、环境恶化及社会矛盾，截至目前亦尚难消解。这种投资偏向的根源，一是缺少有效制约政府权力的社会均衡机制；二是硬件投资显示的短期"政绩"与官员升迁的可能性密切相关，而投资失败通常无须决策者承担责任及相关惩罚。藏区有着同样的行政系统和激励机制，因而也就存在相似的公共资源配置偏好及其必然结果。

正因为如此，促使藏区及其他欠发达地区政府转变发展理念和施政行为的一个操作性手段，在于调整中央政府有关地区发展政策的目标和度量指标。其一，把满足受援地区脆弱人群的基本需求，作为中央政府和发达省市援助欠发达地区的首要目标。其二，将受援群体的基本需求满足程度，作为发展政策执行状况的主要度量指标。这样做的理论依据在于，一旦受援者具备基本生存和发展条件，即可在规范的市场竞争中发挥自己的潜力，创造自己向往的生活。这既是地区援助的尺度所在，也是帮助受援者排除发展障碍的目的。

第二章 "超载"现象、制度选择和政策思考[*]

杨春学

一 导论

对于牧区草场退化和超载现象，众多的文献已经涉及几乎所有的相关因素和政策问题。虽然这类文献分析的重点有差异，但几乎无一例外地强调，牧场的产权不清晰是造成草场退化和超载的根本原因。多数文献一直把牧场的使用权"确权到户"视为解决超载问题的根本出路。它们所遵循的逻辑是哈丁（1977）所说的"公地悲剧"，博弈论称之为"囚徒困境"，奥尔森（1995）则归之为"集体行动的逻辑"。

这类文献普遍存在三种缺陷：第一，虽然涉及所有的因素，但对某些因素的解读不是很清晰，不注意某些因素重叠的效应，特别是对这些因素的影响缺乏量化的认识。第二，对于草场退化和超载现象的时序演化、程度等事实方面，缺乏较为准确的描述和刻画。因此，我们无法判断哪些因素在强化，哪些因素在弱化。笔者认为，这种认识对政策的选择与调整是至关重要的。第三，这一类文献，以哈丁公地悲剧的方式思考问题，虽然有很强的逻辑性，却忽视了这种逻辑的假设条件，[①] 结果，用逻辑对超载现象进行了简

[*] 感谢课题结项时的评审专家，正是他们的评论，使笔者获得完善本文的有益建议。也要感谢课题组成员的激励。特别要感谢朱玲研究员。她细心阅读了本文，并修改了文中的若干错别字、表述不好甚至错误的地方。

[①] 它们暗含的博弈假设包括：参与者之间没有任何的交流，对未来的互动行为没有预期，没有能力许诺、威胁，更没有能力设计出激励相容的制度安排。

单化的政策解读，以逻辑遮蔽了牧民的传统智慧和自组织能力。

本章的核心内容主要是：借助于 2011 年课题组在昌都地区贡觉县、江达县和甘孜州德格县的调查，以对影响草场退化和超载因素的主观量化评估为基础，重点讨论有效的产权制度安排的复杂性，以期弥补现存文献中的上述缺陷。

二 超载现象与专家量化主观评估

（一）草场退化因素的分析和评估

关于导致草场退化的因素，人们的认识是比较清楚的。公认的主要因素有：气候变暖加剧草原的干旱和沙化；鼠害和有害物种的大量繁殖；超载破坏草场的自然恢复能力；对虫草、贝母等药材的挖采；采矿、修路、开垦、工业等活动。有学者认为，气候变暖引起的草地干旱、鼠虫害、生态环境脆弱等自然因素是导致草场退化的主要自然因素（周卫生、甘友民、李才旺，2004；秦海荣，2004）。鼠虫害是草地退化的伴生物，加速了退化的过程（严作良，2003；周俗，2004）。部分学者强调，人为因素包括过度放牧、滥挖药材、开垦等，是导致草场退化的主要原因（达兰海，2004）。多数学者认为，其中最根本的原因是过度放牧（周卫生，2004；周华坤、赵新全、唐艳鸿，2004）。

但是，对这些因素在草场退化过程中各自产生的破坏作用，我们缺乏哪怕是最粗浅的量化认识。之所以会出现这种研究空白，是因为影响草场退化的主要因素难于量化，即便有的因素可以直接量化，也缺乏相关的数据。有鉴于此，我们在德格县邀请一组专家，进行了一番主观量化评估的尝试。

参与评估的主要成员是德格县农牧与科技局的资深专家和官员。这些专家原本学习的就是畜牧专业，在德格县工作的时间在 20 年以上，最长者有 30 年；参与的官员都曾经长期在乡政府工作，有的人当过乡长或乡党委书记。这样的工作经历和知识背景，使他们对当地草场变化的过程和主要因素有着切身的体会、感知和认识。

在进行定量评估之前，笔者与他们一起，以德格县为重点，共同讨论了导致金沙江两岸地区草场退化的各类因素。经过笔者的整理并结合相关文献进行补充，把讨论结果陈述如下。

第一类因素是自然因素。金沙江两岸地区属于典型的青藏高原气候。由于受到强冷高压西风急流、西南季风的影响，呈现出高寒特征，气温低，长冬无夏，空气稀薄，大气干燥。例如，德格县历年平均降水量为611.3毫米，平均蒸发量为1612.2毫米。这种特殊的气候和地理环境中，本来就很容易出现草场退化的现象。其实，早在20世纪60～70年代草场退化就已经明显出现。但是，近30年全球气候变暖，雪山的积雪量大幅度减少，部分雪山消失，加剧了这一地区草场的干旱和沙化。

第二类因素是，特殊的地理环境使这一地区的牧场呈现这样一种分布：夏秋草场占草场总面积的80%，冬春草场占20%。但是，草场利用时间是相反的，夏秋草场的放牧时间仅为150天，而冬春草场的放牧时间达210天。这就使冬春草场因过度放牧而退化得更为严重。也就是说，下面将要讨论的"超载"对这两类牧场的压力是不同的。

第三类因素，始于20世纪80年代初的超载现象日益严重。这是导致草场退化最重要的人为因素。

就所调查区域来说，关于退化和超载量的时序演化，笔者希望获得的具有时间序列性质的数据，唯有德格有相关资料。20世纪70年代，德格县全部草场每年每亩平均产鲜草253公斤；而草场的理论载畜量为132万羊单位，实际存栏数为130万羊单位。这三个数字，1987年分别为219公斤、114万羊单位、175万羊单位；2000年分别为156公斤、106万羊单位、208万羊单位，超载率为95.4%（德格县农牧和科技局，2012）。通过这些数据，可以看出超载现象基本上始于20世纪80年代。贡觉县与江达县的情形大致相同。

第四类因素，包括采挖虫草、贝母等药材，在草地上任意采石取土，采矿、公路等基础设施建设。这是最近20余年日益突出的人为因素。挖一根虫草最少要破坏30平方厘米的草皮，而采挖过程中被践踏、车碾的面积更大。除植被破坏外，成千上万人挖掘留下的空洞，大大加快了雨季中水土流失的速度。除了采挖直接带来的草场破坏外，虫草价格的上涨还产生一个负面的影响，那就是，为了增加虫草收入，虫草产区的牧民违背草场利用的常规方式，推迟20天左右转场，这延长了在冬春草场上的居住和放牧时间，加剧了对原本就压力很大的冬春草场的过度利用，严重影响了冬春草场牧草的正常发育和生长。

第五类因素是"三害"。[①] 伴随着草场的退化，鼠虫灾害日趋严重，有害物种大量繁殖，加速了草场的退化过程。

草场退化影响因素的主观量化评估结果如下：气候变暖占20%，"三害"占10%，草场分布和利用的特殊比例占5%，超载占50%，其他人为因素占15%。

（二）超载因素的分析和评估

同一组专家对导致超载的各种因素进行了进一步的讨论和评估。要评估的是导致超载量的具体因素，如为什么德格县1987年的超载量为61万羊单位，2000年超载量为102万羊单位？

第一类因素是人口增长和人们对改善物质生活状态的追求。

在藏族社会，牲畜具有生产资料、产品和财产三重特性。首先，作为生产资料的牲畜，可以产出奶、奶制品、毛绒等产品。这些产品既可以用于销售也可以用于家庭自身使用或食用，是当地居民牧业收入的一个重要组成部分。其次，作为产品的牲畜，指的是那些已经成年的肉用牲畜，畜肉和皮张都是很容易销售的……其中，相当一部分畜肉和皮张是家庭自用的。作为财产的牲畜，同样是已经成年的牲畜，它们是那些牲畜中既没有出售也没有食用的部分，通常的观点认为这是影响西藏畜牧业出栏率的关键所在。"这些牲畜在当地藏民的观念中是作为财产畜养的，它们的存在既有传统的原因也有现实的功用。"（魏众，2005：190）

虽然从绝对人口来看，藏区人口增加较少，但从增长率来看，是比较高的（这在牧区最为突出）。[②] 人口增长本身必然导致对牲畜需求量的增长，而对改善生活质量的追求，也主要是通过饲养更多牛羊的方式实现

---

① 昌都地区蝗虫危害的主要地区是江达县邓柯乡。邓柯乡位于金沙江上游，与四川省石渠县、青海省玉树州相邻。全乡总面积1656.4平方公里，其中耕地面积9070亩，林地面积39655公顷，草场面积127.9万亩，是半农半牧的一个大乡，平均海拔3500米。该区域连续多年发生大面积的蝗灾（多吉，2010）。

② 人口增长情形：贡觉县，1957年，19019人（已包括三岩地区）；1982年，35913人；1990年，38271人；2000年，43160人；1990～2000年，年均增长率为1.21%。江达县，1957年，19139人；1982年，52504人；1990年，59993人；2000年，68993人。

的。牲畜单体生产能力明显下降，更加剧了牲畜的增加。与 20 世纪 50 年代相比，西藏牲畜单体生产能力明显下降，牦牛酮体平均减少近 50%，酥油产量平均减少近 10 斤，绵羊精品毛产量减少近 0.5 斤。

第二类因素是宗教。宗教对超载的影响具体表现为两种形态：放生和禁杀。

藏区的宗教气氛比较浓厚。例如，德格县有 57 座寺院，江达县有 65 座寺院。在这种环境中，农牧民放生牲畜的现象比较普遍。牧民几乎每家都放生牲畜。在讨论时，评估者认为，以较为保守的估计，在本地区，被放生的牛羊占牛羊总存栏数的 10% 左右。例如，江达县的被放生牲畜数量估计达 35 万羊单位。①

农牧民放生的主要动机有：为辞世的亲人超度亡灵，让放生的牛羊代表他们的灵魂存活于世俗社会；为病危或病重的亲人祈求神灵的保佑，期盼其早日康复，延长寿命；在重大宗教节日，向神灵表达敬意，以"积累功德"；等等。此外，人们日益普遍地还会在自己认为的某些特殊时间进行放生，以期"躲避灾祸、逢凶化吉"，如本命年等。典型的放生仪式是：把要放生的牛羊牵到某位活佛面前，活佛对着牛羊的耳朵念一些经文，给牛羊戴上其吹过气的红色瓒或者黄色和红色布标，然后说一声"让你放生了"。这样，被放生的牛羊就可以成为终生不被人类宰杀的幸运者。从这类情形中可以看出，藏民对牛羊怀有特殊情感，不仅仅因为牛羊是他们赖以生存的最重要基础，还因为牛羊承载着他们的文化传统，也是他们对宗教表达敬畏之心的一种重要载体。

下述案例表明，对要放生的牛羊之选择，农牧民展现出特有的智慧。

案例 1　放生牛羊之选择

扎贡家所在的村落（江达县同普乡夏荣村）属于典型的半农半牧区。他家现有 30 头牛，没有养羊。其中的 5 头牛已经成为"放生牛"。笔者特意问他："如何选择要放生的牛？"他说，所放生的牛均为奶牛和耕牛。笔者进一步问"为什么选择它们"时，他笑着说："那要问妈妈，选哪一头牛，是她做的主。"仅从外貌看就可以判断出，其妈妈是一位精明能干的

---

① 这是与江达县畜牧局长讨论的过程中估计出的数字。

家长。她的解释通过翻译的转述，大致如下：之所以选择奶牛和耕牛来放生，是因为奶牛为一家人提供了奶油、奶等生活必需品，耕牛则为种青稞而劳作。它们都为一家人的基本生活保障辛苦了一辈子。等它们老了，只有放生，才能拯救它们的性命，让其自然终结。因此，既不想卖掉它们，更不想杀它们自家食用。否则情感上不能接受。

影响超载现象的另一类宗教因素是"禁杀"。所谓禁杀，即奉行宗教戒律或其他原因，于特定的日期，禁止屠杀牲畜或禁止买卖牲畜。出现这种现象的原因比较复杂。其中的一个原因是，当某地的重要活佛病重时，就会出现这种现象。

第三类因素是通常所说的牧民以牛羊多寡作为衡量贫富标准的观念和随之而来的"惜杀惜卖"现象。

其实，对于"惜杀惜卖"现象，仅仅用"谁家牛羊多，谁家就富有"的传统观念来解释是不够的，必须从藏区农牧民特殊的生活环境中看到其合理性。作为一个独立的经济单位，牧户需要某一最低数量的牲畜。如果低于这一数量，牛羊群的再生产能力就会遭到破坏，甚至不能满足家庭自身的消费需求。因此，有学者指出，第一，面对高原频繁的自然灾害，藏族牧民"惜杀惜卖"，是以数量保生存和发展的自然选择。残酷的事实是：一些牲畜数量较少的牧户在灾害后即刻陷入贫困，且多年难以翻身；反之，牲畜数量较多的牧户虽然也遭受巨大损失，但很快就会"畜丁兴旺"。第二，在基本上仍自给自足的传统藏族社会里，牲畜不仅是最耀眼的财富，也被认为是最有效的储蓄和最理想的保值、升值产品（罗绒战堆，2009）。此外，在牧区，牛羊的数量还是评判一个家庭社会地位的指标。某些家庭并不富裕，但也会尽可能保持较多数量的牛羊。

这一因素虽然仍起着重要的作用，但是，在青年一代身上，其作用正在弱化。放牧的生活方式正在丧失对新一代孩子的吸引力。虽然这种观念在不断淡薄，但仍有很强的影响力，藏民对牛羊有特殊的情感。

第四类因素是收入来源的多样化。最近20余年，农牧民的收入结构发生了很大的变化。随着打工机会的增多、虫草收入的增长、政府补贴类型的增多（例如，低保、"三免"、"退牧还草"补偿）等，农牧民对农牧业的依赖程度普遍下降。这本来是一个有利于减少牲畜饲养量的重要因素，却带来一种负面的影响。那就是，在某种程度上，这类因素使牧民无须通过出卖更多的牲畜就可以获得基本生活必需品，降低了他们提高出栏率的意愿，甚至成为他们增加放生牲畜数量的推动因素。

第五类因素统称为"自然因素"。其中，最重要的是"春死亡"现象。在这一地区，即便是正常年份，冬春季节牛羊的死亡率也在10%左右。这也是促使牧民保持较大的牛羊数量，不在其最肥壮的季节出栏的重要因素。因为，保持一定数量的牛羊是保证来年牛羊群发展规模的基础。

对影响超载现象的因素量化的主观评估结果如下：人口增长和人们对改善物质生活状态的追求占60%；宗教因素占20%，其中放生因素占10%，禁杀占10%；以牛羊多寡作为衡量贫富标准的观念和行为占10%；其他因素（主要是"收入来源多样化"的负面影响和自然因素）占10%。

三　超载与产权制度安排

从超载因素评估结果来看，第一类和第三类因素对超载的影响占70%。如果对牧场进行有效的产权制度改革，至少可以在消解这两类因素的影响方面发挥积极的作用。

对中国牧场产权制度改革影响最大的理论，莫过于哈丁所说的"公地悲剧"逻辑。而且，他用于说明这种逻辑和观点的例子恰好也是一种开放式的牧场。出路何在？虽然哈丁本人指出了两种可能的选择（产权私有化和强化集体管理），但主流经济学家重视的只是"私有化"。即便是对"私有化"之路，他们也没有充分考虑产权结构的多样化和复杂性。

产权不是一种权利，而是一组权利的集合，包括占有权、使用权、管理权、收益权、转让权、剩余处置权等。实践中，这些权利的组合是多样化的。如果所有这些权利仅仅归一个人具体行使，产权倒是非常清晰，没有模糊之处，也没有弹性，但是，这种产权制度安排真的会是最有效率的形态吗？这是一个必须通过实践经验来回答的问题。

（一）产权制度的演变与超载现象

西藏和平解放前后，藏族部落草山的权属是一个比较复杂的问题，不同地区和不同部落关于草场占有和使用都有不同的习惯，但本质上是部落制,具体分为领主占有制和部落群体共有制。即便是三大领主（地方各级官府、世袭贵族阶层、寺院僧侣集团）所有的草场,其支配权、使用权、管理权等权利的实际执行者也是部落头人。金沙江两岸藏区的草山权属虽然较为复杂,但也大致相同（黄正林,2008）。

1959～1965 年,通过民主改革,所有草场归农牧民集体所有,实行"牧场公有,牲畜私有,自由放牧"的制度安排（范远江,2008）。虽然这一时期对公有草场的管理非常粗糙,但是,由于当时人口相对少,所饲养的牛羊比较少,对草场环境的影响也较小,总体上,所饲养的牲畜量没有对草场的再生能力带来大的压力。

民主改革之后（1965～1978 年）,施行"草场集体所有,统一管理和经营"的制度。在这一时期,牛羊数量逐年增长,对草场带来较大的压力,加之鼠虫害开始严重,每亩草产量呈现明显的下降趋势,但是,理论载畜量高于牲畜存栏量,草场量与载畜量大致平衡。

1984～2005 年,施行的是"牲畜归户,私有饲养,自主经营,长期不变",草场则是"公有私用"。正是在这一时期,牲畜量迅速增长,出现超载现象,且日益严重化。

2005 年起,昌都地区的贡觉县、江达县开始进行草场承包到户的改革试点。目前,这种改革正在西藏地区全面推开。至于德格县所在的甘孜州,这种改革在时间上要早 10 年,1995 年就已经实施"冬春草场承包到户,夏秋草场承包到联户"的改革,目前在进行"夏秋草场承包到户"的改革。改革的预期目标是:通过将草场承包到户,并让牧民用围栏把草场圈起来,实现草场使用中"权、责、利"的统一。这样一来,每户牧民的活动就不会影响其他牧户,彼此之间似乎就"产权明晰"了。

草场承包到户的改革,真的能自动解决"公地悲剧"吗?实践证明,情况没有这样简单。这种承包制如何与牧民的传统智慧结合起来,是一个重大的挑战。

（二）内蒙古某些牧区改革的经验与教训

众多的研究表明,"公有私用"存在某些缺陷,确实是公地悲剧上演的制度原因。有学者指出,草场"公有私用"的承包制揭开了"公地悲剧"的戏幕（杨理,2007）。内蒙古是最早实行"双权一制"的牧区之一，①但对这一地区的多项研究表明：这一制度实施近 20 年，却加剧了超载和草地的退化。很多牧区，在实施草场使用权承包到户并通过围栏实现排他性使用权之后，草场仍在退化（敖仁其、达林太，2005）。学者们指出了其中的各种原因。例如，承包到户的制度并没有覆盖所有的草场，未承包的草场仍处于无管理的"公地"状态，甚至比实行承包之前"更加公地化"。即便是已承包到户的牧场，也因为并非"永久性承包"，其承包户只考虑自己的短期利益，不考虑期满之后下一轮承包户的利益（汪艳、吴琴琴，2012）。牧场划分到户，会使放牧的草场过于狭小，牧民无法合理规划移牧、轮牧和游牧，牲畜只能在狭小的空间内随意踩踏、啃食，草场得不到合理的休养生息；草场转租缺乏有效的管理制度，承租户只考虑自身利益，超强度利用所承租的草场（刘艳、刘钟钦，2012）。

此外，长期以来，学术界在不断地争论游牧与定居、季节轮牧与划区轮牧、放牧与圈养谁优谁劣，或者上述基本规划之间的重组重排，如定居游牧、定居划区轮牧、定居圈养与放牧相结合等，孰轻孰重。有学者指出，从较大的时空区间内判断，放牧方式的变迁，即从游牧到定居，从季节轮牧到划区轮牧，不是人们自觉自愿的、理性合理的选择，而是人口的增长、生存空间的变小、追求单位面积的更大产出，迫使人们做出的非自愿选择。这种选择带来了较大的负面生态效应，成为草原荒漠化的重要成因之一。

这些教训并不意味着，把草场使用权承包到户是错误的。这种改革是产权制度建立的最重要基础。使用权承包到户主要可以解决利益分配问题。但是，它并不能自动消除公地悲剧现象。因为，它解决的仅仅是产权的初始分配问题。如果没有与之相配套和适应的具体产权制度安排，简单的承包到户只会加剧草场的退化。

针对这种草场悲剧的持续，内蒙古的牧区在不断努力寻找新的联户解决方式（敖仁其，2011）。其他牧区（如甘南玛曲县）的牧民也在寻找新的联户之路。②

---

① 在内蒙古，草场使用权承包到户始于 20 世纪 90 年代中期。所谓"双权一制"，即草场所有权划归村级单位所有，牧户通过签订合同，获取使用权，承包期为 30 年。
② 《访谈韦惠兰：为什么牧民走向联户之路？》，《人与生物圈》2010 年第 2 期。

（三）藏区牧民的智慧：贡觉县和江达县案例

这次调查中，笔者感受最深的是：从 2005 年进行草场承包到户改革试点的贡觉县和江达县牧区来看，牧民对这种制度改革是支持的，但对于在实践中是否应把"承包到户"的政策转化为"使用权也落实到户"，政府官员和牧民都面临困惑和阻力。这种困惑和阻力来自客观和主观两方面因素的相互作用。

就客观方面来说，如果"使用权"的具体运用也要确定到户，牧民各自在所承包的草地上放牧，将会大大缩小放牧的范围。这对牧民的生存、牛羊和草地之间的关系将会产生什么样的影响呢？从经验和直觉来看，游牧方式下，牛羊吃完一块草场之后，转迁到另一草场，有利于草场的自然恢复。使用权确定到户之后，每户分到的草场最多也不过数千亩，同一块草场的放牧时间延长、牛羊的过度采食和反复践踏，将会使草地遭到严重的破坏。

就主观方面来说，藏区牧民对牧场在原部落、族群、村落之间的所有权界限有着强烈的产权意识，但对村落内部户与户之间的产权意识淡薄得多。前一种产权意识导致草地纠纷不断，后一种产权意识使草地使用权的实际确定到户面临挑战。

这种挑战导致中老年和青年两代牧民之间出现重大的意见分歧。例如，2005 年贡觉县在拉妥和阿旺两个纯牧乡试点时，在讨论如何承包草场的过程中，大部分中老年牧民认为，承包到组或村的方式，更有利于牧场转牧、禁牧等管理方式的实施，保留传统的有效放牧方式。大部分青年却更倾向于将使用权落实到户，并认为，只有这样，牧民才能更好地自由选择对使用权的处置，如自由地转让、转租和流转。这种意见分歧其实反映的是两代人的生活观念差异：老一代牧民对传统的游牧方式充满深厚的情感，认为"逐水草放牧"是一种自然的安排，那样才能很好地保护藏民的生活方式；较年轻的一代在主观上已经不留恋游牧生活方式，他们或多或少受过一些正规教育，通过电视或到县城游玩的经历，向往新的谋生方式，认为自由支配牧场使用权，有助于他们灵活选择生活方式。

面对上述困惑和意见分歧，2005 年就开始试点的贡觉县、江达县牧区，在实践中出现了某些妥协的产权制度安排形式。其中，最明显的妥协是：冬春牧场承包到户，把每户承包到的牧场的具体位置、面积公之于众，且每户均有承包证；但是，使用权的具体安排和运用仍然遵循传统和习俗，并没有把所有牧场的使用权都落实到户。我们可以称之为"承包到户，联合放牧"。这貌似原来那种"分畜到户，草场共有"的制度，其实有着重大的差异，那就是牧民的个体所有权意识得到强化。虽然仍然是"联合放牧"，但对已分到自己名下的草场的未来前景，每位牧民都极为关心。这强化了牧民共同保护牧场的意识，并为牧民重新安排牧场的各种权利提供了制度基础。

这些牧民肯定不知道内蒙古牧区的教训，但是，从经验中认识到，"承包到户，联合放牧"不会自动消除公地悲剧的重演——超载现象的严重后果。因此，他们在设法控制这种现象。但不同地区的具体制度安排呈现出多样化的特征。例如，贡觉县阿旺乡的阿益、金珠等村，为防止超载现象严重化，第一，规定如果某户牧民想通过购买的方式增加牛羊群数量，那么，只允许在村内向其他牧户购买，禁止从其他村买入。第二，规定了每户牧民可以放牧的牛羊数量。具体规定的数量，会随着每个村所拥有的牧场规模而异。例如，金珠村规定人均不能超过10头牛和15只羊。这类规定确定了牲畜数量与牧场承载量之间的特定关系。

此外，这类村规民约给"承包到户，联合放牧"的制度安排增添了一些灵活性。在承包到户之前，虽然每户牧民的牛羊数量悬殊，但少畜户和无畜户从集体承包的草场中几乎得不到什么补偿收益。承包到户之后，每户牧民可以较自由地行使所承包牧场的使用权，也可把自家的配额部分或全部转让给他人。这相当于使用权的流转。当然，这种转让不是无偿的，但补偿形式是多样化的。例如，有的家庭因劳动力少或外出经商，所养的牛羊数量较少，在这种情形下，他们就会让亲戚朋友代为放牧，条件是代牧者可以使用他们的承包使用权额度，或者以其他形式给一些补偿。这类行为体现的是通过使用权的流转实现收益权。

这类村规民约虽然没能消除超载现象，但已经发挥了某种积极作用。贡觉县阿旺乡的牛羊总数在承包制试点的那年（即2005年）达到最高峰之后相对稳定下来。有的村子，其牛羊总数甚至出现下降的趋势。例如，金珠村，2005年牛羊总数为1560牛单位，现在已经下降到只有1310牛单位。

四　政策思考

进行政策思考时，我们必须充分重视这样一个事实：所调查地区的牧业已达到极限，存栏数量已经相对稳定，但其中包含着很大比例的超载量。例如，昌都地区的牲畜数量一直稳定在 350 万头（只、匹）左右：1999 年，存栏牲畜为 345 万头（只、匹），其中，牛 136 万头，羊 191 万只；2003 年，存栏牲畜为 352.9 万头（只、匹），其中，牛 151 万头，羊 178 万只；2004 年，存栏牲畜为 353 万头（只、匹）。

这一事实意味着什么呢？该地区牧民实质上是被迫选择超载的生产方式，从而以较大的规模来保证现在的生活水平。但是，这种谋生方式几乎已达到极限。因此，问题的关键不再是牲畜的增加，而是如何有效降低超载量。

（一）主观评估结果的政策含义

虽然我们不能把"专家主观评估法"的量化结果视为一种准确的评估，但它至少已经为我们筛选出各种因素在量上的相对重要性，并可以让我们更好地思考如何针对不同的因素选择不同的政策。

超载虽然是牧场退化最重要的原因，但也只承担 50% 的责任。在其他因素中，气候变暖之类的自然因素是人力无法改变的；控制和消灭"三害"的政策选择，必然涉及金沙江沿岸各地政府的协同行动；对采挖虫草和贝母、在草地上任意采石取土、采矿、修路等行为的控制，则主要涉及当地政府的管理问题。至于超载，我们也要看到：哪些因素，是可以通过政策改变的；哪些因素，有待于藏区牧民文化观念的改变，而且这种改变是一个长期的、渐进的过程。

在调查和与评估专家讨论的过程中，我们对某些因素的变化有了较确切的认识。某些因素对超载的影响在弱化。例如，收入来源的多样化虽然有某种负面影响，但在总体上在长期中将会成为降低超载量的最重要推动力量。虫草、打工等收入增多，减少了牧民对牧业的依赖程度。部分牧户已经把主要精力用于经商或运输，减少了所养的牛羊数量，少量的牧户甚至迁移到城镇，完全放弃牧业。

再如，以"牛羊多寡"作为衡量家庭贫富的观念和行为加剧了以往的超载现象，但这种观念的影响在不断弱化。如果一户牧民同时养牛羊，那就需要两个劳动力来分开放牧。但是现在，年轻人的观念发生了巨大变化，普遍不爱放牧，愿意外出打工。宗教因素的影响在短期内还没有出现明显的逆转趋势。"春死亡"主要是自然原因造成的，现在暂时还找不到良好的治理方法。因此，本章重点讨论的是产权制度的选择问题。

此外，要特别注意：各种因素的相对重要性会因区域的不同而呈现较大的差异性。例如，采挖虫草、贝母等药材的行为是内蒙古地区不存在的因素，全球气候变暖对藏区的影响也许比内蒙古更严重，宗教因素在内蒙古的影响几乎不存在，等等。

（二）尊重牧民对具体产权制度安排的选择

西藏正在全面推进牧场承包到户的改革。改革政策规定得很明确："草场承包形式，以承包到户为主。冬春、四季草场必须承包到户；夏秋草场能承包到户的，承包到户，不能承包到户的，要落实到自然村。"这一政策的最根本动因是：想通过承包到户的改革，解决牧场上的公地悲剧问题，缓和超载严重化的趋势。

有些地方官员对牧民在实践中采取牧场"承包到户，联合放牧"的制度安排还心存疑问，担心这是否符合"承包到户"的政策规定。笔者认为，这种担心是没有必要的。

"承包到户"改革是建立新型草场产权制度的最重要基础。但是，它解决的仅仅是产权的初始分配问题，虽然有利于解决村内利益分配和村与村之间的草场纠纷，但并不能自动消除公地悲剧现象。如果具体的制度安排不合理，反而会加剧草场退化。在这种制度改革的基础上，如何建立起一种有效的产权制度安排，是非常复杂的。其合理与否，取决于它对草地的有效保护程度。在这方面，藏区要注意吸取其他牧区的教训。

没有任何人能宣称，可以设计出一种完美的制度。但是，有一点是可以肯定的：所有有效的制度都是在动态适应过程中产生的。这种动态适应过程的本质是"因地制宜"。因此，具体产权制度安排问题上，要给牧民留下自由选择的充分空间，让他们关于"特定时空"的经验知识充分发挥作用，从而激发他们的创造性。在这一点上，贡觉县、江达县试点地区中老年牧民的心态是开明的。"承包到户，联合放牧"的制度安排是否会成为一种稳定的形态，或仅仅是一种过渡形式，他们心里也没有底。但是，他们认为，是否会最终走向草地使用权也落实到户，那就由后代自己选择吧。也许，后代会有更好的知识，找到更好的解决方法。

大量的国际经验也表明，解决公地悲剧的有效方式是多样化的。奥斯特罗姆通过对鱼类、草地、森林、湖泊和地下水等公共资源使用进行大量案例研究，发现：一群相互依存的人，能够把自己组织起来，进行自主治理，并通过自主性的努力（并非由政府指挥），去克服搭便车等（即市场失效）问题，以实现持久性的共同利益。在奥斯特罗姆的框架中，制度供给、可信承诺和有效监督是核心的要素。通过对环境进行更加细致的刻画，描述社区中参与人的利益差异，制定细致有效的资源使用规则，允许内外部监督力量参与，实行分级制裁规则，让组织权威得到尊重，最终实现公共资源的有效使用（奥斯特罗姆，2000）。用主流经济学的语言来说，奥斯特罗姆的工作实际上引入了重复博弈，给定特定的贴现因子和其他参数，合作会成为一种均衡。

（二）减轻人口压力，拓展谋生渠道

其实，牧民已经认识到，超载放牧是导致草场退化的重要原因，并对草场退化忧心忡忡。那么，他们为什么不减少放牧量呢？除了上述草场产权制度存在缺陷之外，还有什么重要的因素迫使他们这样做呢？

那就是牧民所面对的生计压力及其对改善物质生活状态的追求。虽说地广人稀，但相对于人口规模而言，可供利用的土地和其他自然资源量极为有限，他们所面临的近乎是超过极限的巨大压力。对牧民来说，虽然随着其他来源的收入增多，牧业的重要性相对下降，但是，牧业仍然是他们最重要的生活资料来源。因此，他们实质上是被迫选择超载的生产方式，以较大的规模来保证现在的生活水平。但是，这种谋生方式几乎已达到极限。

如果不能解决人口压力和多渠道的谋生方式问题，那么什么样的产权制度都不能阻止超载现象。

案例 2 "马尔萨斯陷阱"——来自左贡县扶贫办的一个描述

"有的农牧民群众既受文化落后、卫生知识贫乏的影响，又受宗教思想的影响，愚昧无知，人口增长速度超过经济增长速度，抚养比高，人均占有资源下降，出现一方水土养不活一方人的状况。这一点在美玉乡最为突出，由于受宗教思想的影响，群众惜售，片面追求牲畜数量，造成牲畜过载，草畜矛盾突出，草场退化；不知道，也不愿意甚至拒绝计划生育，使该乡人口增长过快，人均占有牲畜及资源量降低，生活一直处于贫困状况。"

（摘自左贡县扶贫办：《左贡县十五扶贫开发工作评估报告》，2005 年 6 月 16 日）。

因此，在改革草场产权制度的同时，应减轻人口压力，拓展谋生渠道。案例 2 已说明"拓展谋生渠道"对减缓超载的积极作用。如何拓展谋生渠道，是一个综合性的大问题，本章暂无法讨论。这里想强调的是，在政策选择中，针对性最好的是减轻人口压力。具体来说，除了加强人口流动之外，就是要倡导自愿性生育控制政策。"自愿性生育控制"，有别于内地实施的"强制性生育控制"政策。农牧民仍然对自己的生育行为有决定权，但相关部门为那些想避免生下"不想要的"孩子的父母提供避孕工具和方法。

在其他少数民族地区，笔者随处可以看到"少生孩子，脱贫致富"之类的计划生育政策宣传，唯独在这次调查中看不到这类宣传。我们不能因为某些西方学者和国家以歪曲事实的方式虚构所谓的"西藏人权问题"，就不在西藏大力倡导自愿性生育控制。正如著名经济学家阿马蒂亚·森针对这类问题所批评的，"就生育的权利而言，认为这些权利具有重要意义这一事实，并不必然意味着这些权利是如此绝对重要，以至于它们必须受到充分的保障，哪怕它们有可能会导致灾难、大规模的痛苦和饥饿。一般而言，享有和行使一个权利所造成的后果，必定最终影响到这个权利的整体可接受性"（阿马蒂亚·森，2002：214）。

五　结束语

要有效地解决牧区的超载问题，政府选择恰当的政策是至关重要的。在不同牧区，影响超载的因素不尽相同。因此，"因地制宜"的政策要落在实处，就要信任藏区农牧民的理性选择能力。只有适应农牧民理性选择的政策，才可能最终获得成功。草场承包制度不能完全复制农区耕地承包到户和其他牧区的做法。政府不能把草场"承包到户"视为产权改革工作的完成。政府还需要做大量的工作，如识别民间产权制度安排的优劣、积极总结和推广其中的有效部分、组织和促进牧民更好地制定各种制度。

参考文献

阿马蒂亚·森：《以自由看待发展》，任颐、于真译，中国人民大学出版社，2002。

埃莉诺·奥斯特罗姆：《公共事务的治理之道》，余逊达、陈旭东译，上海三联书店，2000。

敖仁其：《牧区新型合作组织初探》，《内蒙古财经学院学报》2011年第2期。

敖仁其、达林太：《草原级牧区可持续发展问题》，《内蒙古财经学院学报》2005年第2期。

奥尔森：《集体行动的逻辑》，陈郁等译，上海三联书店、上海人民出版社，1995。

德格县农牧和科技局：《德格县草场权属变化对草地质量的影响》（调查时收集），2012。

多吉：《浅谈昌都蝗虫发生动态预测及综合防治》，《西藏科技》2010年第11期。

范远江：《西藏草场制度变迁的实证分析》，《西部经济》2008年第7期。

高吉庆：《德格县草地退化原因与治理对策》，《西南民族大学学报》（自然科学版）2006年第5期。

黄正林：《民主改革前安多藏族部落的草山权属与牲畜租佃关系》，《中国农史》2008年第2期。

刘艳、刘钟钦：《草牧场产权制度变迁对草资源可持续利用的影响》，《农业经济》2012年第2期。

罗绒战堆：《藏族地区惜杀惜售问题的研究》，《西南民族大学学报》（人文社科版）2009年第11期。

汪艳、吴琴琴：《私有化和产权明晰对缓解草场退化的效果分析》，《财经界》（学术版）2012年第5期。

魏众：《农牧民的经济活动》，载王洛林、朱玲主编《市场化与基层公共服务——西藏案例研究》，民族出版社，2005。

杨春学：《藏区农牧民的理性》，载王洛林、朱玲主编《如何突破贫困陷阱——滇青甘农牧藏区案例研究》，经济管理出版社，2010。

杨理：《草原治理：如何进一步完善草场家庭承包制》，《中国农村经济》2007 年第 12 期。

周华坤、赵新全、唐艳鸿：《长期放牧对青藏高原高寒灌丛植被的影响》，《中国草地》2004 年第 11 期。

周卫生、甘友民、李才旺：《川西北草地退化的原因及对策》，《四川草原》2004 年第 7 期。

Hardin, G., 1977, "The Tragedy of the Commons", *Science*, 162: 1243 – 1248.

第三章 草场资源纠纷及其调解*

扎 洛

在当前藏区的各类社会冲突中，草场资源纠纷一直引起各方的高度关注。这是因为：（1）草场纠纷不仅多发易发，而且在一些地方反复发生，很难彻底根除；（2）草场纠纷经常演变成村落之间的群体性武装冲突，造成伤人、死人和巨大财产损失，严重破坏藏区社会的稳定与和谐；（3）在纠纷裁决过程中，冲突双方经常援引当地习惯法而不是国家法进行处置，这使许多人感觉到国家法的权威受到挑战。为了应对这种局面，国家在宏观层面上采取了两方面措施：（1）明确资源权属。通过勘界、草场承包等手段，明确行政区划和草场使用范围，强化权属认同，以期约束侵权行为。（2）逐步树立国家法权威。例如，大规模开展普法宣传，限制其他社会权威参与纠纷处置等，试图使国家法成为唯一的法律救济渠道。

应该说，这样的努力自20世纪50年代以来（甚至可以上推到清代末期的"改土归流"）一直在持续，或急或缓，有时候通过"运动"的方式骤然推进，更多情况下则通过政府某一部门的具体工作潜移默化。然而，

---

* 笔者在此需要特别提到的是四川省巴塘县政协主席当却先生、巴塘县司法局王尼玛先生，西藏自治区昌都县政法委美拉曲珍女士、昌都县民政局四郎多登先生、芒康县司法局旺堆先生、左贡县政法委吴积辉先生等。他们曾就相关问题与笔者进行过多次的讨论，不仅为笔者提供了丰富的信息，还坦率地就工作中的困惑和思考与笔者进行交流，他们的思考已经或多或少地体现在本文之中。文章的写作始终伴随着与课题组同仁的讨论和交流。此外，笔者的同事周勇先生、李彬先生、苏亦工先生、熊秋红女士，以及北京师范大学李实教授也曾给予指点。对于上述所有人的帮助，在此致以诚挚的感谢。根据人类学研究的惯例和受访者的要求，文中案例涉及的人名、地名都用了化名。

迄今草场资源纠纷仍旧是影响部分藏区社会稳定和发展的重大社会问题。各地的官方文件中，都罗列着一长串需要严密防控的纠纷清单，整个夏季所有的涉法部门为了预防此类纠纷而殚精竭虑。即便如此，恶性纠纷案件仍难禁绝，时有发生。严峻的现实不仅对政府主管部门的工作提出了挑战，也应该引起学术界的高度关注。① 分析研究草场资源纠纷发生的原因、演化机制，寻求化解矛盾、解决纠纷的良策，对于构建藏区和谐社会具有重要意义。

正是基于上述考虑，笔者在参加中国社会科学院藏区发展课题组在川西、藏东的田野调研时，专门就草场资源纠纷问题进行了调查。我们的调研分两年完成。2004 年夏季，课题组在四川省阿坝藏族自治州的九寨沟县、松潘县进行了调研。2005 年夏季，则沿川藏公路一路西行，分别对四川省甘孜藏族自治州的巴塘县以及西藏自治区昌都地区的芒康县、左贡县、昌都县进行了调研，调查范围达 6 县 20 村。其间，我们接触到大量有关资源纠纷的文本材料，采访了政府主管部门及当事的村民，还在现场参加了由政府部门主持的纠纷调解会议。我们发现，当前该地区的资源纠纷主要是土地资源纠纷，比如争夺放牧的草场、采挖虫草等珍贵药材的山坡、采集松茸等菌类的林区、采挖建筑材料的沙石厂等。在昌都县，我们还了解到一起争夺宗教神山所有权的案件。在所有这些资源纠纷中，发生频率最高、社会影响最大的仍然是草场资源纠纷。

在本章中，笔者依据自己的田野调查资料，将重点考察三起纠纷案例：A 县贝村和朵村关于"海绒"等草场的纠纷、B 县巴乡与 C 县达乡关于"堆塘"草场的纠纷、D 县德村和吉村关于"吉垅"牧场的纠纷。之所以选取这三起纠纷作为案例，一是由于这三起纠纷具有一定的典型性，代表了不同的类型；二是因为有关这些纠纷的资料（包括文本资料和访谈资料）相对完整，能够为我们展开分析提供基本的事实依据，不至于完全陷入猜测和推断。通过对这三起纠纷案件的考察，笔者将探讨这些纠纷是如何发生、发展的，纠纷的激化或最终演变为群体性武装冲突受到哪些因素

---

① 通过中国知网检索，有关草场资源纠纷的研究成果有：《藏区草山纠纷的成因、危害及对策》（杨多才旦，《西藏研究》2001 年 2 期）、《对草场边界纠纷特性的认识》（洪源，《西藏研究》2003 年 3 期）等。其他许多有关藏区传统社会、法律问题的论著中也涉及草场资源纠纷，在此不——列出。

的影响，进而关注这些纠纷是如何解决的，特别是在国家法导入多年后，纠纷调解机制产生了怎样的变化。最后通过历史考察，总结国家法在进入藏区的过程中与传统习惯法的冲突和调适，并在此基础上探讨建立一种"过渡性"纠纷调解机制的可能性。

一　历史回顾：传统社会中的草场资源纠纷及其调解

（一）草场资源纠纷的原因

与农业社会的土地纠纷、用水纠纷一样，在藏族地区，草场资源纠纷自古以来就是重大的社会问题之一。在藏区，除了单纯经营畜牧业的牧民，多数藏民的经济生活方式是农牧兼营的。因此，草场资源作为生产资料，对所有农牧民都是有价值的，而草场不可能增长、扩大的特性注定了它具有稀缺的性质。长久以来，人们一直在探讨草场资源纠纷发生的原因，有两种颇具代表性的观点。一是认为它是农牧民发展生产的愿望与资源相对不足的矛盾所导致的。[①] 但是，这样的总结有过于笼统之嫌，因为生产资料的相对不足具有普遍性。资源不足并不必然地引发资源纠纷，相反，在许多社会中，资源不足成为刺激人们发展其他技术和经济形式的动力。二是认为地界不明、权属不清导致草场资源纠纷。应该说，这一观点部分地反映了草场纠纷产生的原因，但是，它仍有值得推敲之处，比如：它没有回答草场资源为什么界限不明、权属不清。界限明确、权属清晰，就不会发生草场纠纷了吗？这一观点不能解释多年来相安无事的两个村子、两个部落之间因为偶然的原因而发生草场资源纠纷。笔者认为，在传统藏族社会中，草场资源纠纷频繁发生并时常演变为群体性武装冲突，主要受到两个方面的影响：（1）草场资源的财产所有权特性以及藏区传统的畜群放养方式；（2）部分藏区在历史上缺乏有效解决纠纷的社会治理资源，即"国家权威裁判"。

在过去的几百年间，藏区各地政治管理方式上的差异，导致草场资源

---

① 杨多才旦：《藏区草山纠纷的成因、危害及对策》，《西藏研究》2001 年第 2 期。

的所有权状况也有一定的差别，但是无论如何，在基层社会总是表现为一定的生产组织（如村落、部落等）占有或使用一定的草场资源。草场作为他们赖以生活的生产资料，可以被视为不动产，而恰是这种不动产的所有权特性容易导致纠纷的发生。洪源最先提出了草场资源作为财产在所有权上的法律特性问题。他指出，草场资源不仅与其他财产一样，具有共同的法律特征（包括绝对权、对世权及排他性），还具有四个方面的个性：（1）草场的价值具有天然性，人们无须为之付出劳动（人工培养的草场除外）即可得到回报；（2）草场的价值受到地形、环境的影响，具有不等同性和不稳定性；（3）草场作为不动产，较其他财产在管理上具有松散性；（4）草场一般以某种地理标志物（如河流、山沟、森林、村庄等）为边界，具有一定的模糊性。他指出："它（指草场）的天然物质财富更容易刺激人们的占有欲望。它疏于管理的不动产状况客观上也容易受到他人的侵犯。草场边界的模糊性对以牧为主的牧民来说形成一种潜在的争占因素，一旦诸种客观因素和个别人的主观贪心和恶意占有相结合，势必会发生占有与反占有的纠纷。"①

草场资源的上述所有权特性，加上藏族传统的畜群放养方式，增加了发生草场资源纠纷的可能性。我们看到，草场资源纠纷的最常见原因是越界放牧，越界放牧既可能是无意的，也可能是有意的。因为界线模糊，疏于管理，没有有效地阻止侵权行为发生的设施（如围栏等），所以野外放养的牛羊就可能越界吃草，正如调查中有村民言："人们说这里是我们的草场，那儿是他们的草场，但是，牛羊不知道，吃到哪儿算哪儿。"最常见的纠纷发生地是夏季牧场。夏季牧场一般海拔较高，人烟稀少，因而管理困难，正是这种状况容易引起故意越界。有些人在转场过程中违反规定的时间、路线放牧，也容易造成纠纷。草场边界的模糊性，表现在边界标志物本身可能就不是一个确定的点，而是一个较大范围的区域，而两个标志物之间的边界走向一般来说也缺乏确定性。另外，许多人为因素（如兼并、抵债、馈赠等行为）导致草场界线多次被变更，这也加剧了界线的模糊性。总之，草场资源的财产所有权特性以及藏区传统的畜群放养方式，增加了发生草场资源纠纷的可能性。

---

① 洪源：《对草场边界纠纷特性的认识》，《西藏研究》2003年第3期。

虽然草场资源纠纷在藏区具有一定的普遍性，但是，各地草场资源纠纷的发生频率及其危害程度是不一样的。具体来说，西藏自治区的中、西部地区（即藏族传统区域划分中的卫、藏地区）草场资源纠纷较少，而其东、北部，以及四川省的甘孜州、阿坝州，甘肃省的甘南州，青海省的果洛、玉树、海南、黄南、海北等州，草场资源纠纷较为多发。这主要与历史上这些地区的政治形态密切相关。有关研究已经清晰地指出，在20世纪50年代之前，藏区各地的政治形态差别很大。① 在卫、藏地区，形成了超越地方、宗派势力的西藏地方政府，它对其统辖的地方势力具有政治权威，对地方势力之间的纠纷具有强处置能力，比如派遣军队等。而康区、安多地区，虽然在行政上隶属于当地省份，但是，由于中央政府在这些地区实行因俗而治的羁縻统治，采用土司制或部落制的管理方式，上级政府很少直接参与管理。② 这些土司、部落头人有时虽然有松散的隶属关系，但多数情况下，相对独立，互不统属。据有关统计，在民主改革之前，仅昌都地区就有224家头人。③ "西康（这里主要指四川西部藏区——笔者注）土司，在清末不下一百二十，其中大部分为土百户。"④ 这些土司、头人在自己所统辖的社区内部具有较强的管理能力，各自制定了所谓的部落习惯法。但是，由于这种互不统属的特点，这些地方集团之间经常处于争斗的状态。

由于草场是由一定的生产组织（村落或部落）集体占有，其存无、大小、优劣与生活在其中的每一个成员休戚相关。当草场纠纷发生时，同一生产组织（村落或部落）的成员有"出兵"的义务。因此，草场纠纷又经常表现为群体性武装冲突。任乃强在《西康图经》中指出：

---

① 参见〔美〕皮德罗·卡拉斯科（Pedro Carrasco）《西藏的土地与政体》（*Land and Polity in Tibet*，陈永国译），西藏社会科学院西藏学汉文文献编辑室编印，1985。

② 戈明在研究藏区部落习惯法时，也提出了"中部藏族"的区域概念。他指出，"除去西藏自治区大部分地区的西南部，除去距离成都、兰州、西宁等省会城市较近的藏族聚居区的中部，有一个社会发展层次较西南部和东北部更显后进状态的夹层区"。参见戈明《中部藏族部落法初探》，载张济民主编《渊源流近——藏族部落习惯法规及案例辑录》，青海人民出版社，2002，第1页。

③ 李光文等主编《西藏昌都：历史·传统·现代化》，重庆出版社，2000，第220页。

④ 刘文辉：《西康政情之简述及个人对边事之观感》，《康导月刊》1939年第12期。

村为西康社会团体之单位，全村民众，祸福共之。任何强梁之劫匪，决不劫害本村。本村人为他村所劫害，则全村必为之报仇，不问其是否受害者之亲友也。报复之举，可施与仇村之任何人户，亦不问其是否受害者之仇家也。其视一村犹汉人之视一家。①

草场资源纠纷的频繁发生，又反过来强化了集团观念，以及武装械斗传统。

（二）纠纷调解机制

草场资源纠纷及由此而引发的群体性武装冲突，经常造成严重的人员伤亡和财产损失，部分地区还由于受到血亲复仇观念的影响，许多纠纷引发的仇杀已经延续数代。应该说，人们对纠纷所引起的严重后果有着清楚的认识，因此，多数情况下，第三方的调解还是具有积极的功效。

上文提及，纠纷一旦发生，其和解之法是由第三方出面"邀集两方头人，择一适当地方，设帐理论"。② 所谓的"第三方"，包括"有资望的喇嘛、土司、富豪、老民"等。一般来讲，寺院僧人出面调停更为常见，这主要是因为僧人作为人们宗教上的信仰对象，被视为公正、善良的化身，他们的裁决被视为神佛的意志。而僧人将平息纠纷、化解矛盾视为行善积德、救助众生脱离苦海的功德之举，因此也经常以介入纠纷调解为己任。久而久之，相沿成规。有人曾对此做过描述：

康区在行政上的习惯法，因其土地之无一定的确界，在各交界的人民，往往会有一种争执，复因其对于抢劫生活之习以为常，所以甲地与乙地的治安均无相当保障。因而康区各地的喇嘛寺或土司，互相常有一种公约的规定，以求解决某种事端，或图相互治安上之保障，是种含有行政性质的公约。在喇嘛寺方面比较健全，凡有关行政的习惯法，大多以喇嘛寺所存的公约为依归，而执行行政习惯法的人们，则为有资望的

---

① 任乃强：《西康图经》，西藏古籍出版社，2000，第348页。
② 任乃强：《西康图经》，西藏古籍出版社，2000，第317～318页。

喇嘛、土司、富豪、老民，按照各地的特有情形汇合个人的意见，寻求一种正当而公允的解决方法，这是康民在行政上的习惯。①

纠纷调解主要采取说理和辩论的形式，最后由调停人根据双方的主张提出折中方案，供双方继续讨论，直至达成共识。对于调停的内容和原则，任乃强在《西康图经》中曾做过细致的描绘：

番人（指藏族人）仇杀之事甚多，其规矩亦极有趣。凡同村中有一人为他村所杀，则全村人皆须为之报仇；遇他村人即杀之，不问其是否仇家，及与凶手有无关系也。如此展转仇杀，若非有人和解，则历数百年不止。和解之法，由第三村头人有体面者数人出首，邀集两方头人，择一适当地方，设帐理论。结果令凶家赔命价银若干秤。双方已遵，再议此命价用几成现金，几成牛马，几成器物，称为红白黄三色。成数定后，再议马一匹抵若干，牛一匹抵若干，枪一具抵若干，刀一把抵若干，锅一件抵若干，马牛又有公母老幼优劣之分，争高论低，动辄数月始结。如双方皆强横而调人面小者，多半中道决裂。决裂之后，仇杀益烈。经若干时后，再请人说和。一经和息以后，仇杀遽止。甚重然诺，从无已收调解犹相仇杀者。此种命价，大抵亦系全村分担，全村分受，不必只由凶家出之，尸家受之也。惟无论如何，从无论抵之事。汉官宰西康者，每依内地法，论凶手抵命；此事大与康民习俗违反，故番民有仇杀案，不愿赴诉有司，而乐求头人和解。此西康官署讼案之所以稀少，而头人势力之所以未易铲除也。命价分上中下三等，通常上等人七十秤，中等五十秤，下等三十秤，特等人物，由尸家肆索，如死亲皆弱者，则所赔甚寡。抵折物品，快枪为上品，牛马次之，叉子枪蛮刀与器物为下。交货以马为首，祝速了结也；叉子枪居中，像搭桥，颂调人也。蛮刀在后，谓一刀断绝，永无纠纷也。②

---

① 佚名：《治理康区意见书》，载赵心愚等编《康区藏族社会珍稀资料辑要》（上），四川出版集团、巴蜀书社，2006，第345页。
② 任乃强：《西康图经》，西藏古籍出版社，2000，第317~318页。

由此可知，在川西地区，传统的纠纷调处方法主要是协商和罚款，对于纠纷中的民事、刑事责任，一律采取经济赔偿或经济惩罚方式，即支付所谓的"赔命价""赔血价"，并且"从无论抵之事"，这既体现了佛教不杀生的理念，事实上也与缺乏统一的强制工具（如军队、监狱、吏役等）有关。罚款是最简便、经济的惩罚方式。①然而，这种第三方头人或活佛、高僧主持调解的方式存在致命的缺陷，即他们只有商量调解条款的权力而缺乏保证条款实施的强制力量，一旦有违背协议的情况发生，则前功尽弃，重归无序。虽然在理论上违约者与调停者即成为仇家关系，但是，若未发生直接的利益冲突（一般来说，调解未果对于调停者的声誉有负面影响），也就不予深究了。因此，当事双方要解决纠纷，只好再请第三方出面。如果调解仍然无效，则别无选择了，或者承认既成的事实，或者选择武力冲突，一决胜负，武力了断。当事双方没有可以依赖、对双方均有强制约束力的仲裁者，从而可以说，草场资源纠纷演变成武装冲突，是"统一权威"或者"政府权威裁判"缺失造成的一种社会后果。

需要指出的是，实际情况并没有我们想象的那样坏。草场纠纷及由此引发的群体性武装冲突，容易造成严重的人员伤亡和财产损失，部分地区还由于受到血亲复仇观念的影响，许多纠纷引发的仇杀已经延续数代。应该说，人们对纠纷所引起的严重后果有着清楚的认识，因此，多数情况下，第三方的调解还是具有积极功效的，毕竟人们更加偏爱秩序和安定。此外，为了防止违约行为和纠纷反复，一般情况下调解协议都包含一些宗教内容，特别是协议签署时要举行起誓仪式。起誓对象可以是寺院的佛、菩萨像或当地山神（地域保护神），也可以是主持调解的活佛等。起誓的目的是要参加仪式者保证遵守协议，否则将受到神佛与业报轮回铁律的惩罚。这种伦理约束，对于大多数佛教信徒来说也是有意义的。

---

① 美国学者加里·S. 贝克尔（Cary S. Becher）认为，罚款不仅可以惩罚犯罪者，还可以补偿受害人，使其恢复原状，不像其他惩罚方式要耗损额外的资源以执行惩罚。见加里·S. 贝克尔《人类行为的经济分析》（*The Economic Approach to Human Behavior*），王业宇、陈琪译，上海三联书店、上海人民出版社，2003，第 86 页。

二 田野观察：对三起纠纷案例的考察与分析

（一）三起纠纷案例

已有的关于藏区草场资源纠纷的研究，多为归纳性的描述，① 即通过对大量纠纷案件的考察，总结、概括藏区草场资源纠纷的成因及社会后果等。这种研究对于我们宏观把握纠纷的基本态势是有帮助的，但是，其缺陷在于削弱了我们对纠纷复杂性的感知，因为多数情况下，在一起纠纷中，这些分析性因素往往是交织在一起的。为了使读者对当前川西、藏东地区的草场资源纠纷有一个具体、直观的了解，在此，笔者将提供三起纠纷案例，并分析草场资源纠纷的发生及调解过程。

案例1 "海绒"案

（1）案情回顾

贝村和朵村分属于A县的两个乡，两村隔山相邻。根据划定乡界的有关协议，贝村与朵村以分水岭为界，但是，根据历史习惯，贝村对分水岭东侧属于朵村行政管辖的"海绒"草场拥有使用权。"海绒"虽然属于高山牧场，却有丰富的虫草资源。近年来，市场价格迅速攀升的虫草，对当地村民的现金收入来说具有重要意义。

2001年6月13日，A县某村6位村民（部分人为贝村村民的亲戚）到"海绒"采挖虫草，与朵村采挖虫草的村民因为游戏输赢而发生冲突。朵村村民遭到殴打，几人受伤。为此，朵村迁怒于贝村，称打人者是贝村村民。第二天，贝村村民上山采挖虫草时，遭朵村村民殴打。朵村村民还将妇女、儿童扣为人质，要求贝村交出前日打人者。当时小孩迫于压力（即遭威胁）说"我村（即贝村）有这些人"。贝村村民登珠前往朵村说明情况，朵村村民辱骂登珠，并提出"海绒"属于朵村。于是两村就"海绒"草场所有权的争议开始。

2002年，由于纠纷逐渐升级，县、乡政府主持两村协商，但是，双方

① 杨多才旦：《藏区草山纠纷的成因、危害及对策》，《西藏研究》2001年第2期。

分歧太大，未能达成协议，敌对情绪日益严重。2004年初，朵村村民首先用炸药炸毁贝村村民前往"海绒"草场搬迁的道路，同时烧毁贝村村民在"海绒"储放的柴薪。到夏季，贝村村民称不敢仅几户进驻"海绒"牧点，于是该村15户全部搬到"海绒"草场。这是一个违背历史习惯的举动，因为过去一般只搬迁几户到"海绒"草场。第三天，贝村村民在"海绒"草场遭到朵村村民步枪袭击，贝村两位村民受伤。于是，在县工作组主持下，双方再次进行协商，朵村村民提出不仅"海绒"草场，现属于贝村的"玛垅""措卡"两个草场也应该属于朵村。县政府并未支持朵村的要求，而是根据划界协议做出决定，确认"海绒"草场使用权归属贝村（《A县政办〔2004〕81号文件》）。对此，朵村村民表示不满。

2005年初，县里在排查纠纷时发现，朵村村民声称夏天挖虫草时他们将"等着"贝村村民，言语之间充满威胁。于是，县里紧急商量对策，决定将两村干部、党员、村民代表，以及两乡司法助理员、派出所干警等集中到县里，举办专题培训班，主要内容是贯彻执行《A县政办〔2004〕81号文件》，并学习《草原法》《森林法》《治安管理处罚条例》，让村民根据所学法律法规分析解剖纠纷案例。培训班历时15天。据称"解开了他们思想上的疙瘩"，"此前谁都不说幕后人，参加学习班后和盘托出"。最终，两村再次形成协议，参加学习班的所有人员还签订了执行协议的保证书。

（2）调解过程

与藏区许多草场纠纷都有历史遗留问题不同，"海绒"案只是近年才出现的。它的根本原因是争夺该地的虫草资源（调查中获知，两村的草场资源都相对充裕），但是，纠纷的引发与乡界划定后所谓"勘界线""权益线"并存所导致的村民观念混乱有一定的关系。国家勘界中，界线走向的原则是根据自然地理标志物（如山脉、河流走向等）划定，但是，这样势必出现将原先一方的土地划给另一方的情况。为了解决这一问题，勘界中又设计了"勘界线"和"权益线"这两个概念，"勘界线"是行政管辖范围界线，"权益线"是资源使用范围界线。有关法规规定，"无论任何一方群众的土地划出原有界线，其土地使用权仍属原耕种土地的群众"，"双方群众原有混牧地点和放牧习惯不变，仍维持现状"。其中也明确规定，双方不得以任何理由和借口增加牧户和超出原习惯放牧地点。① 虽然有关的协议、规定对界线走向和资源利用有清晰的说明，但是，这种勘界线、权益线并存的状况，还是在双方村民和干部的心里产生了微妙的反应：拥有使用权的一方，没有行政管辖权，感觉自己失去了部分权利；而拥有行政管辖权的一方，觉得已经拥有部分权利，只要积极努力就有希望把它"争取"过来，双方都期望拥有绝对所有权。事实上，多年来与政府打交道的经验是，许多村民觉得只要自己的态度足够强硬，总能在最后的政府裁决中获取一些实际的好处。

调查发现，草场纠纷的处理一般都是政府主管部门主动派出工作组，如果涉及刑事犯罪，或为了表示对事件的重视，也可能邀请政法人员、公安干警参加工作组。工作组直接前往出事现场，进驻乡、村，有时候为了避嫌，干脆居中驻扎，大有从前"择一适当地方，设帐理论"的味道。工作组的通常做法是，首先分别调查取证，并让双方各自提出解决方案，以供参考。调查主要涉及两个内容：（1）事件的责任承担；（2）双方所争夺草场的归属。

我们翻阅了县工作组到贝村和朵村调查取证的相关文本，发现双方在漫长的调查过程中争论的焦点竟是"海绒"草场的历史归属问题。当地"边界办"的官员为笔者揭开了其中之谜：国家在勘界工作中，就争议地区有所谓"参照历史、照顾现实"工作原则，而这一原则事实上也成为各地解决土地资源争议的裁决原则。但是在实践中，人们更注重"历史原则"，即历史上属于哪方所有就应该判归该方，而"现实原则"几同虚文。事实上，在笔者看来，这一原则本身所含有的模糊性为人们提供了极大的选择空间。在"海绒"案中，贝村占有"历史"优势，因此，他们突出强调"历史原则"。他们为工作组提供了极为详细的历史资料，尽管这些资料都是人们的回忆。

文献 1：贝村关于"海绒"权属的证据②

草场纠纷点"海绒"在西藏解放之前，所属权归贝村。并且，此地方是贝村村民夏天居住的地方。据历史，旧社会在"海绒"夏天共居住着九户人

---

① 《昌都县人民政府和类乌齐县人民政府联合勘定的行政区域界线协议书》（2000 年）。

② 资料来源：贝村《关于"海绒"在历史上的所属权情况上报材料》。本文多处引用了各类文献，为保持文献原貌，笔者仅对个别错字和语意不通的词句进行了纠正，部分错别字和原意不明的句子在括号内做了纠正或相应的说明。

家，分别是贝村的锅仓、斯扎、加萨、匆扎、加琼、喇嘛、加户、宗巴等。另外，在玛垅地方，次金玛、帕旺、戈罗等三处也居住过以上九户人家。

1959～1988 年，每年夏天居住到"海绒"的有贡巴、加琼、喇嘛、加萨、斯扎、锅仓、匆扎、巴登等贝村的八户人家。1988～2002 年，每年夏天居住到"海绒"的有巴登、曲培、锅仓、贡巴、落格、匆扎、多拉、阿郎等贝村的八户人家。当时，那几户人家搬到"海绒"时，主管人分别是贝村的阿琼次仁、罗扎、罗桑平措三人。

在民主改革之前和民主改革之后的历史上，在"海绒"一带从未居住过朵村的一户人家。

…………

总之，"海绒"一带在新旧社会的历史中一至（直）属于贝村村民，为此请求上级领导根据历史，详细调查此事，并且希望允许贝村村民按原习惯，到"海绒"放牧和挖虫草。分草场时再次请求上级按民主改革后的规定，将"海绒"分给贝村。

对于贝村的历史证据，朵村也不甘示弱，提出了自己的历史证据。村民清楚这种"历史"只不过是后人的追述，缺乏文字记载，只在乡里待几年的年轻干部哪里能分辨得出草场"历史"的真伪。

文献 2：朵村关于"海绒"权属的证据[①]

（19）59 年以前，"海绒"有两户朵村的牧场（住户），一是巴加一户，二是约扣一户。（19）59～（19）72 年，（归？）朵村，（19）73 年开始，贝村有两户在"海绒"借住。（19）75～（19）82 年，两村无人住。（19）83 年开始到现在每年一户增加。

（19）83～2004 年，贝村有两户住在朵村"海绒"。

玛垅草场　（19）59 年以前朵村有一户住在玛垅，叫格拉。（19）60～（19）86 年两村无人住。（19）87～2004 年，贝村有两户住在朵村的玛垅草场。

措卡草场　（19）59 年以前朵村有两户住在措卡，是索加和布斯两户。

---

① 资料来源：朵村《关于"海绒"、"玛垅"、"措卡"归属朵村的历史证人一览表》。

也许感觉到自己的历史证据不如贝村那样有力，朵村又追加了新的"证据"。

文献3：朵村关于"海绒"权属的追加证据[①]

A 1975年朵村村民噶玛到贝村给马配种时，听到贝村支书嘉措在召集会议，嘉措说"海绒"等其他三处（地名略——笔者注）是争取过来的。

B 朵村支书多杰指出，当年贝村支书嘉措从朵村借用"海绒"草场，作为成分不好人员"流放"用地。

C 2002年6~7月两乡协商时，贝村所在乡的干部提出由于贝村草场有限，是否可以租借"海绒"等地。朵村指出，租借不符合政策。后来贝村某领导说，"嘉措担任支书期间要过来的地段，我担任支书以后无脸还给你们"。

对于朵村提出的质疑，贝村给予了全面的反驳。老支书嘉措指出："'海绒'纠纷的起因主要是采挖虫草，由于其他村的村民与朵村村民发生斗殴。……朵村支书多杰说我借用'海绒'作为成分不好人员流放用地，贝（村）由于生活比较差，没有成分不好人员。（朵村）所说的没有任何理由。"至于2002年的协商，贝村人只"记得"当时主要是谈伤员的医疗赔偿问题，"不记得"谈了任何关于草场租借的问题。

值得注意的是，在双方这种你来我往的拉锯争论中，工作组似乎保持着沉默，或者说他们根本没有发言权，因为他们既没有关于双方使用"海绒"草场的任何历史记录，甚至对2002年的协商过程也不甚清楚，因为参加当时工作组的人员几乎都已调任其他岗位。而工作组对"历史的无知"，刺激了纠纷双方源源不断地制造无中生有的各种证据。

双方在提供了各自的历史证据后，也提出了各自的解决方案。

朵村根据"就近原则"，提出愿把玛垅、措卡这两个草场划给贝村，"其理由是玛垅、措卡离贝村最近，便于贝村的牧民就近放牧，便于牧场搬迁，也便于管理"。同时，朵村提出了对"海绒"的要求，因为该地离朵村最近，称："这种划分对两个村来说都是最好的方法，也是最有利的划分，两村的牧民即（既）节约了时间，也减少了人力的浪费。更重要的

---

① 资料来源：A县工作组《关于"海绒"草场纠纷及"海绒"属地问题的调查记录》。

是牧场的划分可以明显地分清界限（指以山脊分水岭为界——笔者注），最大限度地避免草场纠纷的再次发生。"① 朵村的方案有其巧妙之处，他们是依据国家的政策——"就近原则"而提出的，根据这一原则将"海绒"划归朵村是最为合理的结果。然而，需要注意的是，这一原则是20世纪90年代实施"撤区并乡"时的政策，而非勘界原则。村民对这种偷梁换柱手法的解释是都是国家政策，他们很难辨得清哪个政策是针对哪件事的。我们有理由怀疑在乡干部参与方案起草的情况下，村民会出现这样的失误。至于枪击事件的责任，朵村方案中只字未提。

而贝村的方案，首先是坚持"海绒"等草场应归其所有，但他们对此似乎并不十分担心，在方案中也并未予以突出强调，因为有划界协议，他们知道那是政府裁决的根本依据。作为纠纷中的受害方，他们的要求并不止于草场，还附带有对其他责任的追究。

"易燃易爆物品的管理上，贝村管理严。不能私藏。朵村有这些物品的来源要求查明。""我们（指贝村——笔者注）牧点存放的生活用柴，放火烧毁，这是何用心？""在双方协商中，朵村群众带长刀，并威胁用刀。枪支问题，不要说开枪，就连私藏枪支都是犯法的。""污（辱）女童、伤实（害）男童，这些事件希望一一作（做）出处理。"②

部分村民还指出，"如果（将'海绒'）划归朵村，将用朵村的办法来解决问题"，意指将使用暴力，含有明显的威胁之意。

从调查取证的情况看，双方各执一端，毫不妥协。在协商未果的情况下，2004年10月，A县政府以党政联席会议决定的形式对纠纷做出裁决，颁发了《关于对"海绒"草场使用权及相关问题的处理决定》（A县政办〔2004〕81号）。其中，主要内容包括：根据2002年11月乡界划定协议，"海绒"草场使用权归属贝村；关于采挖虫草问题，两乡党委、政府在确保群众不发生纠纷的前提下，按照现行有关政策和规定，实行资源共享。若今后出台新的政策，则按新政策执行；关于枪击事件，公安部门已将其

---

① 朵村：《关于解决"海绒"草场纠纷的意见》（2004年8月9日）。

② A县工作组《关于"海绒"草场纠纷及"海绒"属地问题的调查记录》。

列入专案立案侦查。

虽然政法部门对朵村的枪击行为留下活话，未做处罚，但是，朵村仍然感觉他们的主张并没有得到采纳，于是，放话声言，来年挖虫草时将"等着"贝村的村民，届时"非打不可"。可见政府裁决未能取得预期效果。

2005年初，A县在排查纠纷动态时，发现"海绒"纠纷仍有再次激化的苗头。为了平息纠纷，防止再次发生冲突，A县采取了"创新"之举，决定将相关人员（包括乡、村干部，司法助理员，派出所干警，村民代表等）请到县里，举办专题培训班。关于培训班的创意，县里认为主要是为了做通骨干的思想工作，让他们通过学习法律知识和解剖案例，自己解开思想上的疙瘩。然而，在笔者看来，这实际上是一种"建立局部的支配性权力关系"①的方式，让这些骨干脱离传统文化占据优势的村庄，而到国家权力占优的城市，然后"集中优势兵力"，包括多位领导的轮番"训话"和免费食宿招待的"贿赂"，一举攻克堡垒，让这些村民承认自己"提高了认识、转变了观念"，并保证"尽自己所能协助村干部劝解、疏导工作和管好自己的家人"。

值得注意的是，"海绒"案中虽然有违法持枪、枪击伤人事件，但是，双方提出的方案都严格遵循国家法律和政策，无论是枪击案的过错方还是受害方，都没有提出"赔血价"问题。对于其他问题的争论和己方诉求的表达也尽可能地符合官方的话语系统。从调查情况来看，一种可能的解释是A县政府近年来加大了对此类纠纷调处的工作力度，工作组的强力介入和干预排除了其他社会权威参与调解和通过其他方式进行调解的可能。但是，我们通过裁定协议仍可看出国家法对地方传统的妥协。因为，协议指出不允许对枪击事件进行打击报复，但未提对枪击事件的调查。对此，笔者采访了县有关领导：

问："海绒"草场纠纷案中的暴力责任在2005年的协议中没有提及，最后如何处理？

---

① 苏力在《为什么"送法下乡"？》（《社会学研究》1998年第2期）一文中，认为工作组"送法下乡""炕上开庭"的实质是一种"建立局部的支配性权力关系"的方式，以便使国家权力能够延伸到边缘地带。

答：这种草场纠纷都是群体性事件，不好抓个别人。最后我们按照《治安管理处罚条例》采取罚款方式。《条例》规定罚款最高为 200 元，为了反映事情的严重性，我们加倍罚款，每人 400 元。这点钱对他们来说微不足道，难以起到惩戒、威慑的效果，但是，我们作为执法者没有办法，这已经是执法犯法了。

"海绒"案的调解总体来说体现了国家法优先的原则，在政府部门的强力干预下，即使朵村、贝村这样封闭的藏族村落也接纳了国家法原则。事实上他们根本就没有提出采用传统法的主张。然而，据此就认为村民的法制观念已经有了根本的改变，却不尽然。且不论朵村村民对勘界协议的挑战和扣压人质、使用违禁武器等一系列违法行为，以及他们使用威胁性言语等，单就刑事责任从轻追究在朵村看来理所当然，也获得贝村认可来看，他们仍然认为草场纠纷是村落全体的行为，而不应该追究个人责任，其结果是责任主体模糊。这种思维的基础仍然是传统观念。而政府部门恰是利用这种传统观念，从轻发落，以便尽快息事宁人。事实上，贝村在整个案件中尽管有擅自将 15 户村民全部搬入"海绒"草场这样的违规行为，但是，在案件裁决中他们并不是赢家，他们虽保住了原应该属于自己的草场，然而，他们受到的暴力伤害，并没有在裁决中获得相应的补偿。对于裁决，他们更多的是服从，而不是同意。

"海绒"案还有两点值得我们反思：（1）为了解决诸如草场资源纠纷之类的社会矛盾，国家在全国范围内进行了勘界和划定乡界工作，但是在个别地方，勘界不仅未能起到消弭矛盾的作用，反而引发了新的纠纷。关键的问题是，勘界的完成并不必然意味着村民对这一界线的认同。特别是在界线有所改动的地方，如果没有事先的充分协商和后续的宣传、说服工作，勘界成果不仅可能随时付诸东流，而且有可能成为潜在的纠纷之源。（2）"海绒"案虽然是近年新出现的纠纷，但是，通过政府工作组调查取证的记录来看，工作组似乎缺乏对以往的调解过程和具体细节的了解。因此，当双方村民争长论短、纠缠不清时，他们的处境极为尴尬，难断真伪。可以看出，工作组的走访取证工作是极其艰苦的，为了弄清事情的真相不得不奔波于两乡之间。但令人惋惜的是，工作组并未将这些走访获得的证词形成详尽的文字资料，并加以归类保留。由于资源纠纷具有反复性，可以想见后来的干部在处理资源纠纷时会遇到同样的难题。因此，各级政府应该建立纠纷档案，系统收集、整理相关资料，这既方便后来者查核，对纠纷双方也形成一定威慑。

案例 2 "堆塘"案

（1）案情回顾

"堆塘"草场位于 B 县东南部巴乡，南面与 C 县达乡相邻。历史上，巴乡草场资源充裕，每年冬季"堆塘"草场基本上处于空闲状态；而达乡草场资源相对不足。由于两乡群众关系密切，于是，达乡就租借使用"堆塘"草场作为冬季草场，并向巴乡交纳一定的租借费。这种习惯延续了几十年，其间，双方群众多次签订租借协议。但是，自从改革开放以来，巴乡牲畜数量增长很快，草畜矛盾逐渐显露，于是，部分村民认为"堆塘"草场不能再向外租借了。达乡村民听到这样的议论，对未来的生活产生忧虑，同时对巴乡企图单方面改变传统习惯的做法产生不满，甚至有一些村民认为"堆塘"草场应该属于达乡。理由是：（1）早在 1959 年前，达乡的村民已经交够了资源费，每年向巴乡交纳的 100 只羊的皮都可以铺满整个"堆塘"草场；（2）1959 年时，达乡的宗教首领益喜喇嘛与巴乡头人夏次曾经签订协议。当时，夏次由于犯有命案，需要一笔"赔命价"，后来由益喜喇嘛资助赔付。于是，夏次将"堆塘"草场送给了益喜喇嘛。从而，1959～1963 年发生叛乱期间，"堆塘"草场是双方共用的。后来，益喜喇嘛因为参加叛乱被解放军击毙在"堆塘"草场，这也证明该草场当时属于达乡。达乡村民的上述议论，也引起了巴乡村民的不安。1997 年，巴乡派出 7 人到达乡通知"堆塘"草场今后将不再出租。1998 年，达乡干部带领村民代表到巴乡，提出了继续租借的要求。巴乡村民因为达乡这位干部曾经言称"堆塘"草场应该属于达乡，以及现实中确实存在的草畜矛盾问题，拒绝签署租借协议。2000 年，巴乡正式决定停止租借草场给达乡，这引发了双方村民的敌对情绪。达乡村民称秋后将强行到"堆塘"草场放牧，而巴乡村民称将用武力制止，群体性械斗一触即发。

（资料来源：B 县政府办公室《关于对巴乡草场问题的调查报告》《B 县巴乡与 C 县达乡关于草场纠纷问题协商纪要 2003 年 9 月 25 日～2003 年 10 月 9 日》）

（2）调解协商过程

为了制止纠纷，预防群体性冲突发生，B 县和 C 县组织县、乡干部和村民代表进行了多轮会谈。通过当时的会谈记录，可以看到当时双方的谈判焦点以及最终方案的确定过程。

根据 2000 年勘界结果，"堆塘"草场属于 B 县巴乡，其法律效力是不容改变的。然而，可能出于谈判技巧上的考虑，C 县会谈代表（一位县领导带队）首先提出了 1959 年益喜喇嘛与巴乡头人夏次曾经签订的协议，并提供了相应的证据，说明"堆塘"草场在历史上曾经属于达乡，试图动摇"堆塘"草场属于巴乡的正当性。因为他们清楚，国家有关争议地区的勘界原则是"参照历史、照顾现实"，历史上人民政府发布的有关协议文本、地图等都可以作为裁决争议地区归属的依据。① 因此，如果"堆塘"草场在历史上曾经属于达乡，这多少会成为对达乡有利的砝码。对此，巴乡代表指出，益喜喇嘛与巴乡头人夏次曾经签订的协议在本质上是一个反动协议，因为该协议中称益喜喇嘛将与夏次结为叛乱联盟，共同对付政府，一旦胜利后，巴乡与达乡共为一体，共同使用"堆塘"草场。至于1959 年藏历六月益喜喇嘛被解放军击毙在"堆塘"某地，以及后来许多达乡村民进入"堆塘"草场，这是由于当时双方村民逃难至此。对于这样一个被对方定性为"反动"的协议，C 县代表似乎也不便刻意坚持。

于是，C 县会谈代表改变策略，提出了自 1959 年民主改革以来关于"堆塘"草场使用的"四个阶段"说。第一阶段即民主改革之前，那时，达乡村民每年向巴乡交纳 100 只绵羊作为租借费，使用"堆塘"草场作为冬季草场，直到次年藏历三月搬走。第二阶段是 1959～1963 年，当时双方

---

① 《行政区域边界争议处理条例》第七条规定下列文件和材料，作为处理边界争议的依据：（一）国务院（含政务院及其授权的主管部门）批准的行政区划文件或者边界线地图；（二）省、自治区、直辖市人民政府批准的不涉及毗邻省、自治区、直辖市的行政区划文件或者边界线地图；（三）争议双方的上级人民政府（含军政委员会、人民行政公署）解决边界争议的文件和所附边界线地图；（四）争议双方人民政府解决边界争议的协议和所附边界线地图；（五）发生边界争议之前，经双方人民政府核定一致的边界线文件或者盖章的边界线地图。第八条规定解放以后直至发生边界争议之前的下列文件和材料，作为处理边界争议的参考：（一）根据有关法律的规定，确定自然资源权属时核发的证书；（二）有关人民政府在争议地区行使行政管辖的文件和材料；（三）争议双方的上级人民政府及其所属部门，或者争议双方人民政府及其所属部门，开发争议地区自然资源的决定或者协议；（四）根据有关政策规定，确定土地权属的材料。

共同使用该草场。第三阶段是 1963～1978 年，当时在平息"西藏叛乱"后，进行了社会主义改造，确定了夏秋由巴乡使用、冬季由达乡使用的共同使用政策，并一直延续到 1978 年（巴乡对此提出异议，认为民主改革至 1975 年间还是适当收取了租借费，只是在 1975～1978 年无偿租借给达乡）。第四阶段是十一届三中全会后，双方以巴乡哈寺喇嘛为中介恢复了租借费。达乡认为在四个阶段中，第三阶段即"夏巴（乡）冬达（乡）"的方案较为恰当，意即共同使用草场，而不交租借费。但是，巴乡坚持强调自己的困难，毫不妥协。

于是，C 县会谈代表再次改变策略，承认"堆塘"草场在勘界中属于巴乡，但是，达乡有使用权，提出从历史习惯看，"不是借与不借的问题，而是都有使用权"。对此，巴乡因为有勘界协议这个尚方宝剑，以不变应万变，坚持自己草场紧缺，无能力继续租借。双方的会谈无果而终，矛盾只好交到上级政府。

2003 年 11 月，B 县和 C 县人民政府按照上级政府的指示，达成解决"堆塘"草场纠纷问题的协议。该协议的主要内容包括：（1）根据有关勘界协议，肯定"堆塘"草场属于巴乡。（2）鉴于 C 县达乡面临的实际困难，要求 B 县提供力所能及的帮助，即"按历史租借习惯，B 县继续将'堆塘'草场部分冬季牧场租借给 C 县达乡使用，使用期限为一年（后改为两年——笔者注），即 2003 年 11 月至 2004 年 4 月底。租借期满后，C县达乡牧民应按时迁出"。（3）对租借期内的各项事宜做了详细规定，包括租借期内，达乡只能迁入 20 户以内（含 20 户），牲畜总数控制在 2000头之内，每户须在迁入前交纳 3 只绵羊（折合现金每只 300 元，总计 900元）的草场租借费，租借的草场具体由巴乡实际圈定。该协议同时要求 C县着手安排好租借期满后的生产生活，不得以任何理由提出续租要求。[①]这样的裁决结果对于双方来说的确是苦乐迥异了。

"堆塘"案有几个问题给人留下深刻印象。

一是近年来牲畜数量的急剧增长，以及日益加剧的草畜矛盾。原先闲置的草场如今成为双方争夺的焦点，这在当前藏区具有一定的普遍性。究其原因，还是在于经济生活方式过于单一，增加收入的渠道不足。如果说

---

① 根据《B 县人民政府和 C 县人民政府彻底解决堆塘草场资源纠纷问题的协议书》。

69

河谷农业可以维持温饱，那么市场化以来日益增加的货币压力只能依靠畜牧业来应对（非农就业不具稳定性），存栏牲畜不仅是富裕的标志，事实上它还是变现极为方便的"畜群银行"。[①] 而人口的不断增加，也迫使农牧民增加牲畜存栏数量。有关资料称，在西藏昌都地区，"有的乡村的牲畜数从人民公社到现在已增加了几十倍"。[②] 根据土地资源利用的有关测算，"该地区（指昌都）理论超载牲畜 200 万个绵羊单位"。[③] 与此同时，草场资源退化严重。目前，昌都地区退化草场达 1570 万亩，占可利用草场的 18.9%，其中 340 万亩已完全沙化、石砾化。[④] 为了解决日益严重的草畜矛盾，政府正在积极引导农牧民树立市场理念，提高出栏率，并制定了相应的检查制度，但是，村民仍然设法维持（比如通过互相转借牲畜皮张向政府检查组虚报出栏数量）并扩大畜群规模。在这种情况下，草场资源的稀缺性日益增加，村民对一些过去常见的摩擦（如过牧等）常常反应过度，以至于矛盾激化。

二是从"堆塘"案我们还看到，草场租赁的随意性是造成矛盾的直接原因之一。事实上，草场租赁中的不规范问题带有普遍性。特别是在草场承包后，受农户家庭经营能力、劳动力数量等因素的影响，畜群规模明显出现差异。在这种情况下，租赁草场日益成为普遍问题，制定租赁制度刻不容缓。

文献 4：近年来"堆塘"草场的租借费用变化情况调查[⑤]

（1）1980～1988 年，达乡副支部书记白嘎等到巴乡协商"堆塘"草场使用问题，巴乡提出不论达乡来一户或十几户，每年必须交 100 只羊，因双方在使用费上存在分歧未达成协议；

（2）1989～1992 年，巴乡将学果、边果、德从觉、埃拉、江日等草场出租

---

① 朱玲提出了"羊群银行"的概念。见王洛林、朱玲主编《市场化与基层公共服务——西藏案例研究》，2005，第 312 页。

② 昌都地区普法领导小组办公室：《关于对昌都、江达、芒康、贡觉、察雅、左贡等六县资源纠纷情况的调查报告》（2003 年 9 月 2 日）。

③ 中共昌都地区司法处党组：《昌都地区排查调处草场资源纠纷的调研报告》（2003 年 9 月 22 日）。

④ 中共昌都地区司法处党组：《昌都地区排查调处草场资源纠纷的调研报告》（2003 年 9 月 22 日）。

⑤ 资料来源：B 县政府办公室《关于对 B 县巴乡"堆塘"草场问题的调查报告》。

给达乡益曲、尼夏、曲修、宗巴等18户，按每年每户收取出租费2只绵羊；

（3）1993年，巴乡继续将草场出租给达乡益曲、尼夏、曲修、宗巴等15户，收取出租费52只绵羊；

（4）1994年，巴乡将学果、边果、加里弄、播弄、德从觉、俄母等草场出租给达乡贡日曲扎、卡格、差沙等14户，收取出租费45只绵羊；

（5）1995~1997年，巴乡未出租草场给达乡，用于本乡公畜用草；

（6）1998年，巴乡将学果、边果、尼亚匆弄、翁日觉等草场租借给达乡贡日曲扎、拉格、益西曲珠等7户，收取出租费45只绵羊；

（7）1999年，巴乡将那木其、德从觉、埃拉等5个牧点租给达乡贡日曲扎、益西曲珠等5户，收取出租费30只绵羊；

（8）2000年，达乡贡日曲扎等共5人到巴乡就租借草场与巴乡协商，经协商双方达成协议，"堆塘"草场属B县所有，达乡只是租借（此协议保管在B县某村），B县将学果、边果、尼亚匆弄等冬季牧场租借给了达乡的贡日曲扎、阿姆曲修、多登等6户，收取出租费20只绵羊、1头牦牛、1头犏牛。

在出租的二十几年中，每年的藏历十一月至次年的藏历三月为出租期，每年过牧牲畜约1600头（只、匹）。

三是纠纷调解中突出历史原则而忽视现实原则。"参照历史、照顾现实"本是有关争议地区勘界工作中的主要原则，但是，在现实中人们又习惯于将此作为解决草场资源纠纷中有关草场归属的原则。从"堆塘"草场纠纷的情况来看，无论过去的勘界工作还是此次纠纷的最终处理，都突出了"历史原则"，而忽视了"现实原则"。这就意味着达乡13个行政村435户约2600人，只能在C县境内与其他村子分享原已十分紧张的草场，这必定进一步恶化达乡村民的生存环境，使之时刻面临着与其他乡村因为草场而可能发生纠纷的局面。

案例3 "吉垅"案

（1）案情回顾

德村和吉村是D县的两个村子，分属于该县雅乡、竹乡。因为相邻，两个村子常有往来，甚至有许多姻亲关系。但是，两村在交界处的高山牧

场——"吉垅"的归属问题上一直存有争议。原因是解放前该地是曲林寺
（D县最著名之寺院）高僧桑杰活佛的领地，而上一世桑杰活佛就转生在
吉村，因此，在解放前一定时期内，"吉垅"牧场归吉村管辖。民主改革
时，寺院的经济特权被剥夺，"吉垅"牧场成为德村和吉村共用的草场，
但是，吉村一直有人认为他们对该地拥有所有权。1973年时，雅乡和竹乡
就该牧场有争议地段的资源利用达成协议（调查中未能获得协议文本），
主要内容为，双方认可该草场为共有混牧地段，决定每年两村分期使用。
达成上述协议后，两村平安共处近30年。

"吉垅"牧场不仅水草丰美，而且盛产虫草。近年来市场价格持续走
高的虫草（2005年1市斤能卖到2万元），对于两村村民的现金收入意义
重大。① 因此，"吉垅"牧场再次成为两村关注的焦点。

2000年，按照国家部署进行勘界工作，D县也进行了乡界划定。政府
在强调两村不改变传统放牧习惯的情况下，大致划定了雅乡、竹乡有争议
地段的行政区划界线。但由于行政区划界线与传统放牧习惯线有一些不
同，另外吉村怀疑勘界中存在腐败违法行为，于是，两村之间再次发生争
议，双方都主张自己在历史上对该草场拥有使用权。

2000年12月，由两乡牵头达成草场利用协议，强调双方都不得进入
争议地区。但是，2001年5月，据吉村村民反映，当该村村民到"吉垅"
牧场采挖虫草时，发现德村的村民曾在该地搭过4顶帐篷，并垒有石堆。
根据当地传统，垒石堆表示占有该地。此外，吉村村民还听到"德村部分
村民声称，今年'吉垅'草场的虫草可以让吉村挖，明年要将'吉垅'草
场的虫草转包外地人"。作为报复，2001年7月6日，吉村村民单方面将
牧户搬入争议地区。县里得知此情，要求两乡负责人迅速到现场劝阻，并
由县领导主持调解，责令吉村于7月20日12时前必须撤出牧户，双方不
得进入争议区。但是，两村不仅未执行县里的调解，还互相写信挑衅，称
如果是男子汉就约定时间到"吉垅"草场进行决斗。

武装械斗是当地历史上解决纠纷的常见方式。据了解，德村为了此次
"战斗"做了精心的准备，事先召开各户代表会议，并根据传统要求"出
征"时每户必须有一名成年男子携带枪支参加"军队"，还秘密派人挖掘

---

① 根据有关资料，2004年当地人均纯收入为1012元。

战壕，并集资 40 多万元，准备用于本村伤亡者的抚恤和支付对方伤亡者的"赔命价""赔血价"。

2001 年 7 月 30 日，双方发生大规模武装冲突。当时 D 县正在依法收缴枪支，吉村的枪支已经收缴完毕，而德村属于牧区，居住分散，枪支尚未完全收缴。结果，双方在"战斗"时，德村村民持有枪支。据吉村提供的材料称，德村村民持有不少于 60 ~ 70 支枪；"战斗"共造成吉村 3 人死亡，4 人重伤，8 人轻伤，死伤牲畜 8 只。据称，当时枪声密集，从午后 2时 50 分至晚上 11 时，持续听到枪声，子弹射击不少于 2000 发。

发生如此严重的群体性流血冲突，震动了社会各界。县政府迅速派出工作组赶赴现场，疏散双方村民，处理死伤人员。为了彻底解决纠纷，县里分别征求各方意见，特别是要求冲突双方提出各自的处理方案，以便参考确定最后的裁决方案。2002 年 4 月，D 县以县委、县政府名义颁发《关于竹乡吉村与雅乡德村"吉垅"草场资源利用及"7·30"事件补偿决定》①，做出以德村向吉村赔偿各种损失共计 37 万多元为主要内容的裁决。这种赔偿在当地干部和村民看来，与藏族传统的"赔命价""赔血价"名异实同。对于事件中的凶手，政府部门并未予以积极追查。

（资料来源：D 县有关部门访谈记录，《竹乡吉村与雅乡德村草场纠纷解决方案》《雅乡天十德村与竹乡吉村"7·30"草场纠纷案件的情况调查及处理方案》）

（2）调解过程

"吉垅"案是 D 县近年来罕见的群体性流血冲突，引起了强烈的社会震动，特别是周围村庄的村民开始担心过去的历史是否又要重演，寻思是否也应该购置武器以防不测……县里自然也知道"吉垅"案能否尽快平息、能否妥善处理具有很强的示范效应。于是，"县四大班子及政法各部门高度重视"。这种重视首先体现在工作组的人员构成和规模上，"先后派出三个工作组，分别由县委、县人大、县政府、县法院领导带队，公安、检察院、法院、司法、民政、勘界等部门共同参加"，组成庞大的

---

① 关于本次事件，在当地材料中，有时称为"7·30事件"，有时称为"8·1事件"，所指为同一事件。为保持记录原貌，均不做改动，特此说明。

队伍，开赴案发现场和两个乡政府，疏散双方村民，处理死伤人员。在这里，我们再次看到当地政府对"建立局部的支配性权力关系"方法的纯熟运用，工作组人员数量上的庞大并非工作的实际需要，而是要在乡村形成一种视觉上的冲击和心理上的威慑，让村民感到政府要"动真"的了。

在局势稳定、伤员治愈后，县四大班子再次组成工作组，由县委书记带队深入两村进行调查，听取双方意见，以便参考确定最后的裁决方案。为此，双方递交了各自的文字陈述材料。通过该材料我们发现，与"海绒"案中集中争论"历史"的情形不同，"吉垅"案中双方争论的焦点是事件的责任问题而非草场的归属，因为"吉垅"草场几十年来一直是双方共牧地段，且有相关协议，谁也很难独自占有该地。

吉村在申诉材料中，把自己描述成为一个受害者，称他们在勘界过程中失去了"赖以生存"的"吉垅"草场，后来在达成共牧协议后，他们严格遵守协议，是德村首先违反了协议，他们是出于愤怒和报复才搬迁到争议地段。而在 2001 年 7 月 30 日午后，正当他们在乡干部的劝说之下准备撤离时，遭到了德村的袭击。显然，他们认为过失在德村。基于此，他们提出了在所有人看来都有些苛刻的解决方案。

文献 5：吉村的解决方案①

（1）按照我国法律条文规定，抓元凶归案，杀人偿命，以法服众，以法服理。

（2）希望将德村组织策划械斗主谋四人 A、B、C、D（真实姓名略——笔者注）抓捕归案，绳之以法。

（3）请求县委、县政府主管领导亲临争议草场地界勘查、核实，在吉村与德村双（方）同时在场的情况下，划分两乡村级草场地界。

（4）"曾日"（吉村神山——原文注）历史上属吉村所有（1972 年草场协议中明确划分——原文注），希望县上重新划入吉村，其界线也按分水岭划分。吉村与德村也将重新恢复 30 年前的平静。

（5）对德村所有枪支都请求没收。

---

① 资料来源：吉村《关于竹乡吉村与雅乡德村草场纠纷解决方案》。

（6）对持枪者，按照收枪制暴的宣传政策，"对未彻底上缴枪者，如以后发生事故，依法严办"，对持枪者进行法办。

（7）德村枪击吉村村民12人，其中重伤4人，花费医疗费、误工费、住院费等等约为50万元，其中1人未从身上将子弹取出；轻伤8人，共计误工费、医疗费等约为10万元。德村应赔偿医药费等，共计60万元。

（8）德村不仅向无辜群众，并向吉村牧区牲畜、物品射击，处处见弹迹，处处见血迹。打死打伤牲畜共计49头，每头牲畜折价3500元，共计17.15万元；帐篷共有7顶，每顶帐篷弹孔不少于15个，已无法蓬（缝）补，其中内有日常家居用具，共折合人民币23万元，德村应赔偿财产损失费23万元。

（9）"8·1"枪击事件后，连续4天，吉村村民无法上山，共有251头犏母牛无法挤奶，一头奶牛可以收入15斤酥油，251头奶牛就有3765斤，每斤酥油市场价为16元，共折合人民币60240元，奶渣折合人民币1882.5斤×5元/斤=9412.5元。德村应赔偿69652.5元。

（10）在枪击过程中，枪声密集，一直持续8个小时之久，村民中受伤、未受伤人员都一直躲在冰冷的石块后或潮湿的草地上，又遭到一个多小时的风吹雨淋，惊吓中病患（患病）者不少于15名，德村应赔偿精神损失费2万元。

总结吉村提出的解决方案，主要包括三个方面的内容：（1）刑事责任：要求抓捕杀人凶手及幕后策划者，根据国家法律使杀人者偿命；（2）民事赔偿责任：提出了包括医疗费、误工费、财产损失费、精神损失费等项共计919652元的经济赔偿；（3）土地要求：表达了对划界结果的不满，[①] 要求按分水岭重新划界，要求将"曾日"划归吉村，并特别指出该地为吉村神山，其中隐含着要求保障其宗教信仰权利的意味。值得注

---

① 吉村的材料指出："在2000年重新划分草场界线时，其一，县上领导及县勘界办未亲临实地查实。其二，县勘界办次仁（化名）在划分勘界时，中途被德村人员接走，在没有吉村任何人参加的情况下，划了草场界线，并以国家用飞机高空摄影划分之说（原文如此——笔者注），划分后再（才）向吉村代表说起。"见吉村《关于竹乡吉村与雅乡德村草场纠纷解决方案》。

意的是，吉村的方案在形式上是完全按照国家法的原则提出的，各种责任分类清楚，对于死、伤人员并没有按照传统习惯法提出"赔命价""赔血价"要求。熟悉当地传统的官员指出，吉村的方案"胃口很大"，他们既想让凶手抵命，又想获得高额的经济赔偿。但是，他同时指出，这种高昂的要价并非真实的诉求，而是一种谈判技巧，是为了维护村子的面子。

我们再来看德村的陈述。

德村是"战斗"中的胜利者。既然对方有多人死伤，按照现行国家法必有几人为此而"抵命"，但是，他们从一开始就做好了用传统法处理的准备，已经集资40多万元。因此，他们的方案首先将努力的方向放在将事件的处理纳入传统法的轨道。如果这一目的实现，他们预计到将承担高额经济赔偿，因此他们在陈述材料中对将来的谈判做了铺垫。

首先，德村将冲突描述成是他们"被逼无奈"的举动，将过错完全推给吉村。同时，指出他们也是受害者。具体如下。

2001年6月吉村非法另选村委会成员，① 钻协议空子，组织村民自行划定分界线，自立石碑为记号，企图重新划界。2001年7月5日至15日，由县里组织调解两村村民之间的纠纷，并在两村意见分歧的情况下，县政府下发了督办通知，责令吉村7月20日12时以前将"吉垅"草场的放牧户全部撤出。到7月29日他方仍无撤出的举动。然而遗憾终生的事最终在8月1日发生，后果不堪设想。不仅对吉村人造成很大的人员伤亡和经济损失，也给德村自身的牧业生产带来直接地（的）影响，使本来经济并不宽裕的纯牧村雪上加霜。过去牲畜渡冬草场今年无法利用，经分析到2002年4~6月，由于畜草矛盾，将会出现大量牲畜死亡的局势。但从严格意义上说"8·1"案件是吉村让（把）德村弄得走投无路，逼上梁山。②

---

① 纠纷之初，吉村有村民要求村委会主任负责向德村提出归还"吉垅"牧场的要求。然而，村主任认为政府有关协议不便私自改动，部分村民便认为村主任本是德村人，虽入赘到吉村，但感情上仍偏袒德村，因此另外推举三人负责草场问题的交涉。

② 德村《关于德村与竹乡吉村"8·1"草场纠纷案件的情况调查及处理方案》。

德村认为，既然事件的起因是对方擅自划界、过牧，就应该追究其过错责任。对于冲突中造成对方死伤之事，则主动提出承担现金赔偿，试图将事件的最终解决导入传统习惯法的轨道。

文献 6：德村的解决方案[①]

（1）根据德村的村规民约，对本村区域草场使用分春、夏、秋、冬。违约者，每头以每天 5 元的惩处进行兑现；而吉村在 2001 年 7 月份（在）"吉垅"草场放有 3000 头（只、四）左右地（的）牲畜，前后共 26 天，按本村村规民约应收 39 万元罚款。请求给予资源赔偿费。

（2）"8·1"草场纠纷案件，是由纠纷双方共同造成，如果他方按协议办事或按县政府《督办通知》，可以避免纠纷。为顾全大局，德村承担其伤员的药费的 10%。

（3）死亡人员的赔偿问题，按历史习性（惯）以千元为赔偿基数，为考虑此案最终有个了结，德村以人头叁万元的赔命价进行赔偿。

（4）请求县上把以（已）上缴的 8.2 万元能否先按赔偿处理。

（5）已拟定的协议不能再更改。

德村提出的方案中最值得关注的就是，主动提出了"赔命价"问题。将各种责任全部转化成经济赔偿，这是传统习惯法中处理此类纠纷的基本方式。为了减轻最终的赔偿额度，德村方案第 1 条就指出吉村违背协议、擅自过牧，并要求按德村的村规民约进行赔偿，其目的在于使政府注意到吉村的过失。至于"吉垅"牧场的归属，则坚持原有协议，即划界协议不得更改。

D 县在经过一系列的调查特别是广泛听取双方村民对纠纷处理的意见后，决定采取调解方式解决纠纷。在经过县领导多次讨论后，于 2002 年 4 月 22 日以县委、县政府名义颁发了《关于竹乡吉村与雅乡德村"吉垅"草场资源利用及"7·30"事件补偿决定》。

---

① 资料来源：德村《关于雅乡德村与竹乡吉村"8·1"草场纠纷案件的情况调查及处理方案》。

文献7：县政府处理决定①

（1）争议地段边界裁定

吉村与德村在"吉垅"草场有争议的地段，以1972年双方达成的资源利用协议（1973年签订协议书）为基础，以吉村埋葬死者的地方高10米为起点至则卡（地点化名——笔者注）为终点划两村界线。（见D县人民政府《关于吉村与德村争议地段边界裁定书》）

（2）资源利用决定

①2002～2004年三年"吉垅"的虫草由吉村采集，德村在每年公历6月30日前不准进入此地段采集虫草和放牧；

②双方在"吉垅"草场必须以争议地段裁定的边界线各退500米搭建帐篷，在500米内双方不准搭建帐篷；

③吉村不准在基日（地名）采集虫草，德村不准在吉垅泽勉（地名）冬季草场放牧；

④如果三年内双方矛盾化解、关系融洽，可随时协商资源利用问题，协商结果报……雅乡、竹乡乡党委、政府备案。

（3）经济损失的补偿

县四大班子联席会议认为：根据有关的政策和规定，德村补偿给吉村的经济损失包括：

①对事件中死亡人员的补偿：每名死亡人员补偿6万元，3人共计18万元；

②对轻、重伤人员的治疗费补偿：轻、重伤人员12名，治疗费补偿合计67794.54元；

…………

⑨以上①～⑧项共计补偿373624.54元，其中补偿现金30万元，实物折价补偿73624.54元。18万元现金补偿和实物折价补偿由雅乡、竹乡……和县上的工作组组织在2002年5月15日兑现给吉村，实物折价补偿交接点在"吉垅"草场；余下12万元现金，德村必须在2002年12月1日前兑现给吉村；

---

① 资料来源：《中共D县委、D县人民政府关于竹乡吉村与雅乡德村"吉垅"草场资源利用及"7·30"事件补偿决定》。

（4）其他事项

①在"8·1"事件中，持枪杀人凶手公安机关要继续侦破，追捕缉拿归案；德村、吉村流散的非法枪支，公安机关要坚决予以收缴；

②在"8·1"事件中，对德村、吉村违反《治安管理处罚条例》规定的行为的村民，公安机关要给予治安处罚；

③双方必须共同遵守本决定，如果哪一方不遵守决定规定，造成的一切后果由不遵守决定规定方承担一切责任；

④双方要和睦相处，不得再发生纠纷。……要进一步做好群众的宣传教育工作，确保社会治安稳定和人民的安居乐业。

县政府的处理决定主要包括两个方面的实质性内容：（1）关于草场使用再次回到了1973年的协议，而没有机械地坚持划界协议。也就是说这在某种程度上承认了吉村所指出的划界过程中存在幕后交易问题。（2）通过经济赔偿这种传统的方式平息纠纷。对此，吉村表示认可。关于惩治凶手，文件中则在次要位置申明要继续侦破，但事实上凶手迄今未能找到。事后，我们获知这不过是裁决文本制作上的技巧，而非实质性要求。对于这一点，双方村民早已心知肚明。

由政府主导的对这起明显含有刑事犯罪性质纠纷的调解，最终采取了经济赔偿方式。调查中，当地官员和群众都认为这种经济赔偿其实与传统习惯法中的"赔命价"和"赔血价"名异实同。这样的处理方式和表述，多少让人感到意外，因为党委、政府的有关部门作为国家法律的倡导者和执行者，竟然也有如此"出格"的举动。为此，笔者采访了县里一位领导。

问：出了人命，是否应该查找凶手承担刑事责任？

答：按照国家的法律，故意致人死亡，应该追究刑事责任。但是，我们在处理过程中遇到一些困难。首先，凶手不好查找。因为你知道德村村民当时是约定同时开枪的，互相也不知道是谁打死了对方的人。当然，从死亡者的身份来分析，德村开枪杀人是有选择的，事先德村就有人说要杀死吉村村民赤列（化名），因为他"闹"得最凶。另外，德村在去决斗之前据说已筹资40多万元，以备赔付之用。根据藏族过去的习惯法，打死人要付"赔命价"，这些情况说明他们可能事先有过预谋。但是，调查中所有的人都否认受人指使，否认有过预谋，都说是为了村子的利益。他们有攻守同盟，因此，调查取证很难。

问：死者身上留有子弹，通过弹道痕迹检查应该可以查清。

答：当时，我们也想过。但是，这样的检查必须得请省公安厅的专家，要请专家来需要一笔不小的经费，公安上经费紧张。事实上，我们并没有在查找凶手的问题上费很多的工夫，因为凶手是不能查出来的。你知道，我们这个地方有"打冤家"也就是家族复仇的习俗，如果谁杀了自己的家人，他的家人或后代就必须为其报仇，即杀死凶手。如果凶手已死，就杀死他的家人。因此，如果我们查出凶手，就等于帮报仇者确定了目标。如果我们惩罚了凶手，他的家人照样会成为仇杀的目标。对于复仇者来说，重要的不是凶手的死活，而是他必须履行复仇的义务。因此，我们查出凶手并不能起到平息纠纷、维护社会安定的预期效果。

问：不追究凶犯的刑事责任，那么现在这样的处理方式他们能够接受吗？

答：按理我们应该严格按照国家法律裁决纠纷。但是，像这样的因为草场资源纠纷而引起的群体性事件，如果按照国家法律办事，社会效果并不理想。按照传统，群体性事件中如果有伤亡者，这就意味着复仇的种子已经埋下，如果想平息对方的复仇心理，就得主动提出一笔可以让对方接受的"赔命价"和"赔血价"。这笔"命价"主要用来抚恤死者家属，因为他为全村的利益而做出了牺牲。至于政府是否法办凶手，对于他们的"赔命价"要求并没有多大影响。当然，吉村曾提出应当严惩德村的幕后策划者，并提出了四个人名，但是，他们也拿不出确凿的证据。

问：双方之间达成"赔命价"协议，是否要请喇嘛参加？

答：如果村民自己调解纠纷，参与者主要是老人和权威人士，也可能请喇嘛参加。这次事件社会影响很大，由县委、县政府组成工作组主持他们之间的纠纷调解和协议的签署，因此排除了喇嘛（宗教势力）的影响。"命价"一般要价很高，但回调的余地也很大，比如，马、牛的作价就可以有水分，主要是要个高价的名声。这种处理方式是我们根据基层工作经验，权衡利弊之后做出的选择。现行国家法律是不允许这样处理的，因此，县里要求保持低调。

问：调查获悉这几年资源纠纷有增多的趋势，你们处理纠纷的原则是什么？

答：让双方都满意就是我们的原则。如果让他们感到政府有偏向性，就容易激化矛盾。当然，具体处理要根据具体情况。总之，草场纠纷主要是归属权纠纷，我们就主持划定界线。一般的做法是要求界线两侧各一公里内不许搭帐篷，设立一个缓冲带。但是，界线划得过于清楚实际上效果也不好，因为牛羊的腿是没有办法完全控制的。如果界线模糊一些，即使有纠纷我们（指政府）出面时也好说话，资源是国家的，不允许互相争来争去。如果界线划得非常清楚，我们就没有说话的余地。在藏区，期望通过划清界线来减少资源纠纷是不实际的。

事情已经很清楚，D 县政府面临两难的选择：如果机械地坚持用国家法处理这起纠纷，虽然在法律上、政治上"正确"，维护了国家法权威，但是难以起到化解矛盾的社会效果，两个村子之间的仇杀将继续；如果采取传统习惯法的调解方式，虽然可以平息纠纷，但在法律上"有误"，违背了国家法的"统一性"要求。更令政法部门担心的是有可能造成骨牌效应，其他法律纠纷中的当事人也纷纷效仿，提出用习惯法方式调处的要求。因此，政法部门尽可能低调处理裁决结果，同时通过制造完美的法律文本给自己留下后路。不过，对于 D 县领导来说，解决眼前的社会矛盾是最重要的，因为长期被各方关注总是有压力的。

回顾"吉垅"案可以发现，这起纠纷的起因有三：一是历史遗留问题的反复。民主改革过程中，原有的归属格局被改动。虽然在集体经济时代一些问题隐伏未显，但是，在当前传统回归、民间自治力量日益得到增强之际，旧有矛盾再次浮出水面。二是村民对勘界协议有异议。比如吉村的材料就指出："在 2000 年重新划分草场界线时，其一，县上领导及县勘界办未亲临实地查实。其二，县勘界办次仁（化名）在划分勘界时，中途被德村人员接走，在没有吉村任何人参加的情况下，划了草场界线，并以国家用飞机高空摄影划分之说，划分后再（才）向吉村代表说起。"[①] 政府工作人员的上述不适当举动，自然会引起村民的猜测。三是该地出产虫草。在工业产品和农业产品价格剪刀差日益拉大、村民的消费方式逐步变化的情况下，他们对货币的需求日益扩大。因此，市场价格日益高涨的虫草对

---

① 吉村《吉村与雅乡德村草场纠纷解决方案》。

村民的现金收入意义重大。

而纠纷的最终处理虽然依据当地传统习惯法的某些惯例，采取了调解方式，裁决过程中充分考虑了当地特殊的文化传统（如血亲复仇），裁决突出了实用性和有效性原则，但是主持调解者是当地政府的工作组，这与历史上的"第三方（如头人、活佛等）"有着本质上的区别。因为以县委、县政府名义颁布的调解协议隐含着以国家为后盾的强制力，尽管类似协议被束之高阁也不乏其例，然而这种强制力的绝对优势却是无人怀疑的。

（二）小结

通过对上述三个草场资源纠纷案例的考察和分析，我们知道所谓的草场资源纠纷并非千案一面，彼此相仿，相反导致纠纷发生的原因是各不相同的。通过田野调查看，草场资源纠纷最为常见的莫过于三类：一是历史遗留的纠纷。正如上文已经指出的那样，如果双方对草场在历史上的归属权各执一词，或曾经有过死人、伤人的历史记忆，那么就有可能因为一些琐碎纷争而再次掀起草场纠纷。这是部分藏族地区历史文化的惯性使然，说明国家法在村落社会的普及或者说以现代国家法取代地方性传统是一个相对漫长的过程。二是和平解放以来频繁改动草场界线造成的混乱所导致的纠纷。这说明在藏区社会治理的转型过程中，政府对藏族社会固有的社会矛盾缺乏深刻认识。回顾历史可知，从民主改革开始，藏区同全国一样，基层政权建设历经多次变化，而这些变化或多或少都涉及行政管辖范围（包括草场界线）的变动。在公有制时代，生产资料的公有制化解了村民因为草场界线变更而可能引发争议的现实动力，而政府强大的控制能力和经常性的政治运动也使村民对这些变动保持缄默。然而，改革开放以来，国家权力从基层逐步回撤，并且村民自治等方式激活了民间传统的治理机制，乡土社会的重建和再现，唤起了人们对原有群体的认同感和归属感，而这种认同是与他们原有的生产、生活空间联系在一起的。因此，草场资源纠纷的多发态势一定程度上也反映了人们在重建这种认同。但是，由此也让我们反思，一种社会体制的破坏和重建绝不是一个简单的过程，稍有不慎，就有可能让全社会遭受因此而带来的痛楚。三是随着近年来藏区的对外开放和市场化进程，村民的对外交往日益频繁，生活方式特别是消费方式的根本改变，使村民感到货币短缺的压力日益突出。在这种情况下，一些"薄弱环节"（诸如历史上有争议的地带，勘界中界线变更的地段，虫草、松茸等能够换取货币的自然资源相对丰富的边界地带），就有可能首先成为纠纷之源。此外，村民对越界放牧，越界采挖虫草、松茸等行为反应过激，也可能成为纠纷的重要起因。总之，只要草场作为财产的所有权特性以及传统的畜群放养方式未发生根本性的改变，此类纠纷就有可能继续存在。

通过上述三个草场资源纠纷案例，我们大致可以将当前藏区草场纠纷调解机制归纳如下：（1）纠纷调解的主持者主要是各级政府部门，它们通过派出规模不等的工作组具体执行。在个别纠纷案件中，也可看到宗教人士以及民间权威如"老者""说家（专门从事纠纷调解之人）"等的身影，但他们的使命是利用特殊的身份向村民解释、说明政府的政策和方案，而不是另起炉灶。（2）调解工作的程序一般为：工作组前往现场，调查取证，内容主要是事件的责任及争议草场的历史归属。随后，将所有材料汇集到县里，由主管部门做出裁决，然后将裁决下发给村民执行。（3）调解的原则在草场归属和责任追究方面各有不同。草场纠纷如果涉及县、乡界线，则依勘界、划界协议裁决，维护勘界、划界协议的权威性几乎成为草场归属裁决不可动摇的原则，除非像"吉垅"案中那样划界协议本身存在幕后操作的违规问题。如果仅仅是乡内两村之间的纠纷，则援引"参照历史、照顾现实"的官方原则，但实际操作中偏重于历史原则。事件的责任追究则是一个复杂而微妙的博弈过程：如果不涉及刑事犯罪，则可根据《治安管理处罚条例》处以罚款；如果涉及刑事犯罪，则根据双方的意愿和客观效果进行裁决。尽管工作组高扬国家法旗帜，但是，如果能够调解了事又不遗留后患也可算是次优选项。（4）多数调解协议对违约行为缺乏明确的、具有可操作性的约束性条款。

三　问题讨论：三个关键环节

根据上文的论述，草场资源纠纷在未来相当长的时期内依然会存在，甚至有多发的可能。既然我们已有的诸多措施并不能在短期内杜绝草场纠纷的发生，那么我们还有必要在防范和化解纠纷方面做出积极努力。在笔者看来，要达到这样的目的，必须把握草场纠纷的三个关键环节，即避免发生草场权属争夺、及时制止群体性冲突的爆发和达成双方共同认可的调解协议。

（一）草场承包是避免权属争夺的出路吗？

调查发现，为了推进农牧区生产责任制改革，近年来，各省区正在进行草场承包制改革或试点工作，试图将草场（首先是冬季草场）承包给农户家庭或联组。草场承包责任制是草场使用制度上的一个巨大变化，它承载着诸多的使命，比如解决草场使用中农户牲畜多寡造成的不平等问题，责权利不清造成的严重超载引起的草场退化、生态恶化问题等等。同时，各级政府也把草场承包看成解决草场资源纠纷的一剂良药，认为是"从根本上解决草场纠纷的有效途径"，因为"草场承包到户后，原来乡村之间遗留的矛盾纷纷解决了。户与户之间难免有纠纷，但范围不大，影响小，村干部出面就可以解决了"。[1] 这就是说，草场承包对于化解草场纠纷至少有两个方面的积极效应：一是将属于集体共有的草场承包给家户或联组，进一步明确了草场的权属；二是草场责任人的家户化，有效地降低了责任者之间可能发生冲突的规模。应该说，通过明晰产权化解权属纠纷的思路，与制度经济学有关产权的理论是相吻合的。

然而，这种理论上具有理想前景的改革，在实施中并不总是令人乐观。第一，那些有争议的草场没有办法实施承包。我们从西藏自治区试点工作的情况看，[2] 多数县都遇到此类问题，不化解此类纠纷，草场承包就只是一个目标而已。一种常见的办法是搁置争议，把争议地带划为公共用地或做出其他安排，但这依然留下隐患。[3] 第二，如果没有围栏等物理隔离设施，承包了的草场就无法避免越界放牧，化解纠纷的目的仍然会落空。特别是因为草场质量优劣不等，无法成片集中地承包给农户。常见的办法是按等级分配草场，其结果是草场的碎片化，有些牧户在某处分得的草场不足 0.5 亩。这种碎片化不仅给牧户生产带来极大的不便，同时如果

---

① 见中国西藏信息中心 - 新闻 - 《万里羌塘插上腾飞的翅膀》。www.tibet.cn。

② 承蒙西藏自治区政府发展咨询委员会办公室提供了有关"全区草场承包经营责任制工作会议"的资料，在此特致谢忱。

③ 笔者 2006 年在甘肃省甘南州夏河县调研时了解到，该县亚利吉草场纠纷案就是一起搁置争议并最终引发冲突的例子。

没有物理隔离设施，牲畜越界势所必然。而要设置围栏，在一些高山峡谷地区、极为辽阔的草原地区，成本又过于高昂。第三，公共资源（如水源等）难以分配，使得一些地段特别是出产虫草、松茸等具有极高市场价值特产资源的地段成为争议焦点。由此看来，通过草场承包有效解决草场纠纷必将是一个艰苦而漫长的过程，不断调整、完善技术性的制度设计将是成功的关键。

另外，在实施草场承包制的同时，还必须考虑这种草场使用制度的变化可能对当地社会文化造成的冲击。与中国汉区传统社会中的家户私有制度不同，藏区在传统社会中是牲畜私有而草场共有（共同使用）。在这种产权制度下，人们形成了较强的集体观念和互助观念。社会中的贫困户、弱势群体得益于这种文化，经常在经济生产之外获得诸多补偿。尽管我们对承包前的这种补偿和承包后的经济收益缺乏精确的核算和比较，但我们知道在传统社会中，邻里互助对于贫困户维持生计、获得起码的安全感是很重要的。而草场的家户承包，将有可能影响千年来形成的邻里关系模式。家户利益的彰显，有可能使持有传统观念的农牧民产生社会道德的失范和沦丧感，这样的社会情绪对于藏区的稳定同样是有害的。因此，在实施草场承包时，还必须考虑到因为文化变迁而可能增加的社会成本。

（二）"下乡工作组"能否制止群体性冲突？

调查表明，藏区草场资源纠纷之所以带来严重的社会后果，关键是一些纠纷的解决不是按照"常理"纳入国家法制轨道，而是演变成群体性武装冲突，导致死人、伤人案件，并引发后续暴力复仇行为。因此，各级政府不断加大法制宣传力度，期望树立村民在遇到纠纷时寻求国家法律帮助的观念，而事实上这一目标难以短期实现。作为一种现实的策略，各地都把建立纠纷排查、报告制度和工作组下乡制度等，作为预防和制止群体性冲突的主要途径。但是，调研发现工作组的实际效果似乎并不理想。

案例4　下乡工作组及其困境

E县是一个以牧业为主的县份，草场纠纷特别是涉及虫草资源的纠纷是其社会稳定工作的重点。为此，该县制定了一系列的措施。比如，一般从 3 月开始结合法制宣传，对重点乡进行纠纷摸底工作，及时掌握动态。从 4 月中到 8 月中，对重点乡镇派工作组，蹲点工作。工作组的任务是及时发现纠纷，控制群众情绪，并通过劝阻的方式使当事双方撤离现场，避免两方正面冲突，然后调查矛盾起因，并着手解决。应该说，这些措施具有一定的积极效果，但是下派工作组政策本身还存在问题。E 县某领导总结了三条：（1）县里执法队伍人手紧，一般一个工作组有三人，且不说这三个人在面临群体性冲突时，能否真正起到制止的作用。事实上，由于发生纠纷的地方多在夏季草场，海拔高，条件差，加上工作组经费紧张（过去每天每人补助 20 元，一个组马费补助每天 20 元。今年提高到每天 120 元）等客观原因，工作组时常不能到达冲突现场。夏季牧场管理真空一直是一个老大难问题。（2）县里工作组蹲点，使乡干部产生依赖思想，他们完全没有积极主动性。（3）关键的还是工作组只是起到暂时制止的效果，却不能从根本上化解纠纷，费事费力但效果不佳。

（资料来源：2004 年 E 县某政法领导访谈记录）

这位领导对工作组局限性的概括，应该说反映了一个普遍存在的疑虑，即工作组制度是否能真正起到制止群体性冲突的作用。前文所介绍过的"吉垅"案中，当时就有一位乡长与吉村村民同在现场，但是，以一己之力面对群情激愤，必定势单力薄。"海绒"案的发生，似乎完全在执法部门意料之外，因为根本就没有向那里派工作组。而"堆塘"案中的村民反映，在他们争吵的几年里，没有干部前来过问。上述迹象表明，发生群体性冲突的这些地区，存在着现代版的"国家权威裁判"不足甚至缺失的问题。与历史上的部落制度、土司制度不同，国家已经在藏区建立了完备的基层政权，但政府权威并不因为它们的存在而自然生成，这需要通过政府的公共服务和信誉来逐渐积累。而事实是干部的年轻化原则和频繁调动，使他们缺乏时间、热情与农牧民生活在一起，导致他们缺乏对辖区内具体案件的历史、处理纠纷的规则等所谓"地方性知识"的掌握，缺乏处置纠纷事件的经验。调研中，村民反映他们之所以不同意干部提出的解决方案，就是因为干部"不懂"纠纷调解。由此可知，工作组是否具有权威性，是否能力挽狂澜，并不在于是否有政府背景，而是与他们对地方性知识的掌握程度、与村民沟通的能力，以及村民对干部的信任度相关。这就让我们想起一句老话：方针确定之后，干部是决定性的因素。

（三）如何实现纠纷调解过程中的"公正"？

传统型机制可以说是一种自我管理的类型，但它明显存在保障协议执行方面的缺陷。其根本原因是缺乏"统一权威"，即政府的强制力。现代型机制弥补了这一不足（如果不说政府过分强悍的话），然而草场纠纷依然多发易发，违背协议和纠纷反复现象屡见不鲜。比如，在"吉垅"案中，我们看到在武装冲突发生之前已经有了三个协议（1973 年的协议、2000 年草场利用协议、2001 年 7 月由于双方发生争议而出台的督办通知），可它们还是未能避免悲剧发生。"海绒"案也同样，虽然已有政府的裁决，但是朵村村民并不打算遵守裁决，以至于政府不得不采取其他措施（如办培训班）。这说明现行的纠纷调解机制同样存在问题（当然在所有权制度设计方面也存在问题）。笔者认为，出现这些问题的根本原因是两种正义观念或者说两种法律原则之间的冲突。在目前，要解决这些问题，只能走国家法与传统法相结合的道路。

1. 问题：两种正义观的冲突

根据上文的论述，我们已经看到藏区草场纠纷调解机制正在经历根本性的转型。事实上，这种转型的肇始可上推到百年之前。始自清末的民族国家建构开启了在藏区建立新型纠纷调解机制的努力，赵尔丰的"改土归流"就试图通过司法改革，建立国家法权威，限制地方势力（如土司、喇嘛）对司法的干预，从而达到法律一体的目的。[①] 为此，他还建立了一套新型的司法技术，诸如案费、传票、展限、销案、换票等。虽然这种努力

---

① 《巴塘善后汉番军民遵守章程》中就司法问题规定如下："一干预。喇嘛如有佃户只准向佃户收租，不准管理他项事务（如词讼账项等类），更不准干预地方公事，即其佃户与人争讼是非，自有地方官为审理，该喇嘛不得过问，不得向地方衙门求情等事。一词讼。凡汉蛮僧俗教民人等，大小词讼皆归地方官审理，无论何人不得干预其事。一命案。蛮俗杀人向以赔银茶了事，人命至重，岂能如此轻易了结，以后杀人必须抵命，其中或有情节轻重之间，听官审断，自能为之剖白，断不准私自赔银了案。……一常案。凡因户婚田土买卖账项控案者谓之常案，官为审判曲直，以理开导，如无理者过于狡诈，即予杖责示惩。"见四川民族研究所、《清末川滇边务档案史料》编辑组编《清末川滇边务档案》，中华书局，1989，第 95 页。

的效果不甚理想，却一直持续着。① 民主改革对于藏区的历史发展来说，具有里程碑意义，它以异常激烈的方式彻底改变了藏区的传统社会结构。从那时起，平息社会冲突和维护地方治安不再依靠寺院僧人和民间权威，而被政府管理部门取代。传统习惯法被废止，新型国家法成为唯一的救助渠道。在集体经济时代，虽然草场界线因为基层政权建设而经历数次变更，但是生产资料公有制化解了村民引发争议的现实动力，而政府强大的控制能力和经常性的政治运动也使村民对这些变动保持缄默。这给了人们一个错觉，认为草场纠纷这个痼疾已经彻底解决了。然而，20 世纪 80 年代的经济体制改革再次改变了历史发展的方向。随着改革的逐步推进，国家权力从基层逐步回撤，并通过村民自治等方式激活了民间传统的治理机制。乡土社会的重建和再现，唤起了人们对原有群体的认同感和归属感，而这种认同是与他们原有的生产、生活空间联系在一起的。"吉垅"案中，吉村在 50 年后再次提出"吉垅"草场的归属问题，就有着这样的社会背景。然而，就在各种传统得以复兴的同时，国家却通过各种普法运动加大了向基层社会输送法律的力度，以期实现"以法治国"。当两种不同方向的拉力发生碰撞时，混乱与迷茫在所难免。

笔者曾多次就纠纷的反复发生和常见的违约行为，询问政府官员和当事村民，得到迥然不同的回答。政府官员中，除了部分人认为在个别案件中政府工作本身存在缺陷外，多数认为主要是因为农牧民法制观念淡薄。这种回答在笔者看来多少与田野调研中获得的信息不相符合，因为我们看到村民有了纠纷首先求助于政府，他们就纠纷调解所呈递的多数文本都有国家政策的依据。而村民多认为纠纷反复主要是因为对方有人故意挑事，而政府对那些挑事者过于迁就，因此，针锋相对势所必然。其意是说，政

---

① 赵尔丰还在任上时，就发现改革效果并不理想。他在奏折中写道："（里塘粮员）到任两年，并未具报民事案件，初以为该卒贤良，使民无讼。殊再四查访，始知仍沿旧习。民间故事，本由喇嘛主持，僧握审判之权，官失执法之职，似此悖谬，大失改流之政体。"见宣统二年五月二十七日，赵尔丰《札里塘粮员民间词讼由官管理不准喇嘛擅受民词》，载四川民族研究所、《清末川滇边务档案史料》编辑组编《清末川滇边务档案》，中华书局，1989，第 672 页。民国二十六年（1937 年），苏法成主持的西康建省委员会下属司法筹备处对所属 18 县中的 14 县受理民、刑诉讼案件的情况做了调查，除了康定、泸定二县月均受理 20 余案外，其余 12 县月均受理仅数案，其中德格、白玉、石渠、理化、定乡、得荣、瞻化等县月均不足 1 案。在理化县，"县署年仅四五讼案，而各土司与喇嘛寺，则月常十几、二十案"，而"赔命价"等传统裁决方式仍然大行其道。

府不按法律办事。至于传统习惯法的问题，吉村村民认为如果政府能公正地处理问题，严格地执行协议，他们不在乎用哪种法。这样两种回答乍看起来是无法衔接的，细想却是相通的：我们在"吉垅"案中已经做过分析，吉村首先提出的解决方案是完全按照国家法原则的，最后，该村村民也接受了传统方式的调解结果，可以看出村民对两种类型的"公正"都可接受。但是，问题正是在于这种两可的态度，它说明吉村的"正义观"处在一种未确定的状态，这使政府与德村人都持有疑虑态度。按照国家法原则，如果涉及刑事犯罪，就必须对凶手依法量刑，但是，由于当地有"家族复仇"的传统，一旦出现传统观念的回潮，那么，先前受到国家法制裁的凶手之家可能遭到第二次惩罚，这是不乏先例的。为了杜绝这种最坏的情况发生，援引传统法似乎更为稳妥。

在"海绒"案中，爆炸和蓄意用枪支伤人同样应该承担刑事责任，但是，这种群体性行为体现的是集体意志，个人行凶只是群体内部的分工而已，让个体为集体承担责任显然缺乏合理性。但是，如果不采用传统法中高额的赔偿制度，又不起诉伤人者，最终只能依《治安管理处罚条例》罚款 400 元了事。这样的轻微处罚自然不能满足对方的"公正"诉求，对方有可能选择其他方式伸张"正义"。其结果是，类似"海绒"案这样的"小"案件，在经过几次反复后，最终酿成"吉垅"案那样的恶性事件。

这是两种正义观念、两种法律原则之间的冲突，也是理想与现实之间的冲突。一方面，政府部门始终认为建立现代法制是社会的发展方向，因为只有法治才能为市场经济提供所需要的安全预期，随着经济、社会的一体化进程，藏区也将必然与外部世界融为一体，在这种条件下仍然坚持民间惯例就可能成为扩大交往的障碍。因此，坚持国家法优先不仅被认为是必须的而且是应当的。而另一方面，由于历史、自然和文化的原因，这些地区的传统观念积淀依然深厚，且显现出日益活跃的迹象，国家法的裁决与人们的正义诉求之间经常存在明显的疏离。当国家强制力一旦出现松弛，势必出现违约行为。事实上，这种冲突不仅在藏区存在，就是在汉族村庄中也同样存在，[①] 只不过在藏区更突出

---

① 梁治平、赵旭东等指出，乡土社会纠纷调解中的权威多元，说明在国家法律之外还存在其他的社会正义求助渠道。见梁治平《乡土社会中的法律与秩序》，载王铭铭、王斯福主编《乡土社会的秩序、公正与权威》，中国政法大学出版社，1997。赵旭东：《权力与公正——乡土社会的纠纷解决与权威多元》，天津古籍出版社，2003。

而已。如果正视这种冲突的存在，那么我们就能理解"吉垅"案的处理方式。实际上，民族区域自治制度就包含着对这种地方差异性的认可，只不过我们在具体落实的时候往往过于强调国家法原则而忽视了与地方具体情况的有机结合。

2. 建议：两种纠纷调解机制的结合

通过对"海绒"案和"吉垅"案的考察，可以看到，无论官方在正式场合和文本中持有怎样的立场，在实践中，两种机制的结合已非秘闻，只不过对不同的案件，在不同的行政区划，不同的仲裁执行者在"度"的把握上各具差异。但问题是，即便有了一定程度的结合，其客观效果仍与人们对和谐、秩序的期待存在差距。任乃强先生曾指出，藏人之间的纠纷"一经和息以后，仇杀遽止。甚重然诺，从无已受调解犹相仇杀者"。然而，现实中我们看到的却是协议的权威屡屡受到挑战，以至于出现一个地区有几个甚至十多个协议、决定、纪要的现象。① 比较这两种调解机制，我们会发现两种机制的结合仍有可推进的余地。

第一，传统机制中充分协商的原则值得效仿。现行机制在前期的调查取证应该说是较为充分的，但是，在信息集中后经常是由政府主管部门单方面根据有关规定做出裁决，然后下发强制执行。与此相比，传统机制在最后的仲裁出台之前，有充分的商谈、博弈过程。吉村之所以在最初的方案中要价高昂，是因为根据传统，双方要经历一个漫长的谈判过程，通过不断地"争高论低"，不惜花费数月时间，才达成协议。而现行机制为了体现政府裁决的权威，剥夺了双方对政府裁决讨论的权利。政府裁决者虽然知道双方的要价都有水分，但如果没有双方的讨价还价，裁决者对于要价底线的确定只能是猜测。一旦裁决突破了预期底线，就会出现不服裁决的问题。据村民的反映，类似的例子还有很多。勘界中，"吉垅"草场归属的划定就缺乏充分的协商。公开讨论集体事务是藏族传统民主的一大特点，"甚重然诺"的前提是公众讨论形成的合意。

第二，传统机制中利用宗教工具对民众进行伦理约束的方法值得借鉴。

传统机制具有很强的宗教色彩，主要表现在三个方面：（1）主持者多为宗教人士（也有其他头人）。（2）为了体现佛教不杀生的思想，一般不采

① 杨多才旦：《藏区草山纠纷的成因、危害及对策》，《西藏研究》2001年第2期。

用同态复仇的方式追究刑事责任，而是把所有的过失都转化为严厉的经济惩罚。（3）调解协议不仅包括对草场归属和事件责任的裁定，还有诸多宗教上的内容，如举行磕头、发誓等宗教仪式，最为重要的是对违背协议者有宗教的惩罚。通过"海绒"案和"吉垅"案，我们看到，基于社会效果考虑，地方政府在调处纠纷时，已经不同程度地吸收了经济惩罚的内容。但是，对宗教人士在处理社会矛盾中地位的评价，不同的省区存在明显的差异。

在四川省巴塘县，我们看到，政法干部对宗教人士在生态保护、维持社会治安方面的作用给予了一定的正面评价。

案例 5　司法干部眼中的活佛

扎西（藏族、33 岁）是巴塘县司法局干部。他说在 20 世纪 80 年代，该县北部的 318 国道一线，经常发生对过往车辆的盗抢案件，其他地区的社会冲突也呈现多发态势。为此，巴塘县积极寻找应对之策，在他们出台诸多制度规定的同时，一些表现进步的活佛也进入党委、政府的视野。阿松活佛就是其中之一，他的本寺虽然在乡城县，但是由于他出生在巴塘县德达乡，因而在那里有很高的威望。他每三年在德达乡举行一次法会，届时要求当地村民起誓不偷不抢，效果很好。1993 年，德扎兵站发生枪支被盗事件，政法部门多方查寻未果，后来阿松活佛出面，要求盗贼自行送回，可既往不咎，结果枪支果然被送回。为此，兵站赠送活佛一辆北京牌吉普车。现在，阿松活佛任副县长、县政协副主席等职。与阿松活佛同样受到政府倚重的，还有康宁寺举拉活佛银巴曲佩、雅索寺更噶丹增活佛等等。虽然国家政策规定政教分离，宗教人士不能干预民政事务，但是，考虑到实际的社会效果，政府不时让活佛出面解决一些社会问题。扎西说，并不是让活佛按照宗教的那一套办事，而是按照国家的法律政策行事；同样的政策让他们去向群众讲，效果就比较好。另外，他们都在政府部门担任一定的职务，这也算是把他们纳入了正规渠道。

（资料来源：2005 年巴塘县访谈记录）

活佛在维护地方治安中的显著影响，从另一个侧面说明宗教在村庄社会仍具有深厚的基础。如果我们认识到宗教将长期存在，宗教作为人类的历史文化也可以与社会主义制度相适应，那么我们是否也可以适当地利用宗教手段来造福深受纠纷之苦的农牧民呢？

笔者 2006 年在甘肃省甘南州调查时，就发现当地对此所进行的大胆尝试。纠纷涉及的两县政府，正式行文委托拉卜楞寺寺管会调解草场纠纷，在相关协议中就增加了两项宗教方面的内容：（1）双方对违背原先协议进行忏悔，各自向对方寺院"敬献一套《大藏经》和一千盏酥油灯，并按照自己的经济状况供养该寺僧众"。（2）行咒发誓遵守新的协议。首先在签署协议时，双方各派 10 名代表"行咒发誓"，其后，"在双方寺院供养僧众时，在各自寺院代表和 10 名行咒代表的主持下，组织各方 18～60 岁的男性无一列（例）外地到寺院的护法殿行咒"，并互赠《大般若波罗蜜多经》一套和尺高铜佛一尊。① 在这种公开、隆重的宗教仪式上庄严行咒，必定会强化作为信徒的纠纷双方的自我约束。其实，如果委托宗教人士处理纠纷显得过于大胆，那么，也可以在政府仲裁之外，让宗教人士或村民自行组织宗教仪式以达到强化伦理约束的目的。当然，这一切的前提是裁决协议经过充分的协商并得到双方的认可，否则，这种宗教活动就可能无人喝彩。

（本文的部分内容曾以《社会转型期藏区草场纠纷调解机制研究——对川西、藏东两起草场纠纷的案例分析》为标题发表于《民族研究》2007 年第 3 期）

---

① 2006 年 4 月 10 日《关于甘肃省甘南藏族自治州夏河县甘加乡与青海省海东地区循化县撒拉族自治县岗插乡的草山纠纷调解协议书》。

第二篇

 人力资本投资

第四章 基本医疗保障的社会公平性

朱 玲

一 中央财政转移与西藏农牧区医疗制度

从和平解放西藏时起，中央政府就以卫生援藏的方式，积极回应了当地藏民的医疗需求。20世纪50年代，中国人民解放军第十八军在进藏过程中曾制定"卫生先行"的原则，为藏区群众免费看病给药，不仅赢得藏族百姓对共产党和解放军的拥护，还增强了民族和睦与国家凝聚力。此后，中央财政一直拨付西藏农牧人口医疗补贴。1992年以前，补贴金额为每人每年5元；到2005年，中央补助增加到每人每年45元，自治区财政补贴每人每年30元，地区行署和县财政分别补贴每人每年3元和2元。[①]这样，平均每人每年从政府获得的医疗补助额总计为80元。

在此基础上，西藏自治区政府在全区推行"新型农牧区医疗制度"。这一制度的运行方式与内地农村合作医疗制度相似，但在基金筹集上有一个明显差别，那就是政府筹资占压倒优势。自愿参加这一制度的农牧户平均每人每年缴纳10元，财政补贴和个人缴费的比例为8:1。与此相对照，在2003年西部农村合作医疗试点启动之前，中央政府从未给予西藏以外的农村人口任何直接的医疗补助。西部试点县启动合作医疗制度时的最低筹资额为平均每人30元，其中农户筹资每人至少10元，中央和地方财政分别配套10元，财政补贴和个人缴费的比例为2:1。在江苏、浙江和广东一

---

① 西藏农牧人口医疗补助，实质上几乎全靠中央财政支撑，因为地方财政收入的90%以上都来自中央财政补贴。参见李实《地方财政考察报告》，载王洛林、朱玲主编《市场化与基层公共服务——西藏案例研究》，民族出版社，2005，第115～146页。

带的合作医疗基金中，个人缴费则占压倒优势。

可见，当前西藏的农牧区医疗制度依然近乎社会福利制度，而内地的农村合作医疗制度更接近社会保险制度。此外，西藏民政部门负责支付五保户和贫困户的个人缴费额，医疗基金中还划出 5% 用作医疗救济。即使是不愿缴费的农牧人口，按规定也能在就诊后报销部分医药费，只不过报销比例比缴费者的低 20 个百分点而已。[①] 因此，这一制度是笔者在西藏农牧民那里听到的赞扬声最多的制度（详见访谈录中的案例 3）。

二　补助引起的社会公平性质疑

上述医疗制度连同国家在西藏实行的农牧区基础教育免费政策，使农牧户同时受益于家庭支付能力的改善和人力资源投资的增加。可是，其他藏区的农牧人口却没有得到这些优惠。于是，这些援助项目不期然在其他藏区产生了负面反响。课题组 2003 年在青海藏区、2004 年在四川阿坝藏族羌族自治州、2005 年在四川甘孜藏族自治州调查时，听到不少怨言。这些抱怨可概括为两点：第一，其他藏区的藏族农牧民认为受到地域性歧视；第二，其他少数民族地区，特别是省属藏区的其他少数民族，如羌族、回族和满族等，认为受到民族歧视。

如此看来，上述在西藏发挥着促进社会融合作用的政策，却在西藏之外产生了社会排斥的影响。这种情况，在那些与西藏接壤的地区表现得最为明显，四川省甘孜州的巴塘县就属于这类地区。据巴塘县统计局提供的信息，当地农牧民的平均收入至今还不到全国平均水平的 1/2。2004 年，全县农牧民人均纯收入仅为 1127 元。县卫生局副局长扎西介绍说，当地既无农村合作医疗又无医疗救助制度，因为这两项制度尚在泸定县试点，还没有在州里的其他县域推广。这样，巴塘县的农牧民就医的时候，通常都是要求医生以自己带来看病的钱数为限开处方。结果往往因为疾患治疗不彻底，小病演变成大病，急性病遗留下慢性病，甚至传染病拖延日久难以

---

① 参见西藏自治区卫生厅《西藏自治区农牧区医疗管理暂行办法》（藏汉对照本），2004，第 40~46 页；以及 2005 年 7 月笔者在西藏昌都地区行署卫生局以及芒康县、左贡县和昌都县卫生局的座谈记录。

控制。若到了不得不住院治疗的境地，疾病往往不仅给患者家庭造成严重的劳动力损失、难以承受的经济负担和陷入长期贫困的危险，还有可能影响公共健康安全，引发社会不满。

巴塘县与西藏的芒康县只有一江（金沙江）之隔，江边的苏哇龙乡和对岸芒康的索多西乡自然环境和经济结构近乎一致，两个乡的人也都是藏民，祖祖辈辈到现在还相互结亲，并且共同供养着同一座寺院。可是，苏哇龙乡的人只要得了大病，或是孩子出外上学，全靠自己掏腰包，结果除了卖牛羊还得借债。所以他们想不通，为什么只有对岸的人才能得到政府那么多帮助（详见访谈录中的案例2）。还有一对隔江相望的乡，都叫竹巴龙①，分别位于金沙江大桥东西两岸。东岸一位74岁的老人月登，在十八军从巴塘进军西藏时，曾摆渡过兵员和物资，后来又参加过剿匪，因此他认为自己跟共产党和解放军的关系非同一般地亲近。他儿子扎西看病和孙女上卫校分别花费1.2万元和4万多元，家里不得不卖光牛群并借债，孙子也为此辍学。老人谈起这些，满目伤感地问道："对面是藏族，我们也是。为什么对面有免费化肥供应，我们没有？为什么对面可以便宜地看病，我们不行？为什么对面的小孩免费上学，我们的小孩要交那么多钱？"（详见访谈录中的案例3）

三　政策讨论和建议

在中国城乡差别显著的情况下，对农村人口任何一种形式的收入转移，都有助于降低资源分配的不均等程度，从而有利于增强社会凝聚力。中央政府给予西藏农牧人口的医疗补助，无疑有这种作用。我们在四川藏区走访的农牧民，无一对西藏农牧人口获得补助有异议，而只是抱怨何以他们自己被遗忘。这就提出了一个医疗补助制度的社会公平性问题。扩展农牧人口医疗补助覆盖面，正可谓一项具有针对性的政策措施。不过，无论在哪一个区域推行中央财政支持下的居民补贴项目，都会产生跨边界信息传递效应。项目区之外的居民总会通过对社会公平的诉求，促使地方和中央政府把项目推广到全国同类地区。在如此强大的政治压力下扩展医疗

---

① 　两个竹巴龙乡的藏文书写和发音相同。也许为了便于区别，芒康一侧的乡名写作"朱巴龙"。

补助覆盖面，决策和执行部门面临的挑战主要在于，如何循序渐进地推广项目，怎样分配和使用补助金。由此而引申的政策考虑如下。

第一，扩大医疗补助覆盖面并不意味着推行同一补助标准。出于维持医疗补助公平性的考虑，有必要根据居民的健康脆弱性指标，制定地区性级差补助标准。健康脆弱性可以用居民面临的健康风险和拥有的经济安全来衡量。群体患病率即可直观地表示健康风险；在其他条件相同的情况下，个人或居民户可支配的收入和资产量，即可用于测度其经济安全。健康脆弱群体，即健康风险高于社会平均水平而经济安全低于平均水平的人口，往往集中在欠发达地区。这些区域的地方财政几乎无不捉襟见肘，因此需要动用中央政府的财力，借助地区间收入再分配手段予以重点支援。青藏高原乃世界屋脊，高海拔的区位与居民面临的高度健康风险和极其脆弱的经济安全密切相关。①即便是常年生活在高原的藏族居民，患病时也尽可能选择海拔较低的地方就医。因此，在青藏高原这样的自然区划内，如果根据海拔高度确定区域级差，把医疗补助覆盖面从西藏扩展到整个地区，必将有利于排除民族特惠和行政区特惠带来的负面社会效应。

不过，在考虑地区性级差标准时，还不得不将行政区划和地理区域因素相结合。与实施医疗补助政策相关的财政转移，离不开中央和地方政府的相互配合，若要完全排除行政区划因素，这一制度的可行性就成了问题。由此出发可以预见，无论怎样制定地区级差补助标准，都不可能使所有相关个人或群体完全感到公平。就中央财政转移而言，只要不在相似水平的欠发达地区之间造成"有"（100%）和"无"（0）的差别，就不至于使个别人群的不公平感累积到损害社会凝聚力的地步。

第二，为了尽可能提高医疗补助金使用效率，有必要将扩大补助面与建立和推广基本医疗保障制度相结合。其他藏区的百姓对西藏农牧区医疗制度百般羡慕，归根结底是向往其中包含的医疗费用报销制度，而这恰恰是与医疗救济和合作医疗制度结合在一起的。如果把财政支持下

---

① 根据联合国粮农组织的统计，全世界发展中国家的山地居民中，有1/2人口（2.5亿~3.7亿人）处于食品无保障的脆弱状态。参见 Jenny, A. L. and F. Egal. , 2002, "Household Food Security and Nutrition in Mountain Areas", FAO-ESPN。

的合作医疗制度视为一种区域性普惠制度，那么在医疗补助金基础上建立的医疗救济制度，实质上就是一种面向最脆弱群体的特惠制度。医疗救济的受益者资格，一方面取决于所遭受的灾难打击，另一方面与其面临的社会排斥相联系，故而在特定区域内只可能是数目极小的群体。实施救济的前提是甄别目标人群，如果仅仅是为着医疗救济项目的运行而建立一套体系，行政成本必然高昂。因此，如果将医疗救济制度与合作医疗制度相结合，一方面有可能通过管理机构的规模效益而降低行政成本；另一方面，贫困群体可以借助救济金参加合作医疗或补贴医药费中需要自付的部分，从而分享区域性普惠制的好处，减轻医疗服务利用领域的社会边缘化。

第三，在推行合作医疗制度条件不成熟的欠发达地区，只能借助中央财政转移资源先建立医疗救济制度，然后逐渐向合作医疗保险制度推进。只有循序渐进，才有可能保证制度的可持续性。在迄今为止的中国农村改革中，合作医疗制度的管理程度之复杂和涉及的利益群体之多，还没有哪一种制度可企及，因而也是推行难度最大的制度。纵观江浙一带的合作医疗制度，已有40年左右的经验积累。本章描述的西藏新型农牧区医疗制度，实际上从1993年就开始试点了，况且其涉及的总人口仅200余万，至多相当于内地几个县的人口。然而，但凡一般医疗保险制度遭遇的问题，西藏现行农牧区医疗制度都已碰到，例如投保者的逆向选择、患者的道德风险和医疗机构诱导过度消费的倾向等等。不仅如此，与一般社会医疗保险相比，由于欠缺强制性参加条款、管理失之粗疏、信息透明度较低，以及监督机制有效性较差等因素，西藏农牧区医疗制度还面临着种种意想不到的困难。如何既保持制度的吸引力和足够强大的参保人口规模，又能量入为出地控制医疗费用和严防"出险"，从而保证整个制度的可持续性，仍是一个需要通过审慎的试验和探索才能确切回答的问题。

相形之下，中国在社会救济方面已积累了上千年的经验。近60多年来，中国的救灾救济效率一直在发展中国家处于领先地位。进一步讲，在中央财政提供医疗补助金的前提下，医疗救济制度无论如何不可能破产。因此，以建立医疗救济制度为起点制定"路线图"，分地区、分阶段地逐步扩展基本医疗保障制度，当属可行性较强的选择。

参考文献

李实：《地方财政考察报告》，载于王洛林、朱玲主编《市场化与基层公共服务——西藏案例研究》，民族出版社，2005，第115~146页。

西藏自治区卫生厅：《西藏自治区农牧区医疗管理暂行办法》（藏汉对照本），2004。

Jenny, A. L. and F. Egal, 2002, "Household Food Security and Nutrition in Mountain Areas", FAO-ESPN.

访谈录：一江之隔，福利两样

案例1 卖掉牛羊去开刀

2005年7月2日中午，笔者走访巴塘县苏哇龙乡卫生院时，遇到前来拿药的藏民桑批（47岁）。[①] 他家住在苏哇龙村，常住人口7人：72岁的老母、桑批和2个弟弟、妻子益西卓玛及一双儿女。桑批家最大的现金开销有两项。一是教育支出。女儿在县城上初中，每年需3000元。儿子上小学，花销不算大，每年支出100元。二是医药费用。桑批父亲因心脏病67岁去世，母亲患有肺心病，需要经常看病吃药。桑批家的收入来源有如下几项：第一，出售石榴、核桃和辣椒的现金收入（3000元/年），以及自产自食的粮食和肉奶产品。当地农作物一年可收获两季。桑批在自家的5亩农田里种植小麦、玉米和辣椒，同时经管房前屋后的核桃树和石榴树；妻子负责养猪6头，全部供自家食用；大弟弟放牛30头，为的是挤奶打酥油。第二，二弟到西藏昌都和林芝地区打工，一年带回3000~5000元。第三，三弟（非家里常住人口）在理塘县教书，回来的时候给家里数额不等的钱。但他不常回家，最近回来一次给了5000元。

桑批认为，由于家里劳力富裕而且有人在外面领财政工资，家里的生活还过得去。但一遇天灾人祸，全家就陷入困境。1997年，桑批在修路工地干活期间经常腹痛难忍，吃药总不见好。后来，在巴塘县医院用B超检

---

① 笔者与桑批等人的谈话，由在座的苏哇龙乡卫生院女医生彭科敏翻译。

查，确诊病因是肾结石。当时，县医院做不了这个手术，他只好到离家900多公里以外的成都华西医院开刀，一个弟弟为了陪床与他同行。两人的路费和食宿，加上他的住院医疗费，总共支出13000元左右。离家前，他们从本县一位有过同样经历的熟人那里大致了解到所需的费用。因此，除了带走家里所有的现金外，还从5家亲戚朋友处借了7000元。为了凑足所有的费用和还债，同时维持家里的生计，1997~1998年，桑批卖光了家里的羊群：第一次出售70只，每只售价70元；第二次出售95只，每只售价93元。此外，还卖掉4头耕牛，每头牛卖了2100元。这次的疾病负担重创了桑批的家庭经济，所以他才对上述账目记忆犹新。直到现在，他家也未能恢复羊群，此外，留在苏哇龙的三兄弟因为盖不起新房而决定不分家。

在桑批讲述自己的经历时，卫生院的诊疗室接二连三来了一屋子人。他们互相都认识，因此不断地插话补充信息，强调说，这里的人只要得了大病，或是孩子出外上学，就得借债和卖牛羊。江对岸索多西乡属于西藏，那里的人看病能报销，小孩上学不要钱，这些好处桑批他们都没有。实际上，两岸的自然环境和经济结构都差不多，两个乡的人也都是藏民，祖祖辈辈到现在还相互结亲，并且共同供养着同一座寺院，所以他们想不通，为什么只有对岸的人才能得到政府那么多帮助。

案例2 月登老人的忧伤

2005年7月4日上午，课题组在巴塘县竹巴龙乡调查两个村，笔者走访了乡政府所在地的一个农户。[①] 这家的老阿爸名叫月登，74岁，解放前在金沙江渡口当船工。20岁左右的时候，为十八军摆渡进藏兵员和物品，解放军每天付给他钱和食物。此间，月登的姐姐成了共产党和解放军的积极分子。运兵结束后，他跟着姐姐当民兵、闹土改。后来，巴塘发生叛乱，他和姐姐逃过了叛匪的抓捕，可是家里的东西被叛匪抢光了。姐弟俩一起跑出去参加了剿匪，然而月登没有干到底就回村里来了，原因是他已婚想家。这样，剿匪结束后，姐姐当了政府的干部，他则一直守着老家当农民。由于参加过运兵和剿匪这段经历，月登老人认为自己跟共产党和解放军的关系非同一般地亲近。

---

① 对月登老人的访谈由巴塘县竹巴龙乡党委副书记扎西次登翻译。

月登和老伴（80 岁）生育了 4 个儿子、4 个女儿。除了二女儿阿珍于 2002 年因肺病在 50 岁上去世以外，其他 3 个女儿都出嫁在外。4 个儿子当中，有的自立门户，有的在寺院当僧人。老两口和儿子扎西夫妇及其 3 个孩子共同生活。这个三代同堂的大家庭有 4 亩农地，每年打下的玉米和小麦总共 5500 斤左右。此外，家里还有 8 亩地退耕还林，政府一年给 14 袋大米（约 1400 斤）。这样，家里就不用再买粮食了。月登家的牲畜寥寥无几：2 头猪供自食；6 头犏奶牛的主要作用是生产粪肥。这几头牛产奶量很低，家里一年还要购买 200 元左右的酥油喝茶用。另有 4 头驴和 1 匹骡子，都是用来驮运肥料和柴火等重物的。

老人说，家里过去有一群牛，只因儿子扎西曾住院看病，牛卖光了不说，还卖掉了虫草，又从亲戚那里借了 5000 元。扎西 40 岁，几年前帮别人家盖房时摔伤，此后胸部出了毛病。家人把他送到巴塘县城住院 3 个月，花了 1 万多元也没有治好，拉回家已濒临死亡。江对岸朱巴龙乡卫生院的大夫是他家的亲戚，过来好几次用针管抽脓，用药之后竟然把扎西救活了。月登老人家在朱巴龙乡卫生院前前后后买药一共花了 2000 多元。扎西至今身体虚弱，劳累一些就需要打消炎针。只不过月登的大孙女曲珍于 2004 年从康定的甘孜州卫校毕业，在家里就能给扎西打针。曲珍在对岸的卫生院做过一年临时工，每月能挣 300 元。2005 年时，那里不需要人了，她没有找到工作，每天就帮助弟弟尼玛照看小卖部。曲珍上卫校 4 年，每年花费 1 万元，家里为此也借了债。孩子上小学的费用不高，一学期每个学生大约交 15 元；上初中要去巴塘住校，一学期需要 800 元。扎西生病后，家里供不起 3 个孩子同时上学，结果尼玛虽然考上了初中，也不得不辍学。

月登老人身子骨依然健朗，可是老伴患有多种疾病。2004 年时，有个名叫"光明行"的医疗队到了理塘县，专门给农牧民免费做白内障手术。理塘海拔 4000 多米，老伴血压高，去不了那地方，所以一直失明。每天上午，月登都把老伴引领到佛塔跟前由她去转经，过一阵子再去接她回来。由于老伴常年患病，家里每年卖虫草和松茸的收入差不多都用来看病了。谈起这些，月登老人满目伤感地问道："对面是藏族，我们也是。为什么对面有免费化肥供应，我们没有？为什么对面可以便宜地看病，我们不行？为什么对面的小孩免费上学，我们的小孩要交那么多钱？"笔者无以作答，就接着反问他："如果您从免费化肥、免费医疗和免费教育中只能选一样，您会选什么？"老人笑了："我选免费教育，因为小孩子们的日子长着呢！"

案例 3 受益于基本医疗保障的芒康人

2005 年 7 月 1 日下午，笔者在巴塘县城夏邛镇走访县人民医院时，遇到两位来自芒康县的住院病人。① 一位是个 27 岁的产妇，家在芒康县城附近，因婴儿胎位不正，持转院证来巴塘县医院做剖腹产手术，原因是这边的妇产科条件较好。笔者走访时，母子安康，住院已有 5 天。年轻的母亲放心地把婴儿留在病房就上街溜达了一圈，回房时恰好在楼梯口撞见了笔者。按照医嘱，她应住院一周，手术和住院费用大约 3000 元。陪她住院的丈夫发现带来的现金不够，已经过江回家筹钱去了。这位产妇只知道住院分娩能报销，但不了解可以报销多少。后来笔者从芒康县卫生局了解到，住院报销封顶线是 3000 元，在县级医院住院的费用，一般可在大病统筹基金中报销 70%，在家庭账户里报销 30%。为了鼓励产妇住院分娩，在统筹基金中报销的比例定为 100%。

另一位住院病人是个老阿妈，名叫阿次，家住芒康县索多西乡贡扎西村。她患肺心病十多年，此间住院已有 5~6 次。这次由儿子扎巴陪同来巴塘住院一周，住院费用 980 元，刚结完账准备回家。扎巴说，因为没有芒康县医院的转院证，这笔费用只能报销 30%。他明知在本县医院住院报销比例高得多，之所以还送母亲来巴塘，一是因为巴塘县城的海拔比芒康的低 1300 多米，在这里养病身体恢复得较快；二是他家距巴塘县城 80 多公里，距芒康县城 110 多公里，到这里来交通方便些，乘大客车每人车票 20 元，比去芒康县城还便宜；三是巴塘县医院的条件比芒康的好。扎巴把新型农牧区医疗制度依然称为合作医疗。他回忆道，索多西乡的合作医疗制度已建立 3 年，以前每人每年的筹资额是 20 元。现在，国家按人头补贴的资金增加了，个人的筹资额减少了，每人每年只交 10 元，看病住院的费用都可按比例报销。他认为这项制度很好，所以全家一直都参加。

7 月 2 日下午，笔者与课题组两位成员在结束对苏哇龙乡的调查之后，

---

① 与病人的交谈由巴塘县医院的徐扎西院长翻译。

请巴塘县政协主席洛松当却同志带领并做翻译，一行4人走吊桥抵达西岸。翻过两道山梁，找到芒康县的索多西乡政府。这里的自然环境着实与东岸的苏哇龙乡相似，农户的房前屋后同样栽的是核桃树和石榴树，地里长的也是一样的庄稼。不同的是乡政府院子里有卫星电话，乡卫生院的二层楼房崭新明亮，据说这都是竣工不久的援藏项目。在场的乡卫生员江措和贡扎介绍，他们这个卫生院有3名男卫生员、1名女卫生员，平时只能处理小伤小病。村民如果生了大病，就去朱巴龙卫生院或巴塘县和芒康县医院见大夫。参加合作医疗的村民都有家庭账户，到这里来看病的费用都在家庭账户上报销。账户上的钱用完了才自己掏腰包，用不完的可以结转到下一年。至于家庭账户和大病统筹名目下的基金数额是如何划分的，他们说不清楚。

农牧户筹资由乡政府负责，乡干部分片包干收钱，交给会计后统一送到县卫生局。索多西乡有4个行政村，700来户人家，5300余人，只有10户左右没有参加合作医疗。江措和贡扎说，这十来户人家有穷有富，不知道他们为什么不参加。所有参加合作医疗的户都从乡里领一个家庭就诊证，只不过参加户当中，有些户主并没有给全家所有人交钱，例如，6口之家只交3~4人的钱。笔者追问，这些户里是否经常生病的人参加合作医疗？那几个没有参加合作医疗的人如果拿了自家的就诊证，冒名顶替到乡里和县里看病或者住院，然后按照参加者的报销比例减免医药费又当如何？他俩回答，没有想过这些事情。除了村卫生员，县里甚至乡里的医生都很难分辨许多患者到底是谁，就诊证上又没有贴照片。

眼见门诊室聚集的患者手里都拿着就诊证，笔者询问其中的一位是否可以打开来拍照一下，他愉快地应允了。这位小伙子名叫丁增，来自达海龙村尼孜村民小组。他家有9口人，2005年上半年有3人看病报销，报销额合计1554元。其中，妻子巴珍报销得最多。她因患阑尾炎在县医院做手术，报销了957元。丁增说，算上车马费和其他费用，家里为巴珍这次住院共花费将近2600元，虽然报销的金额还不及实际发生费用的一半，他觉得还是比全由自己掏腰包强得多。

7月4日中午，课题组完成巴塘调研，从竹巴龙乡乘车越过金沙江大桥，在桥西的朱巴龙乡分头找人座谈。笔者根据上午从桥东月登老人那里获得的线索，在朱巴龙乡卫生院找到救治过他儿子扎西的医生朱珠。朱珠从小跟父兄学藏文，16 岁（1965 年）被选拔为赤脚医生，一边跟解放军医疗队灭麻疹，一边学医。部队的王医生走后还托人带来一套小学课本，朱珠就请当时区公所的汉族干部抽空教他，从第一册开始学算术和语文，在正规学校之外完成了小学课程。1970 年，他在盐井（地名）接受重庆援藏医疗队为期 1 年的培训时，还兼任翻译。此后，朱珠调到县医院工作，分别在 1978 年和 1982 年获得到重庆和绵阳进修的机会。直到 1989 年，朱珠还是临时工，为了降低生活费用，申请回到家乡朱巴龙工作。颇有戏剧性的是，他刚到卫生院 3 个月就接到"转正"通知。不过，由于在家乡行医广受尊重，他也没有再想重返县医院。

目前，卫生院里除了朱珠以外，还有 3 名 18～24 岁的卫生员（二女一男）。朱巴龙乡卫生院由于朱珠的医术和服务态度好而门庭若市，到这里来的患者都是专门找他看病的：有的来自本乡，有的来自周边的宗西乡、嘎托乡、邦达乡、莽岭乡、索多西乡和江对岸的几个村子。笔者浏览了一下卫生院的登记簿，朱珠差不多一天要看 30～50 个病人。问起有关医药费报销的规定，他回答得一清二楚，因为他负责从县卫生局领药、开处方、填写医药费用减免登记表，以及去县里结算。朱珠借用嘎托乡患者尼玛次仁的就诊手册向笔者解说，按人头计算，每个参加合作医疗的人一年的医疗基金总额有 90 元，其中 60%（54 元／人）划入家庭账户。在卫生院看门诊的费用在家庭账户里核销；在卫生院住院的费用免收 70%，同时在家庭账户上核销 30%。谈到这里，朱珠又拿来一叠处方笺、医药收据和相应的费用减免登记表，指点给笔者说，他必须定期带上这类单据和记录，去县城跟卫生局结算。病人在卫生院看病的费用，不用直接去卫生局报销。朱珠认为，这样做方便了老百姓，是件好事，只不过大大增加了卫生院的工作量，以至于他不得不白天看病人，晚上填写登记表，一年四季忙个不停。

（本文曾发表于《卫生经济研究》2006 年第 2 期）

第五章　藏区农牧家庭的
儿童营养和健康[*]

朱　玲

一　问题的提出

　　营养和健康是儿童成长状况的决定性因素，也是儿童早期发展与人类发展的一个连接点（Van der Gaag，2011）。如果能在个人生命形成之时，保证孕妇和胎儿获得充足的营养，并采用良好的婴幼儿抚养方式和防病措施，就能降低儿童患病率、死亡率，同时减少营养不良和发育迟缓率。这样的儿童到成年的时候，将不但具有良好的身高、体重、认知能力及非认知能力（性格和情感），而且会较少地面临罹患慢性病的风险。这将有助于增强整个社会的劳动力素质，并提高就业者的出勤率和收入，因而也有益于经济增长。

　　20世纪80年代以来，这些知识和信息在自然科学和社会科学以及交叉学科的研究中逐渐得到证明。21世纪伊始，国际发展组织和不同学科的学者，为了阻止贫困的代际传递，对包括营养、健康和教育因素在内的儿童早期发展，进一步加大了政策研究和实施力度。[①]　相形之下，中国政府和营养学家之外的多数学者对营养和健康问题的关注程度，远不似对教育那样强烈。所幸在卫生机构、营养学家和扶贫工作者的推动下，这种情形自"十二五"规划

---

　　*　在本专题研究过程中，邓曲恒、赵晨曾提供文献，陈春明、罗容战堆、旦增伦珠、旺丹和扎洛曾参与讨论，在此谨表谢意。
　　①　参见世界银行网页：Why Invest in Early Child Development（ECD），http：//web. worldbank. org/WBSITE/EXTERNAL/TOPICS/EXTCY/EXTECD/0,, contentMDK：20207747 ~ menuPK：527098 ~ pagePK：148956 ~ piPK：216618 ~theSitePK：344939，00. html，2012年11月17日。

开局之时即发生明显改观。从 2012 年春季学期开始，中央政府在连片特困地区的 669 个县实施农村义务教育阶段营养改善计划，覆盖中小学生 2600 万人。同年末，又启动了农村贫困地区儿童营养干预试点项目，在 8 个连片特困地区（涉及 10 个省/区的 100 个县），为 6~24 个月的儿童提供营养补助。[①]

与上述背景相关，以往 30 年间中国学者对藏区儿童营养和健康状况的研究也相对薄弱。中国疾病预防控制中心（原中国预防科学院）的营养学家对城乡儿童营养状况曾做过多次抽样调查，还对贫困农村儿童施以营养干预措施和追踪研究，但样本中未包括西藏农牧区（陈春明等，2010；Chen, et al., 2010）。在中国发展研究基金会组织实施的儿童发展项目中，只有青海的乐都县（项目区之一）含有藏族家庭（郝志荣，2012）。中国藏学研究中心的学者罗荣战堆曾于 2000 年和 2010 年两度走访西藏山南地区、拉萨市和日喀则地区的乡村小学 10 所，并测量了在校生中 10 岁儿童的身高和体重，两个年份的样本总量皆为将近 300 名小学生。2010 年的测量结果显示，被测儿童的平均身高为 125.6 厘米，平均体重为 23.5 公斤。与 2000 年的结果相比，平均每个孩子的身高增长了 5 厘米，体重增加了近 2.5 公斤。[②] 遗憾的是，测量记录未含性别信息，调查者至今还未发表专题统计分析结果。2010 年，昌都地区妇幼卫生系统曾调查 5 岁以下儿童 3887 人，但未区分儿童的城乡所属和性别。该报告未列出计算方法，样本儿童的生长迟缓率统计缺失。仅就行文来看，儿童低体重率低于相近年份全国贫困农村的平均水平。[③] 由于拿不到原始数据，笔者很难判断该统计的准确性。

---

① 范小建：《在"第三届反贫困和儿童发展国际研讨会"开幕式上的致辞》，北京，2012 年 10 月 18 日。

② 关于此项西藏儿童身高、体重调查，笔者曾向罗荣战堆索取了调查表和测量结果。对此，《人民日报》记者也曾报道，但其中对儿童体重变化的数据报道有误。参见人民网《藏族研究员罗绒战堆：西藏民生改善之快前所未有》，2012 年 08 月 13 日，http://xz.people.com.cn/n/2012/0813/c138901－17351477.html，2013 年 3 月 3 日。

③ 《昌都地区 2010 妇幼卫生年报数据分析报告》中有以下陈述："5 岁以下儿童营养不良（应为营养状况——笔者注）实查人数 3887 人，其中体重中位数 -2SD 人数 201 人，营养不良患病率 5.17%，与 2009 年 2.34% 相比上升了 2.83 个百分点。"（报告来源：昌都地区卫生局，2011 年 3 月 2 日）根据世界卫生组织（WHO）的标准，儿童营养状况指标值 $Z = (W - RM)/SD$。其中 W 为观测样本的身高或体重，RM 为 WHO 参考标准（身高或体重的中位数），SD 为 WHO 参考标准（身高或体重）的标准差。据此计算，2009 年全国农村贫困地区 5 岁以下儿童的低体重率为 6.6%，生长迟缓率为 18.3%（陈春明等，2010）。

值得注意的是，20 世纪 90 年代中期以来，国外学者通过与藏区医务人员合作，发表了以下有关西藏及青海藏区儿童营养和健康状况的抽样调查分析结果。

其一，居住区位海拔对儿童营养状况的影响。1994～1995 年，Nancy Harris 等人与西藏自治区的医务人员合作，在五个地区的 11 个县对 2078 名 0～84 个月（0～7 岁）儿童的父母做问卷调查。结果显示，儿童生长迟缓率高达 51%。通过比较抽样乡镇的区位，Harris 等人判断，儿童营养不足的现象与海拔的联系并不显著，而与社区医疗条件高度相关。例如，在 24 个月（2 岁）及以上年龄组的儿童当中，城市儿童的生长迟缓率为 35%，农牧区儿童则为 60%（Harris, et al., 2001）。

不过，西安交通大学医学院与日本德岛大学（University of Tokushima）的学者认为，根据他们 1999 年在西藏 29 个县 145 个乡的调查，海拔是影响该地区儿童体格发育的重要因素，而且对身高的影响尤为明显。其统计结果表明，在 1655 名 3 岁以下的抽样儿童当中，生长迟缓率和低体重率分别为 39.0% 和 23.7%；这两项指标值在城市分别为 25.3% 和 18.1%，在农村分别为 41.4% 和 24.7%，其中牧区儿童的生长迟缓率和低体重率还高于农区（Dang, et al., 2004；2008）。其实，海拔高度可视为影响儿童营养和健康状况的亚变量。它反映的事实在于，城市、农区和牧区处于依次上升的高度，居住位置越高的社群，通常面临的自然环境越严酷，基础设施和包括医疗保健在内的社会服务也越薄弱。

其二，影响儿童营养和健康状况的社会经济因素。（1）孕产妇保健。2004 年，Mary Wellhoner 等与青海省玉树县妇幼保健院合作，对小苏莽乡的 402 位育龄妇女做了问卷调查。结论是，当地孕产妇和初生儿在获得制度化的保健服务方面困难重重，从而导致较高的产妇死亡率和婴儿死亡率（Wellhoner, et al., 2011）。（2）儿童喂养方式。西安交通大学和日本学者 1999 年对西藏儿童进行的抽样调查，包括了母亲问卷。1655 位母亲的回答显示，哺乳期一般为 26 个月。纯母乳喂养期为 4 个月的占 20.1%，其余的母亲从婴儿出生 1 个月起即给孩子添加糌粑糊。到婴儿 6 个月时，对其喂食鸡蛋和肉食的母亲还不到 25%，添加新鲜蔬菜者大约为 20%。这些学者据此断定，农牧区儿童喂养方式的明显弊病在于辅食单一（Dang, et al., 2005）。（3）生存环境和健康服务等综合因素。2003 年，Kunchok

Gyaltsen 等在青海藏区的两个县里，选择了两个乡 10 个村，共走访育龄妇女 280 位，对她们的社会经济特征、家居条件、社区环境、医疗保健服务和育儿方式做了调查。Gyaltsen 等人发现，腹泻和呼吸道感染是当地儿童特别是营养不良儿童的常见疾病，在卫生习惯和排污条件较差的地方更是如此。他们同样强调，孕产妇保健服务不足是导致婴儿和孕产妇死亡的主要原因（Gyaltsen，et al.，2007）。

这些抽样调查结果，从不同侧面反映了 1994～2003 年的藏区儿童营养健康状况及其决定因素。此后，中央政府在全国农村实施了一系列重大公共卫生项目及民生建设工程。与此相关，藏区的社会经济环境也发生了显著的改变。这无疑会对儿童的营养和健康产生直接或间接的影响，然而迄今能够搜集到的文献表明，这一领域的政策干预及其影响尚未得到研究者的充分关注。此外，现有的抽样调查报告未含深度访谈信息，而只是数据统计和研究者的解释。主导农牧民行为的思想及其他影响因素，从中皆不得而知。这就无形中减弱了此类研究成果的政策含义。

鉴于此，本章将基于笔者 2011 年在西藏贡觉县、江达县和四川德格县的调研，着重讨论以下三个焦点问题：第一，孕产妇保健项目对改善妇幼卫生服务发挥了怎样的作用？第二，婴幼儿喂养方式是否已随着农牧民生活状况的改变而发生变化？第三，小学免费供餐对在校儿童的饮食健康产生了怎样的影响？对这些问题的回答，意味着观察和评估相关公共政策及项目的执行情况，并提出有针对性的备选方案。出于这个目的，笔者主要采取案例研究方法，在 2011 年 8 月实地调查期间，走访了西藏昌都地区行署卫生局，3 个调研县的卫生局和县医院，5 所乡镇卫生院，3 个乡镇小学食堂及厨房，6 个村委会及村里的卫生员、藏医、孕期和哺乳期妇女及其家人，收集了有关孕产妇保健以及 0～13 岁儿童营养和健康状况的信息。2005 年，笔者也曾在西藏昌都地区和四川省甘孜藏族自治州做过卫生服务调查，从中积累的第一手资料，在必要时还可作为参照。

以下讨论将集中于孕产妇、0～2 岁儿童和小学生营养及健康改善，原因是针对这几个群体均有正在实施的公共政策和项目，便于评估和讨论。3～6 岁儿童的营养和健康项目，通常在幼儿园和学前班实施，但这些服务设施目前在农牧村庄尚属空白。然而，即便今后设立 3～6 岁年龄段的项目，如今有关健康促进项目的评估和讨论对其也不乏借鉴意义。

二　孕产妇的营养干预和健康服务

世界卫生组织 2007 年发布的一份研究报告指出，儿童需要合适的营养条件才能生存下来。当胎儿在母体里孕育时，母亲就应该获得充足的营养（Siddiqi, et al. , 2007）。中国卫生部 2012 年发布的《中国 0 ~ 6 岁儿童营养发展报告》也强调，在人类的生命周期中，生命最初的 1000 天，即从怀孕到 2 岁期间的母婴营养影响人一生的健康。这一时期营养不良带给儿童的危害，既不可逆转也不可弥补。近期危害表现为体格和智力发育迟缓，患病率和死亡率增加；远期危害表现为智力发育滞后，学习和工作能力下降，患心血管疾病、糖尿病、高血压等慢性病的风险增加（中华人民共和国卫生部，2012）。与此相关，妇女孕产期的保健服务不但有助于保证儿童有一个良好的生命开端，而且能够有效地降低母婴死亡率。

2000 年，中国的孕产妇系统管理项目开始实施，简称"降消项目"，因为目标是降低孕产妇死亡率和消除新生儿破伤风。在此项目下，农村妇女住院分娩平均可获得 500 元的补助。自 2009 年起，出生缺陷预防被列入国家重大公共卫生服务项目。项目为农村妇女在孕前 3 个月和孕早期 3 个月期间免费增补叶酸，目的是预防胎儿神经管缺陷。在西藏农牧区，项目还免费供给维生素 A 胶丸。2011 年，卫生部颁布的《孕产期保健工作管理办法》涵盖了这两个项目的全部服务内容。[①] 国际上的实践表明，这些服务能够有效降低母婴死亡率和减少出生缺陷，并进而通过提高人口素质，切断贫困的代际传递。对于中国的农牧户特别是贫困户，免费和补助孕产妇服务利用的措施，无疑也是显而易见的福利。可是，藏区农牧民对此反应并不积极（朱玲，2008）。这种看似反常的现象，与知识、信息和服务的供给不到位直接相关。

第一，农牧区的孕产妇保健服务尚未完全抵达目标人群。笔者在调研中看到，免费营养素和相关宣传材料都已下发到乡镇卫生院。在毗邻国道

---

① 中华人民共和国卫生部：《孕产期保健工作管理办法》和《孕产期保健工作规范》，2011 年 6 月 23 日，http：//www. moh. gov. cn/mohfybjysqwss/s3581/201107/52320. shtml，2013 年 3 月 14 日。

的乡镇及村庄，一些孕产妇享用过免费药品。可是在远离交通要道的地方，提起免费补充营养素，孕妇及其家人大多一脸茫然，言及没听说过。问到产妇分娩问题，多数受访者回答，她们在自家住房（或帐篷），由家人、亲戚或邻家妇女接生。其中一位 34 岁的妇女，曾 3 次在家分娩，由丈夫用细绳扎断脐带，以致出血过多，至今身体虚弱不能参加户外劳动。还有一位受访者的妻子，2010 年生产时用未消毒的藏刀自行切割脐带，产后不到 1 个月就因并发症死亡。此外，产前检查和产后访视尚未普及，家庭消毒接生亦未推广。调研地区的卫生统计也表明，孕产妇保健服务尚未抵达多数政策对象。以住院分娩为例，2010 年，西藏昌都地区的孕产妇住院分娩率为 47.4%，四川甘孜藏族自治州德格县的农村孕产妇住院分娩率为 39.8%。很明显，将药品和服务分配到乡镇卫生院，正可谓"行百里者半九十"。为了确保所有孕产妇获得必要的保健服务，边远地区的政府和公共卫生机构还有很长的路程要走。

第二，信息传播力度不足。在这几个调研县，针对农牧户的母婴健康知识宣传和信息服务显著薄弱。首先，信息传播覆盖面漏洞较大。"降消项目"和出生缺陷预防项目包含的知识和服务信息，一方面以悬挂横幅标语和发放传单的形式，于主题宣传日在县城或在节日集会地点传播；另一方面，通过在乡镇卫生院悬挂招贴画来展示。这些做法固然有用，但对于目标受众，明显带有偶然性。"不在场者"很可能被宣传所遗漏。

其次，信息传播方式多半与目标受众的偏好和接受能力不匹配。例如，卫生院里张贴的预防鼠疫和艾滋病的招贴画上都有藏文说明，有关优生优育的宣传画上却只有汉语。边远藏区的农牧民藏文阅读尚且困难，就更谈不上汉语识字了。受访的卫生院医务人员解释，如果来就诊的人询问宣传画的内容，他们会予以讲解。如此一来，未询问者就可能会落入信息盲区。

再次，关联信息的传播被忽略。新农合（即新型农村合作医疗制度，在西藏称为农牧区医疗制度）在调研县均已普及，① 其中有关孕产妇医药

---

① 2010 年，西藏农牧区医疗制度筹资标准为年人均 260 元，四川甘孜州德格县新农合的筹资标准为年人均 130 元。两地的缴费规定都是农牧户每人交纳 20 元，其余皆为政府补贴。此外，贫困户"参合"（即参保）由民政部门代为缴费。本章涉及的 3 个调研县的参合率（参保率）都在 90% 以上。

费用报销的条款，与这项保健服务的供给和需求直接相关。可是，一些关键信息在自上而下的传达过程中流失。笔者注意到，西藏自治区政府颁布的管理办法中规定，医疗机构若在农牧民家庭提供消毒接生服务，发生的医药费可由产妇家庭签字证明，定期与医管办结算。这对于那些住地远离县乡卫生机构的农牧户，是一项因地制宜的福利安排。但在昌都地区的实施细则中，此项规定已被略去。另外，还有一些近期补充条例也未传达到村户。而这些条例，恰恰是足以影响农牧民决策的重要信息。例如，低保户的产妇若住院分娩，除了一般规定的医药费用报销及产妇和护送人员奖励以外，还可依据其分娩状况，得到 100～500 元的补助金。

不过，一些获得了部分信息的家庭，还是利用了相应的单项服务。贡觉县哈加乡一位怀孕 9 个月的妇女叙述，为怀孕不适的问题，她曾请僧人打卦，喇嘛说应当去医院检查，她就去县医院妇产科检查了一次，最终确诊胎位不正。江达县同普乡的一位孕妇说，她因腹痛看过村医，听从村医（由村主任兼任）的建议，去县医院检查过两次。村医还曾给她 2～3 次营养药（村医解释，那就是预防出生缺陷的免费药），均已服用。为了确定生产地点，她去瓦拉寺看过卦，活佛说应当去医院分娩。所以，家里人已经准备护送她去县医院。这些案例显示，藏区农牧孕产妇及其家庭在决策之前，会向自己信服的人士寻求信息。不难设想，只有将保健知识和信息完整地传递到户，才有可能引导他们利用全套的孕产妇保健服务。

第三，卫生服务管理不到位。信息传递不到位，实质上是卫生服务管理不到位的一个表现。对此，调研县的卫生局长主要强调以下理由：第一，农牧民居住分散，基层卫生人员配备不足。第二，高海拔地区生活条件艰苦，卫生人员待遇低，人才流失严重。若要严格管理，那就更留不住人了。

其实，这些现状并非不可改变。一方面，医学院校毕业的藏族专业人才越来越多地进入乡镇卫生院，从整体上提高了基层卫生队伍的医术水平。藏区就业机会难得，公共部门的工资水平远高于其他地区，这些"新人"实际上很珍惜这份收入稳定的工作。另一方面，通过财政转移支付，藏区的基础设施和公共服务投资逐年增加，卫生经费也是如此。医疗服务机构的房屋和设备等硬件设施都有实质性的改善。

如今，亟待改进的是卫生服务管理，扭转卫生人员激励不足的状况。

事实上，一些优秀人才离去的一个重要原因，是对奖罚不明、干好干坏一个样的现状不满。这个问题的症结之一，是县级卫生官员多从乡镇行政干部直接提拔，未经必要的转岗培训。因此，他们既欠缺卫生行业的管理经验，又对外地行之有效的精细管理做法不够了解。例如，这些受访官员对于分解和量化公共卫生服务，依据到户服务的质量支付卫生人员报酬和津贴的做法，均缺少概念。

因此，为了改进农牧妇女的孕产期保健管理，有必要采取以下措施。

一是将县乡卫生官员的管理能力培训，作为援藏项目的重要内容。这其中，成功的孕产妇保健管理经验可作为案例教学的一个重点。例如，中国扶贫基金会在云南山区实施的母婴平安项目，通过三级妇幼保健网确保服务到户；浙江淳安县乡镇卫生院医生分片签约住户，作为家庭医生定期巡回访视；等等。

二是把母婴健康管理落实到户，纳入基层卫生机构和卫生人员考核指标。对于服务供给人员，除了予以工作津贴外，还需补贴交通工具（如摩托）维修费用和燃料费用。

三是整合计划生育和妇幼保健服务。调研县卫生局和计生委机构虽已合并，可两个系统的宣传和服务活动还是"两张皮"。计划生育经费和流动服务设备相对充足，医疗卫生机构技术服务力量较强，如能在基层整合，必可形成互补效应。

四是吸纳村委会干部参与保健知识和信息宣传，并补助活动经费。

三 婴幼儿喂养问题

2002 年第 55 届世界卫生大会通过的《婴幼儿喂养全球战略》指出，每年 5 岁以下的儿童死亡总数达 1090 万，其中 60% 直接或间接地由营养不良造成。特别是，2/3 以上的死亡案例与婴儿出生第一年不适当的喂食方式有关。这一是表现在纯母乳喂养缺失或时段过短，二是辅食添加过早或过迟，以及辅食营养不足和不安全。《婴幼儿喂养全球战略》强调，在婴儿出生后的头 6 个月，将母乳作为婴儿唯一的食物和饮料。在这段时间内，婴儿不需要添加其他的食物和汤水，甚至是水。6 个月后，为满足其不断发展的营养需求，婴儿应当在接受母乳喂养的同时，摄入营养充足和安全的补充食物直到 2 岁或以上。大会要求各成员国实施该战略，确保所有婴幼儿获得最佳喂养，减少营养不良及其相关疾病风险（World Health Organization and UNICEF，2003）。2012 年的第 65 届世界卫生大会又通过了孕产妇和婴幼儿营养全面实施计划，进一步要求各成员国将改善儿童营养提升为国家战略，并纳入国家总体发展规划。①

中国政府不但积极参与世界卫生大会的决议讨论和表决过程，而且还根据本国的研究成果和实践，由卫生部发布了《婴幼儿喂养策略》（卫生部，2007）。该文件论证，母乳能提供 6 个月内婴儿所需的全部营养。母乳中含有丰富的抗感染物质，纯母乳喂养的婴儿发生腹泻、呼吸道及皮肤感染的概率较低。母乳中还含有婴儿大脑发育所必需的各种氨基酸。母亲在哺乳过程中的声音、拥抱和肌肤的接触，能刺激婴儿的大脑反射，促进婴儿早期智力发展，也有利于促进其心理发育和外界适应能力的提高。对母亲而言，母乳喂养还有利于产后康复。为此，《婴幼儿喂养策略》一方面强调，通过设立爱婴医院标准和健康教育渠道，推广 6 个月内婴儿纯母乳喂养方式；另一方面还倡导，通过岗前和在职培训，增加医疗保健人员有关婴儿辅食添加、继续母乳喂养、特殊婴儿喂养等知识和技能，指导家长对 6 个月以上婴儿合理添加辅助食品。

本节即以此为基准来考察藏区农牧家庭的儿童喂养方式。据 1999 年的一项西藏妇幼抽样调查，大约有 80% 的哺乳期妇女从婴儿出生 1 个月起，即给孩子添加糌粑糊。② 那么 10 年之后，这种现象是否有所改观呢？据昌都地区卫生局 2011 年的数据分析报告，妇幼保健系统 2010 年调查哺乳期妇女 4066 人，对 6 个月以内婴儿采用母乳喂养者达 94.7%（3849 人），纯母乳喂养者占 50.1%（2038 人）。③ 如此看来，纯母乳喂养方式的比重比 10 年前有了明显的提高。不过，在笔者访问的农牧妇女当中，多数还延续着农牧村庄传统的婴幼儿喂养方法。

① 第 65 届世界卫生大会：《孕产妇和婴幼儿营养》，2012 年 6 月，http：// www. moh. gov. cn/wsb/01100214/201206/55094/files/e3b7441a4a274b0686b40bef9a8c7ca0. pdf，2013 年 3 月 15 日。

② Dang, S., H. Yan, S. Yamamoto, X. Wang and L. Zeng, "Feeding Practice among Younger Tibetan Children Living at High Altitudes", *European Journal of Clinical Nutrition*, 2005, No. 59, pp. 1022 – 1029.

③ 昌都地区卫生局：《昌都地区 2010 妇幼卫生年报数据分析报告》，2011 年 3 月 2 日。

受访妇女的哺乳期长短，一般视两个胎次之间相隔的时段而定。贡觉县沙东乡一位年届 40 的孕妇谈到，她已生育 4 胎，其中死亡 1 胎。给每个孩子喂奶 2 年，当他们 2 个月大的时候就添加糌粑，1 岁时添加肉食。哈加乡一位同龄的妇女讲道，她给每个孩子都喂奶，大女儿 1 岁断奶，小儿子 4～5 岁才断奶。不过在孩子出生不久，她就给添加糌粑、酥油和牛奶。笔者在访谈时曾追问，婴儿如何咽得下糌粑？受访妇女和周围的老乡便争相用手比画着回答，大人（通常是祖父母）先在嘴里将糌粑嚼碎了，再用手指抹出喂小孩。一天喂三四次，最初每次喂一两口。婴儿月龄增加，喂食量也随之增大。孩子长到两岁多时，就和大人一样自己吃糌粑。而且，每顿饭大人吃什么，他们就吃什么。至于 6 个月以下的婴儿用纯母乳喂养和 6 个月后添加辅食的说法，受访者的反应或是"不知道"，或是"没听说过"。

笔者在江达和德格获得的信息，与此大致相同。只不过生活环境和收入状况较好的家庭，给婴儿添加的辅食也相对丰富。江达县同普乡位于317 国道旁，距离县城 20 多公里，附近的瓦拉寺经营往返班车，单程票价12 元，乡民去县里购物办事都比较方便。该乡夏沃村有位 29 岁的孕妇，家里三代同堂，10 口人当中有 4 人在外教书或打工，因而带来稳定的现金收入。她的女儿 3～4 个月时，家里就给添加牛奶、糌粑、酥油、蔬菜和肉食。在德格县城 40 公里以远的白垭乡冷茶村，卫生员的女儿和女婿外出打工，他的外孙和外孙女因而自 6 个月起即断奶，每日膳食也是这 5 种。

对照卫生部的《婴儿喂养策略》，不难发现农牧家庭的婴儿喂养方式明显地存在三个问题。第一，纯母乳喂养时间过短，辅食添加过早。第二，通过成人咀嚼喂食婴儿，具有将传染病带给孩子的风险。第三，在食品生产单一而且距离市场较远的地方，辅食多样性不足。前两个问题与妇女及其家人缺少现代喂养知识直接相关。接受笔者访谈的人家几乎不约而同地言道，祖祖辈辈都是这么喂养孩子的。针对过早添加辅食的问题，笔者回京后还曾求教于几位藏族学者，答案可谓众说纷纭。

其一，如果母乳充足，一般不会在婴儿半岁之前添加糌粑糊糊，但一定会添加酥油。藏族人视酥油为特别有营养的食物，却不易消化，因而将其用糌粑和茶水稀释后喂食婴儿。

其二，糌粑混合酥油茶可以预防婴儿腹胀和腹泻，与母亲是否奶水充足无关。成人咀嚼肉食喂给婴儿是传统习惯，他们自己和子女都曾这样被喂食。

其三，糌粑糊糊是暖性食品，有营养，易消化，而且是农牧村庄仅有的适合幼儿的辅食。

这些回答明显地出于传统经验，而且受访者多半还不大清楚"纯母乳喂养"与"母乳喂养"之间的概念区别。笔者就他们的说法又进一步请教中国疾病预防控制中心的营养学家陈春明教授。对此，她给予了明确的答复：第一，婴儿6个月前的纯母乳喂养，可以保证全面而又安全的营养供给。在此之前添加辅食，不利于儿童消化系统的正常发育，甚至损害其消化功能和增大死亡风险。第二，农牧村庄传统的喂食方式既不安全，营养也不充足。对此，江达县波罗乡一位藏医的陈述可以作为一个佐证。他说，当地儿童最常见的疾病是哺乳期消化不良。进一步讲，喂养方式不当还能够部分地解释，农牧区儿童的低体重率和生长迟缓率何以远高于全国平均水平。1998年，全国农村5岁以下儿童的低体重率和生长迟缓率分别为9.8%和27.9%（陈春明等，2010）。与此相对照，1999年，西藏农牧区3岁以下儿童的低体重率和生长迟缓率分别为24.7%和41.4%（Dang, et al.，2004；2008）。

根据上述信息，我们还可以尝试做以下推断。在久远的过去，藏区食品无保障，妇女普遍营养不良，哺乳伊始就不能满足婴儿所需，故而不得不添加成人食品。长此以往，这种喂养方式便转化为习俗，以至于年轻父母不再考虑母乳是否充足，便为3~4个月甚至更小的孩子添加辅食。结果导致婴儿常患腹泻，有的甚至因此而死亡。可是，恰恰由于农牧民对传统喂养方式已司空见惯、习以为常，也就不大会把婴幼儿肠胃疾病及与之相关的死亡案例归因于喂养不当。出于同样的原因，传统喂养方式对婴幼儿生存和发育的危害，也未引起农牧区地方政府和卫生机构的足够关注。

鉴于孕产妇和哺乳期妇女的膳食直接影响婴儿的营养和健康，笔者在农牧家庭调查时也就此话题多方询问。得到的信息是，她们不存在食品量不足的问题，但膳食多样化程度，主要取决于自产食品种类、家庭经济状况以及与最近的食品市场（通常是县城）的距离。例如，贡觉县沙东乡格罗村距县城140多公里，车况优良的越野车车程为3个多小时。该村以种植业为主，每家房屋周围种有蔬菜。村里的一位孕妇说，孕产期和哺乳期都是食用酥油和糌粑，很少吃到肉，天气暖和的时候才有菜吃。

德格县玉隆乡白日二村的妇女博嘎（化名）一边哺乳一边告诉笔者，怀里的第六子刚出生 3 个月，她在怀孕期间最多比家人多喝点儿牛肉汤。家里是低保户，用低保金从附近的马尼干戈集镇买糌粑粉、酥油、牛肉和蔬菜。相形之下，江达县同普乡那个大户人家的孕妇就要幸运得多。家里平时的膳食包括酥油煮糌粑、米饭、土豆、白菜，间或还有牛肉。从她怀孕时起，为其添加鸡肉、鸡汤、牛肉汤和鱼汤。问起购买添加的食物大约花多少钱，她咬着一条青稞秆儿笑而不答。原来，这家的财务总管是公公（59 岁）。他在一旁答道："大约 2000 元。"

综上所述，在农牧家庭的婴儿喂养过程中，纯母乳喂养期过短以及辅食营养不足和不安全的情况还普遍存在。由于此类育婴行为与藏族基层社会的传统习惯密切相关，若要促其发生实质性的改变，就不但需要对孕产期和哺乳期妇女实行一对一、面对面的指导，而且要将健康教育服务递送到她的家人。特别是，将营养和健康知识纳入中小学卫生课程。从下一代开始，培养有关儿童早期发展的观念。这一切，都将有赖于公共卫生机构的细致、扎实而又有效的上门服务。

从 2010 年的妇幼卫生统计数据来看，昌都地区 0~7 岁的儿童保健管理率已达 62.6%，新生儿访视率达 57%。但就《婴儿喂养策略》所含知识和信息的传播以及落实情况来看，农牧区儿童保健管理的有效性不佳。2012 年，藏区卫生部门已开始强化儿童健康管理。例如西藏自治区卫生厅要求，新生儿探访至少 2 次，儿童保健 1 岁以内至少 4 次。服务内容包括体格检查和生长发育监测及评价，开展母乳喂养、辅食添加、心理行为发育、意外伤害预防、常见病防治等健康指导。[①] 现在的问题是，采用什么样的激励机制，保证基层卫生人员将这些要求付诸行动，并促进目标人群改变行为。这与改进妇女孕产期保健服务所要解决的问题是一样的，因此，上节提出的政策措施在这里也同样适用。

鉴于边远村庄的哺乳期妇女和 6 个月以上的婴儿在营养添加方面均无保障，为了从贫困群体的生命开端进行人力资本投资，以便切断贫穷的代

---

① 人民网：《西藏今年将为孕产妇及 5 岁以下儿童建立保健手册》，2012 年 4 月 28 日，http：//xz. people. com. cn/n/2012/0428/c138901 - 16991302. html，2013 年 3 月 18 日。

际传递，有必要将这两个群体都纳入营养包发放项目。发放期间，以目标群体的最佳干预时段为限，即为6个月以下婴儿哺乳的妇女和6个月以上至24月龄的儿童。当然，这种措施的有效性，依然取决于公共卫生系统激励机制的改进和卫生行政部门的精细化管理。舍此前提，即使投入再多的财政资源，也难达到预期的政策目标。

四　小学供餐管理

中小学免费供餐，是笔者在调研中听到赞扬声最多的政策之一。2005年，课题组曾在昌都地区目睹县政府官员分片包干，会同乡政府工作人员和村干部，走村串户说服家长应允适龄儿童入学。可见，虽然那时西藏已经实行免费教育，但要激发教育需求是何其不易。2010年，西藏的小学适龄儿童入学率已接近100%（少数儿童去寺院学佛），这必定是因为义务教育政策已经生效。政府对在校生实行包吃、包住和包学费政策，无异于降低了农牧民家庭的儿童抚养成本。尤其是，如今学校的伙食质量优于农牧民家庭，无形中增添了对儿童入学的吸引力。这种现象与现有的国际经验相仿，学校供餐项目不但有助于提高学生的出勤率、认知能力和学习成绩，而且有益于改善儿童营养和健康，因而是一项具有长期收益的人力资本投资（邦迪等，2010）。2011年，笔者在走访乡镇小学食堂时，主要关注了以下几个方面。

第一，儿童饮食卫生和食品安全。农牧区附有食堂的小学校，都是具有寄宿条件的乡镇中心小学。校舍几乎皆为新建，距离卫生院不远。德格县白垭乡的卫生员每天到相邻的小学食堂检查食品卫生。笔者由他陪同先后走访了炊事员白珍（43岁）和校长邹先生。该校的厨房整洁敞亮，灶台和工作台都贴了白瓷砖，亮锃锃的不锈钢厨具如蒸锅、烧水壶、开水桶和大小盆勺摆放有序。饭碗等餐具置于收纳箱，饮水的缸子放在消毒柜里。在与厨房一墙之隔的餐厅，摆放的桌椅如同快餐店的器具。西藏贡觉县哈加乡中心小学的食堂虽然整洁程度差些，但硬件装备较多。除了上述厨房设备外，还有不锈钢蒸笼和电动酥油茶搅拌机。此外，餐厅里摆放了1台电视机，很让小学生引以自豪。

与一般农牧民的家庭厨房相比，学校厨房的卫生条件也堪称优良。厨房和食堂内外都有自来水，既方便炊事员操作，又方便孩子洗手。下课铃一响，就有学生奔向水龙头饮水。笔者曾问校长，学生为何不喝开水喝生水。他说这是在家养成的习惯，扭转不过来。全校 60 多个学生（40 多个住校生，20 多个走读生），每学期有 4~5 个腹泻的，另外还有一些患感冒。学生一旦有病，学校立即将其送卫生院。如果加重，就打电话通知家长领走。现在村子里不少人家都有电话，总能通知得到。

第二，学生膳食多样性。食堂门口有一块小黑板，上书三餐食谱。走访炊事员白珍时，她和助手已备好午餐，是新蒸的大米饭及鲜肉、莴笋、土豆和白菜混在一起的大烩菜。她介绍说，每天早晨 6 点起床给学生烧开水，准备早餐。早饭是酥油、糌粑、奶茶（添加的是城市常见的盒装纯牛奶）；中午做大米饭和炒菜；晚餐通常是煮挂面、揪面片或者煮稀饭，把中午吃剩下的菜混合进去。晚上 9 点，再给学生烧一次热水，用于他们洗脸洗脚。

学校的食谱明显地比农牧民家庭的丰富多样，问到的小学生也都说学校的饭好吃。餐厅的墙柱上写有"一粒米千滴汗，粒粒粮食汗珠换"和"水是生命之源，请节约用水"等标语。可在厨房一角的小水桶里，学生扔掉的馒头、米饭和菜肴有多半桶。笔者拍下照片给校长看，问他如何设法避免浪费。校长答道："食堂里的饭学生尽饱吃，不交钱，所以常有浪费。除了教育，还没有别的办法。"

第二，食品采购经费公示制度。藏区冬季寒冷，所以小学的寒假有 ? 个月，暑假有 1 个月，每年供餐时间大约 9 个月。3 个调研县的教育局都制定了食品采购、保管和消费制度，金沙江两岸乡镇小学的执行情况大同小异。据白垭乡小学的邹校长介绍，中央、四川省和甘孜州政府共同向藏区小学提供伙食经费，每个学生每月 120 元。县教育局统一采购大米、白面、食用油和佐料，各个学校分别采购肉食和蔬菜。大米 2010 年 1.7 元/斤，2011 年 1.92 元/斤。他忘记了 2010 年的白面价格，2011 年的价格是 1.8 元/斤。学校有位教师负责粮食保管和出纳，校长自己管采购，炊事员只是领料做饭。

肉食和蔬菜多来自四川内地。贡觉县哈加乡曾利用扶贫贷款建大棚，聘用四川农民带领当地的迁移户种菜。在此期间，学校便能就近采购。2011 年四川师傅没有再来，当地的迁移农民又未学会独立栽种细菜，学校和周围的村民只能到县里采购四川运来的副食。德格县玉隆乡的住户原为牧民，本就不会种菜，学校的副食都是到马尼干戈集市上购买的。由于学生膳食中只有糌粑和酥油为本地产品，其膳食多样性靠的是外地食品补充，学校供餐项目对本地食品生产的促进作用极为有限。

学校的经费支出皆采用汉语公示，那学生家长是否看得懂呢？先后受访的校长都言道，家长只关心学生吃什么，并不关心伙食账目，但学校还是会把每个月的账目公布在黑板上。有的学校公布的账目出现赤字，校长给出的解释，是食品价格上涨所致。学校每月到教育局报账，局里正在研究解决方案。

第四，炊事员素质。在调研过的三所乡镇小学，雇用的炊事员有以下共同点：首先，他们多为女性，与学校有或近或远的渊源。哈加乡小学炊事员的前夫和白垭乡小学炊事员的丈夫，曾分别担任代课教师和民办教师；玉隆乡小学的两位炊事员皆为老校长的子女。此类社会联系，无疑是他们能够获得这份工作的重要因素。其次，炊事员多有家庭困难。例如，其中一位是带着两个孩子的单身母亲，受访时还有孕在身。她家是搬迁户，在迁入地没有土地及其他生产资料，除了低保金，她的收入来源就是每月500多元的工资。另一位的丈夫做民办教师30多年，前几年不知为何下岗。既无退休金，又没找到新工作，只好跟她一块儿在乡政府门口开小卖部。家里的独生女在康定读书，每月700元生活费，主要靠她800元的月工资支付。最后，或许正因为家里曾有人教书，她们虽然未曾受过职业培训，其卫生习惯和厨艺都优于一般农牧妇女。此外还需说明的是，这些炊事员持有县卫生部门发放的健康证，而且每年都要按规定参加体检。

第五，营养监测方式。在西藏的两个调研县，笔者未曾搜集到有关学生营养监测的信息。在四川德格县，玉隆乡小学校长介绍，曾为每个学生填写过甘孜州中小学学生信息表，其中包括学生的身高、体重及家庭情况。表格全部上交县教育局，学校未保留信息，教育局也未反馈统计数据。可是，笔者追溯教育局的资料无果，分别搜寻四川省、甘孜州和德格县政府的网页，也未查到线索。可见，学生营养监测尚未制度化。2012年，各级政府着手进一步落实学生营养改善计划，这种状况或许会因此而有所改观。①

---

① 德格县人民政府门户网站：《德格县义务教育学生营养改善计划实施方案》，2012年4月24日，http：//www.dege.gov.cn/dg/nzcms_ show_ news. asp? id =4674&title =德府办发【2012】40号关于印发德格县义务教育学生营养改善计划实施方案的通知，2013年3月24日。

总之，农牧区学校的供餐项目已经制度化。这一制度既得到农牧民的认可，也增添了学生膳食的多样性，对于改善儿童营养和健康以及保证他们完成学业，具有明显的促进作用。项目运行中显露出的缺陷，一是炊事员缺少营养知识和烹饪技能的培训；二是食品采购经费与价格指数挂钩的问题尚未提上政策日程；三是还未建立供餐项目的第三方评估制度；四是学生家长实质上未参与决策和监督。

　　农牧区的小学与城市学校的一个显著区别，在于前者与学生家长生产和生活的处所位于同一个社区。如果以村落为单位，推举学生家长代表参与学校重大事务的讨论和决策，不但可以将学校运行置于社区的有效监督之下，而且有助于向农牧民传播教育和卫生信息以及有关儿童早期发展的知识。邀请家长监督学校供餐项目，即可作为一个起点。2012 年，笔者曾走访台湾地区花莲县和苗栗县的原住民乡村小学，学校附近的村落通过组织家长会的方式，派代表定期参与学校重大事务决策。这种制度属于当地社区自治的组成部分，已经在乡村实行数十年，有效地促进了办学质量的改进和原住民整体受教育水平的提高。这一经验，值得藏区农牧乡镇小学借鉴。

五　讨论和小结

　　在人类的生命周期中，儿童早期发育和成长阶段是能力形成的关键时期和敏感时期。这一期间的营养和健康奠定人一生的发展基础，早期营养不足对个人体能、认知能力及性格与情感造成的损害，到成年也难以修复。自然科学和社会科学的交叉研究成果表明，儿童早期发展阶段的人力资本投资，例如卫生、教育和照护，对于人类发展既是不可或缺的，也是收益最高的。而且，投资的时间点越早，回报率越高。一项长达 40 年的对非裔美国儿童的跟踪研究结果显示，培养学龄前儿童（营养、健康、照护及教育）的投资，年度回报率达 6% ~ 10%，不但高于其在校教育和毕业后在职培训的年度回报率，而且高于同期证券市场的年度回报率（Heckman，et al.，2010）。

　　问题是，第一，贫困儿童的父母未必知晓这些知识和信息。第二，贫困家庭即使在收入增长的情况下，也面临不同支出项目之间的竞争。生存消费支出必然优先于发展投资支出；在投资决策中，短期收益项目必然优先于长期，甚至会为保证前者而牺牲后者。儿童早期发展投资的收益往往到其成年才显而易见，因而在低收入和贫困群体的家庭预算中，很难占据优先位置。第三，儿童早期发展投资一旦延缓，就错过了最佳投资点。况且，贫困本身就对儿童大脑发育、健康、认知能力和个性形成具有长期的负面影响。因此，有必要采取公共行动，动用财政资金，在贫困儿童成长的关键时期投资于他们的营养、健康、教育和照护。这样做，一方面将会在他们的成长过程中，缓解不利的初始条件对其获得发展机会的负面影响；另一方面，在他们初进就业市场之时，有助于促进起点公平从而也就有助于切断贫穷的代际传递。正因为如此，儿童早期发展投资被视为提高社会经济流动性的"预分配"，而非事后补救性的收入再分配（Cunha, et al., 2010）。

中国政府在农牧区实施的孕产妇系统管理项目、婴幼儿喂养策略和小学免费供餐项目，都属于关乎儿童早期发展的公共政策和公共行动。据笔者观察，藏区乡镇小学免费供餐项目的执行质量，明显优于其他两个项目。其主要原因，首先在于组织成本较低。供餐项目的基层执行单位即中心小学，每乡只有一个，每县最多十来个，对于县级管理者即教育局而言，数量不大。加之县里原本就有小学行政管理网络，供餐项目的实施，无非是在现有行政网络的运行中增添一些负荷。其次，涉及的目标群体组织化程度较高。小学生在农牧区居民当中属于求知欲和纪律性最强的群体之一，很容易接受供餐项目。虽然这意味着部分地改变传统的饮食结构，但伙食的明显改善符合学生和家长的共同愿望，因而项目实施中几乎未遭遇任何社会阻力。再次，项目组织机构和实施单位的工作人员，属于农牧区受教育水平最高的群体，对于吸纳和实践学校供餐理念也并无困难。最后，学校本是公共部门的一部分，项目实施中的奖惩机制，对于激励校长和教师努力做好本校供餐工作相对有效。

孕产妇保健项目和婴幼儿喂养策略的实施则不然。首先，项目组织和执行机构面对的是分散居住的单个农牧户，把知识和信息递送到每一个家庭，组织成本远高于学校供餐项目。其次，这两个项目的目标群体为中青年和老年农牧民，特别是其中的育龄妇女。他们多半属于农牧区受教育程度最低的群体，接受新知识本就相对困难，加之还有传统的婴幼儿喂养习惯，若要改变其行为方式，那就不仅需要物资和服务投入，还需附加长期、细致和较高频率的健康教育和促进措施。因此，这类项目不可能像学校供餐那样很快见效。再次，县卫生行政机构的领导和乡镇分管卫生的干部多为非专业人员，进入医疗卫生领域却又培训不足，这本身即项目有效运行的障碍。最后，专业合格程度较低的服务供给队伍，加上系统运行经费不足和激励机制薄弱的因素，导致项目执行质量不佳。

那么，提高项目质量也就需要从多个切入点采取措施。第一，增强政府与基层农牧社会的联系。村委会、村民小组、妇女小组和小学均可视为基层社会组织，将其纳入卫生项目，既可强化卫生服务网络，又能借此密切政府与基层社会的联系。

第二，采用多渠道信息传播方式，确保儿童营养和健康知识递送到户，特别是保证育龄妇女知晓。这些渠道可以是农牧民喜闻乐见的电视节目，也可以是小学生的卫生常识课程，还可以是村民会议或农牧民家里的招贴画。更重要的是，卫生人员在将保健物资（例如营养素或营养包）和服务（例如体检和访视）送上门的同时，对育龄妇女及其家人讲解健康知识。根据国内外已有的研究成果和实践经验可以断言，女性知识水平的提高，必将有益于促进农牧社会的性别平等，因而也必将有益于儿童早期发展状况的改善（世界银行，2012）。

第三，改进卫生机构的激励机制。除了将服务质量与卫生人员的报酬挂钩之外，还需建立包括基层民众意见反馈的卫生系统监测和问责制度。同时，辅之以阶段性的第三方评估，把基于专业化标准所做的卫生服务评估结果，作为衡量卫生部门及行政官员绩效的一个依据。

第四，增大培训项目在援藏计划中的比重，将儿童早期发展知识和信息纳入培训内容。这样，以往的培训对象就需扩大。除了对领导干部和职能局官员加强管理能力和专业知识培训外，还要针对卫生人员、小学教师和炊事员开设培训班，把有关儿童早期发展的知识和信息，传递到这些关键服务人员中间。

第五，由上级政府拨付充足的项目运行经费。这既是确保服务传送到户的财务支持，也是保证儿童早期发展项目可持续的物质基础。为此，可以对青藏高原农牧区的项目运行成本做抽样调查。然后，将统计分析结果与平原地区同类项目的核算方程相对照，为处在不同海拔高度和交通区

排除农牧民的发展障碍

位、具有不同人口密度的县份计量折算系数，或者说为最终制定拨款标准提供依据。

参考文献

昌都地区卫生局：《昌都地区 2010 妇幼卫生年报数据分析报告》，2011。

陈春明、何武、王玉英、邓丽娜：《快速经济发展中的营养》和《全球经济危机下的中国营养状况》，中国疾病预防控制中心食物营养监测项目工作组营养政策研究报告，2010。

郝志荣：《中国农村家庭教育现状分析——基于青海省乐都县的质性研究》，中国发展研究基金会儿童项目研究成果集，2012，第 66 ~ 96 页。

世界银行：《2012 年世界发展报告：性别平等与发展》，清华大学出版社，2012。

唐纳德·邦迪、卡门·布尔巴诺、玛格丽特·格罗什、奥罗·盖里、马修·朱克斯、莱斯利·德雷克：《重新思考学校供餐计划：社会保障网、儿童发展和教育》，杨艳艳、王乐译，崔昕审校，人民出版社，2010。

卫生部：《婴幼儿喂养策略》，2007，http://www.gov.cn/fwxx/jk/2007 - 08/01/content_ 703104. htm，2013 年 3 月 16 日。

中华人民共和国卫生部：《中国 0 ~ 6 岁儿童营养发展报告 (2012)》，2012，http://www. moh. gov. cn/mohbgt/s3582/201205/54990. shtml，2013 年 2 月 22 日。

朱玲：《在生命的起点阻止贫穷的代际传递》，《中国人口科学》2008 年第 1 期。

Van der Gaag J.：《从儿童发展到人类发展》，载杨一鸣主编、刁琳琳审校《从儿童早期发展到人类发展——为儿童的未来投资》，中国发展出版社，2011。

Chen Chunming, Wang Yuying, and Chang Suying, 2010, "Effect of In-Home Fortification of Complementary Feeding on Intellectual Development of Chinese Children", *Biomedical and Environmental Sciences* 23, pp. 83 - 91.

Cunha, F., J. J. Heckman, and S. M. Schennach, 2010, "Estimating the Technology of Cognitive and Noncognitive Skill Formation", *Econometrica*, Vol. 78, No. 3, pp. 883 - 931.

Dang, S., H. Yan, S. Yamamoto, X. Wang and L. Zeng, 2005, "Feeding Practice among Younger Tibetan Children Living at High Altitudes", *European Journal of Clinical Nutrition*, No. 59, pp. 1022 - 1029.

Dang, S., H. Yan, S. Yamamoto, X Wang and L Zeng, 2004, "Poor Nutritional Status of Younger Tibetan Children Living at High Altitudes", *European Journal of Clinical Nutrition*, No. 58, pp. 938 - 946.

Dang, S., H. Yan, S. Yamamoto, 2008, "High Altitude and Early Childhood Growth Retardation: New Evidence from Tibet", *European Journal of Clinical Nutrition*, No. 62, pp. 342 – 348.

Gyaltsen, K., C. Gewa, H. Greenlee, J. Ravetz, M. Aikman, A. Pebley, 2007, "Socioeconomic Status and Maternal and Child Health in Rural Tibetan Villages", On-Line Working Paper Series, California Center for Population Research, UC Los Angeles, http://escholarship.org/uc/item/04d8b3mv, downloaded on 2012 – 06 – 23.

Harris, N. S., P. B. Crawford, Yeshe Yangzom, Lobsang Pinzo, Paldeng Gyaltsen, and M. Hudes, 2001, "Nutritional and Health Status of Tibetan Children Living at High Altitudes", *The New England Journal of Medicine*, Vol. 344, No. 5, pp. 341 – 347.

Heckman, J., S. Moon, R. Pinto, P. Savelyev, and A. Yavitz, 2010, "The Rate of Return to the High Scope Perry Preschool Program", *Journal of Public Economics*, Vol. 94, pp. 114 – 128.

Siddiqi, A. L. G. Irwin and C. Hertzman, 2007, "Early Child Development: A Powerful Equalizer-Final Report for the World Health Organization's Commission on the Social Determinants of Health", http://apps.who.int/iris/bitstream/10665/69729/2/a91213_chi.pdf, downloaded on 2013 – 3 – 13.

Wellhoner, M., A. Lee, K. Deutsch, M. Wiebenga5, M. Freytsis, Sonam Drogha, Phuntsok Dongdrup, Karma Lhamo, Ojen Tsering, Tseyongjee, Dawa Khandro, L. Mullany and L. Weingrad, 2011, "Maternal and Child Health in Yushu, Qinghai Province, China", *International Journal for Equity in Health*, http://www.equityhealthj.com/content/10/1/42, downloaded on 2012 – 6 – 23.

World Health Organization, UNICEF, 2003, "Global Strategy for Infant and Young Child Feeding", Geneva, http://whqlibdoc.who.int/publications/2003/9241562218.pdf, downloaded on 2013 – 3 – 15.

第六章 文化交流中的藏区义务教育

魏 众

2005 年夏，笔者随藏区社会经济发展研究课题组前往四川甘孜藏族自治州和西藏的昌都地区进行了调研，调研地点为甘孜州的巴塘县、昌都地区的芒康、左贡和昌都诸县，以上地区为传统藏区划分的康区，也是藏区与外界文化交流相对较多的地区。笔者主要对当地正在进行的普及义务教育工作进行了调研，以下的研究即是在这个调研的基础上完成的。

一 近现代藏东地区教育发展历程

作为藏区和内地交界的地带，文化交流在这一地区体现得尤为明显，基础教育的发展正是这种文化交流的一个重要方面。藏东地区基础教育的历史也有着自己的特色。由于受内地的影响较重，其曾经出现的教育形式多种多样，培养的人才也非常多，从西藏噶厦政府的官员，到国民政府的政客，再到川藏人民政府的干部。藏东地区的教育在西藏乃至整个藏区的教育史上都有着浓墨重彩的一笔。

据记载，早在清康熙五十八年（1719 年），巴塘的汉族客商就自发开办了汉文义学，虽没有见到详细的记载，但可以想见其目的只是培养汉族商人自己的子弟学习汉语的需要，对当地藏族居民影响不大。同样，西藏和平解放前的昌都，有一个汉族居民后裔的民间组织——孝义会，该组织也曾经开办过学校，教授数学和汉文等。但毕竟这些从汉族地区直接移植过来的教育形式无法和当地居民相结合，其影响力大多只局限于汉族及其后裔。藏区教育的主体形式则另有特色，以下择其要者作一简单介绍。

（一）寺院教育和私塾教育

以一个较为宽泛的角度考察教育，则藏族地区的寺院教育就不能不提。在古代，广大的藏区几乎没有真正意义上的基础教育，几乎所有的教育功能都由寺院承担，特别是对普通百姓而言，如果想接受教育，就只有出家为僧一途。换言之，只有寺院拥有教育权。从某种意义上考察，寺院对教育权的控制是西藏地方政权政教合一的一个基石。在昌都地区，当地最大的寺院——强巴林寺的寺院教育就有着很长的历史。

当然，寺院对教育权的控制也并非无孔不入。在藏区，也存在着各种各样的教育形式。但应当看到，这种种已有的教育形式与现代教育的理念和做法仍有较多不同，而且对当地现代教育的发展也缺乏实质性的影响。这样的教育形式大体可以分为两种：一是出于政治的需要，西藏设立有俗官学校，其目的在于将贵族子弟培养成为较为合格的官员；[①] 二是在某些地区存在零星的藏文私塾。

在巴塘县的苏哇龙乡南戈村，现年60岁的土登这样回忆，解放前有人就在家教私塾，土登的舅舅就曾经在这个村教私塾，不收钱，只是教孩子藏文。土登就是在那个私塾学习的藏文，从7岁学到13岁，当时全村60%左右的男孩子都通过这个私塾认识了藏文。在他舅舅之前，另外一位老先生也曾经开办私塾，教了二十几个学生。看到村里的孩子不大认识藏文，土登自己也开办私塾，大约教授40天左右，也已经开办了两年。而南戈村由于接受教育较早而且有传统，他们中的很多人从接受教育中获益，该村几乎每户都有在外面工作的人。这进一步激励了当地居民送子女入学的积极性。

而在昌都也有着官办私塾活动的记录，据昌都地区政协副主席土嘎讲，噶厦政府时期，昌都镇有官办的私塾学校五六所。主要是教授藏文，为了让学习者能够认识藏文，有一个高级一些的学校，教一些公文写作之类的东西，还要学习藏文、天文、历算等内容，其主要目的是为当地的噶厦政府培养低级官员。

---

① 在戈尔德斯坦的《喇嘛王国的覆灭》中有相关记载。

（二）解放前基础教育的雏形和发轫

清末的新学—教会学校—现代教育：巴塘小学——巴塘师范

藏东地区的基础教育一般认为是从清朝末年就开始了，这一制度的初创者是有"屠夫"之称、时任川滇边务大臣的赵尔丰。据记载，"光绪二十三年夏，川滇边务大臣赵尔丰奏准设立学务局，经度支部核拨发开办费三万两，聘川在籍主事吴嘉谟为局长，局址设巴塘，综理全康教育事宜，饬各设置局于秋季开办初等小学堂及官话学堂个一所"①。这便是巴塘最早的义务教育学校——巴安学堂。转年春天，又在理塘、河口等地开设小学堂，并"迫令百户以上之村，办官话学堂一所，不足百户者，联合数小村，选一适中地点，共办官话学堂"，规定"学龄儿童不入校者，罚其家长"，于是学堂"盛极一时"，到清朝灭亡的宣统三年，"教育费已核为八万两，学堂一百三十余所，学生二千余人"。但随即这种轰轰烈烈的局面迅速地烟消云散了，究其原因，政治因素固然存在，但主要原因恐怕还是"昧于边民教育原理，以致实施方案，未能尽合边情耳"。

在这一时期，昌都也曾经开办过学校，据土嘎介绍，这一时期的昌都也曾经办过十来所学校，但持续时间不长。据记载，曾经有一位妇女为官府的办学捐献了 10 条茶叶，为此赵尔丰曾为该妇女题写匾额以示褒奖。

之后的十余年间，整个康藏地区的教育陷入困境。在今四川甘孜州和西藏的昌都地区，已开办的学校纷纷裁撤，"赵氏兴学成绩，已当然无存"。②昌都的小学教育从此就没有恢复，直到 1950 年大军进藏。而在四川康区，则直到 1928 年刘文辉正式入主西康康区，小学教育才陆续恢复。据统计，清末的宣统二年，西康地方在校学生已达到 1949 名，而到了民国二十年（1931 年），在校学生只有 944 名。之后经过努力，在校人数不断上升，到民国廿二年（1933 年），在校学生人数回升到 1917 人，到了民国廿六年（1937 年），在校学生总数达到了 6180 人。③在这一时期，在巴塘

---

① 除特别说明外，本节引文均引自周应奎《西康教育沿革》，载《康导月刊》第一卷第十二期（1939 年）。

② 见张为炯《西康康区教育之今昔及其改进之意见》，载《康导月刊》第二卷第十期（1940 年）。

③ 见《康导月刊》第一卷第二期（1939 年）。

小学的基础上，又成立了巴塘师范学校，为当地教育培养师资。

西康地方教育的发展不仅对于开启民智有一定的作用，还播种了火种。一方面，师范学校的开办使得当地教育的师资得到延续和加强；另一方面，经过这样的现代教育，当地走出了大量的人才，他们大多在民国时期的反分裂斗争中作出了自己的贡献。不仅如此，当地教育事业的发展为中国人民解放军的和平解放西藏也做好了干部准备，说到这点，就不能不提"东藏民青"。

"东藏民青"是藏东地区的一个先进青年组织，后被认为是中国共产党的外围组织，主要领导人为平措旺杰。这个组织在当时的巴塘发展了很多成员，主要是当时的青年学生。很多学生在解放军进藏时参加了解放军，承担了进藏地区老百姓和大军的主要沟通任务。他们中的很多人后来逐渐成长为藏区重要的领导干部，在巴塘小学的陈列室中，我们看到了很多在藏区为人们所熟悉的名字。

（三）舶来的洋学堂

藏东的部分地区，曾经有过基督教会传教的记录，而一些传教士也曾经在这些地区开办过学校，当地人一概称之为"洋学堂"。关于教会办学的记载，根据我们在巴塘的访谈，应当有两次。第一次是清朝末年的洋学堂。关于这个学堂的记录多少有些语焉不详，所有人都承认曾经有那么一个洋学堂，但有人说是美国人办的，而另一些被访者则认为是法国人办的。根据我们的访谈，基本上可以确定，最早的洋学堂是法国人在亚日贡设立的学校。根据巴塘县原副县长、巴塘教育局原局长、时年76岁的格旺老人的回忆，清末曾经有过一个由法国神甫办的学校，地点在亚日贡，学校里还设立了一个教堂。据记载后来该教堂的法国神甫为当地居民杀害，为此清政府还赔偿了不少钱。从法国传教士进入云南的时间和被杀的记载等现象判断，可能该学堂成立和消失应在天津教案发生前后。

另外一次是关于架炮顶洋学堂的记载，当地人经常将架炮顶洋学堂和亚日贡洋学堂混为一谈，但同样是格旺老人的回忆帮助我们解决了这个问题。根据他的回忆，架炮顶的学校是在1910年成立的，同样是由教会资助建成，为华西小学，之后在民国十四年（即1925年）开办初中。架炮顶学校后来成为藏族小学，格旺老人当年曾经在那里学习过。除此而外，关于洋学堂的记载并不很多了，但其遗迹尚存。

由此可见，不仅是汉文化进入当地，成为教育的一个重要力量，作为外来文化代表的教会力量办学也早已进入了藏东地区。

（四）新中国的基础教育

在解放军进入西藏的当年，即 1950 年 12 月 31 日，昌都地区第一届人民代表会议通过了《在昌都地区创办学校，发展昌都地区科学文化教育事业》的决议。1951 年元旦，进藏部队派文教组的负责人李安宅、于式玉两位教授和十八军的朱光奎会同昌都各界人士代表共同筹办昌都第一所小学。考虑到当地居民没有送孩子上学的习惯，首先筹办昌都冬学。教授课程以藏文为主，汉文作为选修课。1 月 20 日开学，有学生 60 人，分为甲乙丙三班授课。同年 5 月 1 日，在冬学的基础之上正式成立了昌都小学（即今昌都实验小学），昌都小学也是新中国成立以后在西藏建立的第一所现代教育的学校，也是整个西藏自治区现代教育的开始。尽管两位教授在昌都小学待的时间不算长，但教授办小学，的确是鲜见的，这个办学的故事也在昌都地区传为佳话。

在以后的岁月中，尽管历经风雨，但甘孜和昌都的教育仍然在持续增长。直到义务教育普及工作的开始。

（五）近年来的开展情况

近年来开始的义务教育普及工作是藏东地区基础教育的一个重要时期，应当看到，这是真正意义上普及教育的一个运动。尽管还有种种问题存在，但主要还是通过各种工作实现了很多成就。在我们的调研中也可以明显地感觉到这一点。本文将分别从供方和需方的角度介绍和分析藏东地区的义务教育软硬件情况。

二　当地义务教育的供方条件及其变化

（一）校舍和设备

藏区的一个特点是地广人稀。但对于义务教育而言，这是一个很大的问题。因为要求一定的师生比，所以藏区的小学无法像其他内陆地区一样每村拥有一所小学，造成当地的很多学生不得不到其他村庄去上小学，遥远的距离成为学生上学的一个障碍。为此，早在民国时期，西康地方政府就采取了寄宿制的教育形式，这样的思路也得以良好的继承和发展。时至今日，在当地的大多数小学都实行或部分地实行了寄宿制。为此，大量的资金投入以修建学生宿舍，为距离学校比较远的学生提供住宿，以缓解距离带来的辍学问题。同样由于距离问题，很多教师平时也居住在学校，所以在上述地区，往往也能在学校中看到不少的教师宿舍。

无论是甘孜还是昌都，都实行了教育三包政策，即在学生在校期间包吃、包住、包学习费用的政策，它的确有助于增强义务教育对需求方的影响。但在具体实施方面仍存在各种各样的问题。例如，如何为寄宿的学生提供膳食就是各学校比较头疼的问题。一部分学校雇用了一名厨师负责学生的膳食，也有更多的学校召来了学生家长负责学生的膳食。前者造成了新的资金要求，而后者则会对学生家庭造成更大的负担。在副食供应方面，各校的解决方案也各具特色，一些学校会定期到附近的集市为学生购买主副食，而另外一些学校干脆利用自己的一些空地种起了蔬菜。

需要指出的是，由于当地财政等问题，学生宿舍的建设也不尽相同。在隶属西藏自治区的昌都地区，由于财政支持相对较多，校舍大多是近几年建立的，而学生的住宿条件也基本可以满足。但在巴塘，由于财政的教育投入不足，大多数学校缺乏足够的资金修缮校舍和学生宿舍，有些校舍或学生宿舍仍属于危房。

同样受到资金的局限，在其他的硬件设备方面，金沙江东岸和西岸的学校更是不能同日而语。

在金沙江西岸是隶属昌都地区芒康县的朱巴龙小学，该小学得到了有关方面的财政支持，所以校舍等都强于对岸属于甘孜州巴塘县的朱巴龙小学。不仅如此，在西岸的朱巴龙小学，我们看到了可以通过卫星接受的远程教育系统、电子计算机，以及堆放在音乐教室中的大约20多台电子琴，据说这些电子琴是某个项目为西藏的乡村学校配发的，不过该学校似乎并没有老师会演奏电子琴，所以那些赠品便静静地躺在那里，等待着有朝一日会弹奏的人。更有意思的是，由于供电线路故障及其修复的迟缓，东岸的朱巴龙小学当时正好经历了一个十几甚至几十日的停电。而在东岸的朱巴龙小学，这些东西恐怕是连老师带学生想都不要想的东西，只是在巴塘最好的巴塘小学，我们才有幸见到了远程教育系统和电子计算机教室，但即便这个历史悠久的巴塘最好的小学，电子琴等奢侈品也是没有的。

尽管还存在这样或那样的不足，但不可否认的是，普及义务教育在当地带来的成就是主要的。就校舍建设、设备等方面看，历年的投资和成就也还是很大的，这些资金的投入极大地改善了当地的办学条件，为进一步发展当地的基础教育打好了物质基础。

为配合义务教育普及工作，学校的基础设施建设成为最有成绩的部分，不妨让我们来看一下危房改造的一些数字吧：巴塘县 2001 年校舍中的危房面积为 21927 平方米，到 2004 年危房面积减少到 10528 平方米；昌都县在 2004 年底中小学校舍总面积 97552 平方米，其中危房面积减少到只有 800 平方米。不难看出，普及义务教育确实给学校的基础设施建设带来了巨大的变化，而从各县了解的情况来看，在普及义务教育的这几年间，上级和本地政府都曾经或持续投入大量资金用于教育基础设施的改造。在被访谈的学校，也经常可见到一些崭新的校舍。

这些崭新的校舍反映的是当地教育部门在普及义务教育方面一个较为突出的思路：教育普及，校舍先行。

（二）师资力量

师资力量是教育供给方的一个非常重要的方面，一个不合格的学生影响的或许只是他自己或其家庭，但一个不合格的老师则会影响一批学生。师资力量的培养会直接关系到普及义务教育的成败。在这方面，巴塘和昌都地区的情况不尽相同，但基本情况差异不算很大，以下主要就昌都地区为例对师资状况作一分析。

从教师来源的角度考察，昌都地区的师资来源主要有三方面：本地培养，西藏班和内地师资引进。

根据我们的调查，本地师资培养仍是当地师资的主要构成。主要的构成是少量西藏大学的毕业生以及大量西藏各地区师范学校的毕业生等等。据我们了解，这是因为西藏对大学生仍然实行统招统分。于是相当多的大学和师范毕业生被充实到了教育的第一线。而且这种统招统分由于地区之间教育存在一定的差异，也一定程度上促进了教育人才地区之间的流动。

　　在左贡县田妥镇中心小学校，适值假期，我们只采访到了学校的副校长边多先生。在谈话中得知，边多是山南地区浪卡子县人，2001年从西藏大学毕业后分配到左贡工作。之所以没有回山南是因为山南的教育水平相对较高，回去的人太多，没有空位置，因此被统一分配到了这里。而他的妻子洛增同样是这个学校的老师，教授藏文和数学，她也不是本地人，她来自昌都地区的察雅县。

西藏班是国内其他省份对口支援西藏在教育方面的一个重要举措。西藏班是在国内的一些学校中每年固定地招收一定的西藏自治区学生，将他们编成一班，采用该学校同样的教学方式教学，以提高他们的学习水平。而在西藏，每年从当年毕业的小学生中，通过考试选拔优秀学生进入内地西藏班学习。每年的毕业生中有多少人上了西藏班是所访谈小学必提的一个指标，它同样是各个小学教育质量比较的一个重要指标。西藏班的很多学生都经历初中和高中以后升入了中专或大学，也有少量西藏班学生高中毕业但没有升入大学，他们也部分地进入学校成为教师。应当看到，相当一部分西藏本地培养的教师也有着西藏班的经历。

　　第三种途径是从内地引进师资。这是西藏当地的一种常见说法，但这大多并不意味着从内地引进老师，因为事实上也很难引进得到，而大多是从内地的一些师范类院校中招收应届毕业生来西藏从事教育工作。这些教师通常都被认为是目前教师队伍中教学水平较高的，也大多分布在各县的中学之中。他们中相当多的一部分后来逐渐走上领导岗位，本次调研中相当一部分教育局长和中学校长都是内地引进的人才。

　　比较一下这些不同来源的教师，我们会发现其优点和缺点都较为突出，而且几乎是互补的。一般而言，西藏当地培养的教师，其突出优点在于本地化方面，他们更为熟悉本地文化，具有语言优势，从而在与学生沟通方面表现更好一些，但因受到当地高等教育或中等专业教育的局限，水平不高。外来教师，则恰恰相反，由于高等教育的内地和西藏差别，他们比当地教师的水平通常要高一些，中文和普通话水平更好一些，授课的效果也比较好，但藏语水平通常较差，无法充实基层教育一线，限制了他们与当地学生之间的交流。

而从师资水平的角度考察，大多不外乎学历和职称两个方面。在这方面，教育资源分布的不公平性就体现出来了。在我国的东部地区，师资力量往往会较为雄厚，而西部地区则相对薄弱。作为一个少数民族聚居地区，由于文化差异和气候环境的影响，教育资源分布的不公平就表现得愈加明显。为使读者能够深刻体会这种教育资源分布不公平性在师资力量方面的体现，以下就芒康一县的师资力量和北京某普通小学的情况作一个对比。

根据 2004 年底的统计，昌都地区芒康县共有教师 407 人，其中中学 87 人，小学 281 人，教研室 9 人，退休 86 人。中学专任教师 86 人，其中本科学历 50 人，大专学历 34 人，中专学历 2 人，教师学历合格率为 98%。小学专任教师 280 人，其中本科学历 1 人，大专学历 29 人，中专学历 239 人，高中以下学历 11 人；小学代课老师 56 人（含音师班 6 人，实践教学 8 人），另有援教教师 9 人；教师学历合格率 84%。在正式职工中，具有中级职称的 14 人，其中中教一级 4 人，小教高级 10 人（含退休人员）；具有初级职称的 183 人，其中中教二级 30 人，小教一级 153 人。

我们不妨看一看北京的一所小学的情况，该小学是笔者家庭附近的一所小学，地处北京朝阳区，仅仅是北京众多小学中一所普普通通的小学而已，在学校网站上的学校简介中这样写道：

学校 65 名专任教师中：大本学历 35 人，大专学历 27 人。中学高级教师 1 人，小学高级教师 39 人。北京市骨干教师 4 人，北京市紫金杯优秀班主任获得者 2 人。朝阳区骨干教师 5 人，朝阳区优秀青年教师 6 人。酒仙桥学区学科带头人 5 人，骨干教师 12 人。

不难看出，从学历的角度考察，北京这所普通小学的师资已经远远超过上面提到的芒康全县小学的师资，而接近了该县中学教育的师资力量。

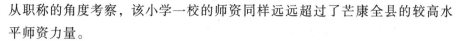

从职称的角度考察，该小学一校的师资同样远远超过了芒康全县的较高水平师资力量。

高素质教师的数量少，那么在最基层的民办和代课教师呢？在调查的昌都某县，我们发现了这样一份资料：在 2001 年，该县对民办和代课教师进行了一次摸底考试，结果在参加考试的 159 人中，藏语文和汉语文的平均分为 49.5 分，其中只有 56 人成绩在 60 分以上。数学（藏数和汉数）平均成绩为 33.5 分，其中 60 分以上的只有 19 人。

既缺乏高水平的教师，基层的民办教师水平又非常有限，普及义务教育的师资力量还的的确确需要不断增强。

（三）教学质量

教学质量更多的是受供需双方共同作用的影响，它既关乎教师队伍的整体素质，也受到学生学习积极性的影响。但一般认为，前者的作用更为重要一些，所以本文就将其纳入供方进行分析。

从整个调研期间的情况来看，藏东地区的义务教育质量确实还存在问题。正如上面所谈到的，内地教师水平较高，却无法深入基层。而基层教师素质不够。所有这一切都共同导致了一个问题的产生：教学质量低下。

在某县一小学的宣传栏中，我们看到了该小学各任课教师所授课程的平均成绩。该成绩以班级和课程为单位，最低的全班平均成绩只有 30 分上下，平均成绩在 40 分上下的就可谓该学校的中等成绩，而全校平均成绩最高的也不过 50 分出头。如此的成绩表明了现在义务教育普及过程中的低水平。应当指出的是，该校属乡镇中心小学，距离县城不算很远，毕业生的成绩在该县也属于比较不错的，每年也有一些学生能够进入内地西藏班学习。

一方面内地教师无法深入基层，另一方面本地的教师供给不可能短期内解决，增加师资的问题似乎陷入了困境。令所有教育局长们头疼的问题——条件相对艰苦的乡村教师的匮乏真的无法解决了吗？笔者在一个乡村小学的调查事例提供了一种可能的解决方案。

昌都县柴维乡中心完小是昌都地区一个典型的乡村小学，该学校距县城大约 100 公里，现有教师 13 人，学生 278 人。由于正值学校放假，我们找到居住在当地的向巴旺姆老师了解学校的情况。通过她的介绍我们了解到，在该校有一位毕业于康定师专的教师教学效果非常好。由于康定邻近汉族聚居的成都平原，当地藏族与汉族交流机会比较多，所以他的普通话讲得比较标准，而"那些毕业于昌都师范学校的教师普通话讲得比较标准的大约只有 1/10"。那位康定师专毕业的老师原本是四川凉山自治州的藏族，会一些藏语，尽管与当地的语言存在差异，但进行教学过程中的交流还是可以的。由于汉语讲得好，再加上懂藏文，他就可以"一边告诉学生藏文，一边告诉学生汉文"，在全校只有"他们班的学生能够把一篇汉语文的课文从头到尾念下来"。

　　"汉语讲得好，又懂藏文的老师教学效果好"是这个案例给予我们的启示，类似的案例在昌都乃至西藏全境恐怕也并非个案。但是这样的老师到哪里去寻找？故事也已经为我们提供了答案：西藏周边的藏族聚居区。在去年的阿坝调查时，我们不就曾经遇到过很多汉语非常流利的藏族同胞吗？而就在芒康的邻居巴塘，教育局长不正在为超编的师资队伍和新毕业的师范生安置而倍感头疼吗？所以，当前有关决策部门需要做的就是：打破地区壁垒，鼓励来自西藏邻近地区教育人才的流入，借以增强西藏当地基础教育的师资，进而保质保量地完成九年制义务教育的普及工作。

三　当地基础教育的需求方分析

（一）学差观念和教育需求

　　在昌都和甘孜调查的时候经常能够从学校到教育局的领导口中听到这样的一些话："当地居民法律观念淡薄，不了解义务教育法"，"当地居民目光短浅，注重眼前利益"等等。实际的情况到底怎样呢？

　　首先，根据我们对农户和教育第一线教师的了解，上述情况的确是存在的。但在藏区这样一个边远的地区，指望老百姓有着良好的法律观念恐怕是一个不现实的事情。所以法律观念淡薄是真，不了解义务教育法也是确实存在，但如何让他们拥有法律意识，了解义务教育法呢？在这方面我们做过什么工作吗？至少在我们的调查当中没有听说。所以，改变法制观念淡薄的责任在于向普通老百姓的宣讲，使他们了解义务教育法的主要内容。

其次，关于目光短浅、注重眼前利益问题。这个问题实际上很难判断其真伪。它更多地来自于认识双方的立场所致。因为教育工作者出于自身的责任，很容易认同这样的观点。但作为教育决策的需求方——农户，其在决策时考虑的因素就更多，而且也会在其有限的理性下考虑子女上学还是辍学的问题。

另外，我们不得不看到，所调查地区农牧民不希望子女上学还有着其历史的根源——学差观念。据有关资料显示"一般康人，均以入校读书为当学差，既系徭役，当然视为畏途"。据《昌都地区志》记载，当年昌都小学建立的时候就实行了学差制度。并解释道："由于当时藏族群众没有送子女上学的习惯，故称送子女上学是完成政府的差役，当时的政府部门也沿用了这一说法。"

学差制度事实上并不真的是一种差役，而仅仅由于当地居民不愿意上学，而将这种强制性的义务教育视为差役而已。而从我们目前见到的资料看，对学差制度的记载应当起源于赵尔丰兴学时期。据有关资料记载："夫以读书为当差，在赵人臣兴学之初，事属创举，犹可视为康人不明读书之益，其在今日，则正因已经尝试，而觉其事果与当差无殊，此念遂牢不可拔。"[1]

（二）制度和政策：一票否决制、住校干部、联系乡镇等

为强化当地居民的教育需求，顺利完成普及义务教育的工作，藏区的地方政府都采取了多种多样的政策措施作为保证。我们不妨称这些政策措施为强化教育需求政策，这些政策包括：

第一，与乡镇主要领导签订责任书，实行一票否决制。这是指由县政府与乡镇签订义务教育责任书，规定该乡镇义务教育必须达到的目标（主要是入学率指标），一旦发生不能实现目标的情况，则乡镇一把手的乌纱帽即将不保。这样，动员甚至强制学生入学的工作落到了当地政府的头上。在一些地方，这个责任被进一步细化，每个乡镇干部负责某几个村

---

[1]　张为炯：《西康康区教育之今昔及其改进之意见》，载《康导月刊》第二卷第十期（1940年）。

落。以及入学率与干部的收入挂钩等等措施也有所发生。

第二，由各乡镇委派一名干部作为住校干部，该干部仍归属于乡镇政府的领导，但其工作地点在县城的中学。其主要职责是，首先尽可能保证本乡学生不流失，在学校门口进行保卫，对于要出校门的本乡学生进行盘查，防止在校学生未经许可离开学校。另外，如果发生本乡学生流失情况，该干部必须尽快通知乡镇政府，尽早追回学生。

第三，县里各职能部门也被动员起来，首先是将所有的职能部门与具体某一乡镇的义务教育普及工作联系在一起，由该职能部门设法帮助解决普及义务教育工作中的资金等方面的问题。在必要的情况下，派出干部协助乡镇进行学生入学动员等工作。

第四，教育局的所有干部分片包干，每个主要中层以上干部都要与具体的乡镇进行联系，指导和检查乡镇的普及义务教育工作。这种制度被称为干部联系乡镇制度。

以上措施的执行，对于提高藏区的适龄儿童入学率起到了非常重要的作用，对于普及义务教育起到了明显的促进作用，也因此称为目前藏区普及义务教育中最为重要的政策工具。但作为强制性措施，这些政策既很难得到普通百姓的支持，也无法保证在普及义务教育验收通过以后能够有很好的持续性。在强制性的强化需求政策之外，还有什么可行的办法吗？

（三）职业教育：从变通到解决方案

面对不够过硬的"普六"，中学的反应相当强烈。大批未达基本要求的学生加入，给中学教育造成了极大的困难。在这样的情况下，一些学校开始实行某种变通的方法。

例如，在昌都地区某县的中学里，我们听到了这样的情况。由于入学的初中生水平不一，该中学不能进行统一授课，于是将只有小学 1~2 年级水平和没上过学的编在一起，讲授小学 1~3 年级课程；将小学 3~4 年级水平的学生再编一个班，进行专门的补课；其他的学生才可能真正进行初中教育。据认为，那些只有 1~4 年级水平的学生到初中毕业的时候，相当一部分学生的真实水平恐怕连小学毕业水平都达不到。

一方面是义务教育法，他规定了义务教育的学习年限，并且对何时应入学以及何时应完成义务教育也有着严格的规定，而且自上而下对义务教育的重视造就了对入学率而不是教学质量的重视；另一方面，由于普六基础尚不扎实，进入初中教育的学生质量存在严重问题，使得"中学办起了小学"①，给初中学校正常的教学秩序造成了极大的冲击。难道就没有一个好一点的解决方案吗？当然，认真打好小学教育这个基础是关键，但似乎有远水不解近渴之嫌。倒是一些常年工作在地方教育第一线的教育工作者们想到了一个可能有一定示范意义的变通解决方案：职业教育。

　　左贡县是昌都地区的一个县，被金沙江和澜沧江夹在中间，县城所在地位于川藏公路南线的一个交通要道上。左贡全县地势险峻，交通状况不佳。从县城去一些乡镇尚需骑马。交通不便对教育的影响可想而知。就这样，在普九的旗帜下，左贡中学招收了大量不够格的初中学生，这着实令当时的校长很头疼。且不论如何教好这些学生，就是设法让他们留在学校都是很困难的。在这种情况下，左贡采取了一个变通方法——开办职业教育。

　　开办职业教育的初衷并不单纯是职业技能培训，更大程度上是为了吸引那些基础不足以胜任初中学习的学生待在学校里面，以完成普及九年义务教育的任务。但开办职业教育的效果却出乎开办者的意料之外。

　　在左贡中学，先后开办了卡垫、绘画、驾训、缝纫和木工等职业培训班，大都受到了学生的欢迎。比如驾驶培训班，某乡分配了20名指标，但出乎意料，该乡要求获得40名指标。但在这里，左贡的有关教育管理者仍存在一定的疑虑，因为根据国家的义务教育法，初中阶段进行职业教育是不允许的。

四　供给和需求的矛盾

　　综合以上的分析，我们会看到地方政府和教育主管部门在增强供给方面的努力，而且在这方面也取得了相当的成绩。但在需求方面，尽管一些

---

　　①　这是采访昌都地区某中学时，一位校长的抱怨。

强制需求的政策也已经实施，但伴随着各县普九或普六任务验收工作的完成，其可持续性仍值得商榷，如何继续增强当地农牧民对基础教育的需求将是下一步政府工作的重点所在，但似乎无论当地政府还是教育主管部门对可能发生的入学率和升学率的反弹仍缺乏足够的准备。

从政策的角度考察，目前藏东基础教育政策的根本问题在于供给与需求的非均衡。即该区域教育欠发达的根本问题在于对教育的有效需求不足，但解决方案却是增加供给以提高需求。在这里，我们的教育部门犯了和 20 世纪 30 年代大萧条早期美国政府一样的错误。

五　问题及讨论

（一）不同藏区教师工作量和工资差异

在提高全民素质方面，普及义务教育首当其冲。而在普及义务教育方面，中西部欠发达地区的义务教育普及是义务教育工作的重中之重。2005 年 6～7 月，笔者随中国社会科学院"市场化与西藏地区发展"课题组就四川甘孜州和西藏昌都地区基础教育情况进行调研。在昌都地区，笔者看到，在各级政府对该项工作的极大关注和支持下，"普九"工作正在积极开展，也通过调查感受到普及义务教育给西藏带来的新变化。通过调研，我们也发现了一些普及义务教育方面存在的问题，以下仅就普及九年制义务教育中存在的师资问题作简要介绍和分析，并试图给出政策建议。

下面让我们通过相邻的两个县来看一看西藏的昌都地区和四川的甘孜州基础教育师资方面的基本情况。在西藏昌都地区的芒康县，在校中小学生总数为 12565 人，教师的编制有 752 人，而实际教职员工人数只有 407 人，其中主要缺乏的是乡村基层学校的教师。而与芒康县一江之隔的甘孜自治州巴塘县，在校中小学生总数为 5025 人，教职员工人数却有 518 名，教师队伍严重超编，因而最近几年教育系统没有再招收新的老师，原有的巴塘师范学校也不得不停办，转向为民族高中。

让我们转向设在乡村的基层学校，再比一比一桥相连、隔江相望的两所小学的情况：位于金沙江西岸的芒康县朱巴龙乡中心小学，现有学生

170 人、教师 14 人，教师每人每周平均十几个课时，多者达到 20 多个课时。而位于对岸的巴塘县竹巴龙乡中心小学，现有学生 76 人、教师 16 人，教师每人每周平均 8 ~ 9 个课时。由于巴塘方面的教师人数较多，教学质量相对较高，有 6 名芒康的学生到河对岸的巴塘上学。

一边是教师队伍超编，另外一边则是教师供给不足，这就具备了教育人才流动的基本前提。但实际情况却又如何呢？根据我们在昌都地区各县，特别是芒康县进行的调查了解到，芒康县几乎不会从相邻的巴塘县引进教师人才。而基于我们在巴塘县的调查，发现西藏自治区教师较高的工资对巴塘的教师很有吸引力，很多乡村被调查学校的老师都有到江对岸的芒康县从事教育工作的愿望。尽管两边的教育工作者都承认巴塘的教育水准和教师水平好于芒康，但几乎很少有巴塘教师能够如愿以偿去芒康工作。带着困惑，我们走访了芒康县教育局和昌都地区教育局，得到的回答却是惊人的一致：从周边地区引进教师手续非常繁琐，需要自治区教育部门批准，因而当地引进的大多是来自内地的大学毕业生。

从内地引进大学毕业生是西藏自治区加强教育系统师资力量的一个重要手段，在过去的相当长时间里也证明是非常有效的。以笔者所在昌都地区的调研为例，那些被访问的各县教育主管县长、地区教育局主管官员、各县教育局正副局长、书记以及县中学、县小学的校长中，很多都来自内地，他们大多在多年以前大学或师范学校毕业以后分配到西藏工作，并通过在西藏教育第一线工作多年、成绩突出而成长为当地教育系统的各级主管。由是观之，内地引进大学毕业生政策对于西藏的教育发展起到了非常重要的作用。那么，这一政策还有什么不足吗？答案是肯定的，不是因为能力问题，而是缘于语言障碍。因为那些来自内地的老师不懂藏文，他们几乎只能在县城等当地群众汉语基础相对较好的地区任教。受语言问题的限制，他们既无法承担藏语文教学工作，更无法深入农牧区的基层开展工作。

我们知道，西藏属于民族自治地区，藏族人口占绝大多数。这其中，在广大的乡村，几乎所有的居民都是藏族。在那里，他们日常使用的是本民族的语言——藏语，在他们的日常生活中，很少有使用汉语的机会，因而双语（藏语、汉语）教育成为藏族聚居区基础教育的一个重要特征。对于小学生而言，藏语文学习更多的是学习藏语的认读和书写能力；但汉语文则不同，初次接触汉语的他们不仅要学习认读和书写，更为基础的汉语语法、发音和口语交流能力也需要通过学习来掌握。其实这有些类似汉族小孩学习英语的情况，直接使用外教教授初学者英语的效果毕竟赶不上当地教师教学的效果。基于同样的道理，一个内地教师给低年级的小学生教授汉语也不会比使用藏语交流的老师教学效果好。当然，这里并非抹杀内地老师对西藏教育的贡献，更不会认为内地引进教师使命的完成。因为随着"普九"工作接近尾声，高中生的迅速增加指日可待，西藏教育系统对较高水平内地大学毕业生的需求仍将持续上升。

但正如前面看到的，在西藏，由于近年来自治区连续推动的"普六"和"普九"等工作，学校的在校生人数迅速增加，师生比例严重失调，特别是设在乡村的基层小学和教学点，大多处于教师紧缺的状况。而在西藏本地，目前只有很少的几所大学和师范学校能够提供目前西藏基础教育所需要的合格教育人才，他们同时担负着为各级政府机关和事业单位补充新鲜血液的任务，因而在短时间内通过区内培养增加教师供给的希望不大。

（二）入学率的巩固、政策的一致性和持续性

纵然是当地居民不情愿让孩子上学，其需求也是可以通过供方和政策的影响予以改变的。供方的变化在前面已经分析过，这里主要考察政策的影响。应当看到，目前的无论是普及六年义务教育还是普及九年义务教育对当地的教育都有着明显的促进，但是普及之后呢？难道永远要靠一票否决制、靠地方干部挨家挨户动员来保障就学率吗？这样做法的结果，是在同一个年级中学生质量的参差不齐，从而很可能牺牲了教学质量。政策的连续性和一致性才是解决不愿上学问题的主要办法。在这方面，洛隆县的两基攻坚案例给了我们一定的启示。

洛隆县处在昌都地区一个较为偏僻的所在，但当地的义务教育却办得有声有色。无论是学生的入学率还是教学质量在昌都地区都属于比较好的。其中的一个原因就是历届领导班子的重视。从上（20）世纪90年代开始至今，洛隆已经更换了四五届领导班子，但历届领导班子都非常重视义务教育问题。这是洛隆教育走在昌都地区前列的重要

原因。不仅如此，洛隆县的人大根据本地义务教育的需求，及时制定了一些地方性法规，是较早实行乡镇一把手义务教育一票否决制的地方。当出现问题的时候，确实也曾经有过将乡镇一把手就地免职的情况。不仅有规定，而且按规定办，使得洛隆地方的教育不断提高，学生也逐渐地习惯了上学这件事。在这样的情况下，洛隆的教学质量不断提高，考出去的学生也很多。在洛隆县，几乎所有的乡镇都有学生考取西藏班。成绩上去了，老百姓送子上学的积极性也迅速提高。在洛隆甚至出现了学生不愿意再学习下去，而家长不让孩子辍学，鼓励孩子继续学习的故事。

六　政策建议

通过上述的分析，我们提出这样一些政策建议：

（一）继续通过不同区域教师的交流，提高教师队伍素质，进而提高教学质量

就在西藏昌都地区教育主管部门对教师队伍缺编问题忧心忡忡的时候，在他们的相邻地区，巴塘的教育局长和主管县长正在为大批的师范生毕业后没有就业门路而着急，如果再考虑到四川与西藏之间教育质量的差异，四川藏区毕业的师范类学生进入西藏工作是十分可行的。

（二）增加职业教育在藏东地区义务教育中的分量，增强课程的吸引力

当前的义务教育推行的困难或多或少与学生毕业分配的去向有一定的关系。尽管义务教育可以提高受教育者的综合素质，但不可否认的是对于那些最终回到家乡从事农牧业生产的在校学生而言，这些教育对于他们生产效率的提高意义不大。从而既提不起学生的学习兴趣，又无法让家长支持学生上学。尽管我们也认为义务教育的一个重要因素是其强制性，但如果加入合适的职业教育或相关内容，对于当地适龄儿童入学的积极性会有比较明显的促进作用。

（三）通过增强该区域与外界劳动力市场的联系，形成多层次劳动力市场需求，提高初高中阶段教育收益率

加强与外界劳动力市场的联系同样是一个拉动当地学生上学积极性的因素，在当地劳动力市场相对狭小的情况下，拓展当地居民的外出打工渠道，也是一个促进当地教育的可行路径。实际上，义务教育得不到当地居民支持的问题并非仅仅发生在现在的藏区，在十几年前的内地农业地区也同样存在过。可以说这是任何一个传统社会都会遭遇的问题。但内地问题的解决就是通过劳动力流动实现的，在进城打工的农村劳动力中，不同教育程度的打工者获得了不同的收益，从而反过来促进了农村地区义务教育的发展。

（四）仍需要一段时间持续强化需求政策。这是提升藏民族素质的根本要求

尽管提出了种种提升教育需求的方案，但应当承认，总还会有相当一部分家庭对子女入学有这样或那样的不同认识，导致子女不入学甚至辍学。这也是因为教育的社会需求和个人（或者家庭）需求之间总存在着一定的缺口。这个缺口可以部分地通过上述提高教育收益率等方式得到解决，但那些措施并不能弥补全部缺口，其余下部分只能通过强制性的政策措施得到解决，即前面我们提到的强化需求政策。这样的一种政策尽管不容易为当地生活在传统农牧业地区的居民所理解和接受，但不得不说，这却是藏区社会经济发展的需要和藏民族素质提高的要求所共同决定的。

第七章 关注教育质量差距的缩小

邓曲恒

教育作为人力资本的重要组成部分，不仅能够直接促进个人收入的提高，而且能够通过改善健康状况、提高预期寿命等途径增进个体的效用。从社会层面看，教育也具有正向外部性，能够起到促进经济增长、降低犯罪率、保持社会的和谐和稳定等作用。

西藏和平解放后，党和政府在西藏实施的一系列惠教政策，促进了西藏教育事业的快速发展。和平解放前，寺院佛学教育是西藏教育的主要形式。[①] 寺院佛学教育在教学对象、学习课程、学制等方面都与现代意义的正规学校有着极大的不同。寺院佛学教育以僧人、贵族、官员子弟为培养对象，以培养僧俗官员为培养目标，以统治技能和领主贵族的道德规范作为学习内容（丁玲辉，2011）。广大农牧民子女被排除在寺院佛学教育体系之外，文盲率高达95%以上，入学率只有2%（当代中国西藏编写组，1991，第299页；转引自丁玲辉，2011）。西藏和平解放后，现代化的教育体系得以构建并得到了逐步完善，政府对教育的财政投入不断增加，学校数量持续增加，办学条件明显改善，教师队伍不断加强。广大农牧民子女得到了受教育的机会，适龄青少年的入学率稳步提高，青壮年文盲率迅速下降，西藏人民的教育水平得到了极大提高。2010年，西藏自治区小学适龄儿童入学率达到99.2%，青壮年文盲率下降到了1.2%（《中国教育报》，2011）。然而，基于历史和特殊地理因素等方面的原因，西藏的教育事业发展仍存在较大的提升

---

① 除寺院佛学教育以外，西藏在和平解放前还存在官办学校教育和私塾教育等教育形式（周爱明，2002，第41页）。

空间。为实地了解西藏教育事业的发展，寻找西藏教育发展中的问题与不足，进而探究改进的方法与途径，本课题组的前几次藏区之行都对教育问题进行了专题调研，重点考察了西藏、云南以及青海藏区的基础教育（路爱国，2005；魏众，2010）。2011 年 8 月课题组回访了西藏昌都地区并对四川省德格县进行了调研，重点关注了藏区的教育质量以及适龄儿童入学率的提高与稳定等问题，下面简要阐述本次调研的主要发现。

一 教育的总体质量有待提高

西藏的适龄儿童入学率和初中入学率达到了较高的水平，但教育质量的地区差异和校际差异问题表现得较为突出，教育总体质量有待提高。课题组在藏区实地调研后发现，由于"三包"政策的实施，即便是偏远地区和家庭经济状况欠佳的农牧民子女，也有着极高的入学率。但是，各县之间以及城区学校与乡镇学校之间在教育质量上存在着较大的差异。[①]

案例 1 昌都地区小学升内地初中班考试成绩的县际与校际差异

表 7-1 西藏班考试昌都各县学科平均分比较：2009 年与 2010 年

县 名	语文平均分		数学平均分		藏文平均分		综合平均分	
	2009 年	2010 年	2009 年	2010 年	2009 年	2010 年	2009 年	2010 年
八 宿 县	25.22	37.01	23.02	21.81	27.03	23.40	25.43	26.93
边 坝 县	25.22	22.73	11.83	14.59	18.99	17.33	25.43	20.57
察 雅 县	22.69	38.38	23.38	22.77	34.32	35.08	24.23	28.27
昌 都 县	27.74	42.66	24.06	24.91	35.84	33.06	28.30	32.95
丁 青 县	25.69	34.79	24.32	22.20	31.95	27.12	26.55	29.50
贡 觉 县	19.39	37.24	17.04	26.53	29.61	31.74	24.03	31.25
江 达 县	38.61	50.25	30.87	35.22	30.41	28.18	32.01	36.41
类乌齐县	14.74	23.52	12.34	14.02	16.18	13.94	20.87	24.75
洛 隆 县	21.21	27.47	19.87	17.57	28.81	23.84	26.56	29.2
芒 康 县	28.57	37.53	26.14	23.65	23.93	22.71	26.99	28.00
左 贡 县	34.37	37.18	36.40	25.85	41.80	31.15	35.45	29.63

资料来源：贡觉小学宣传栏，2011 年 8 月 18 日拍摄。

---

① 纪春梅（2010）于 2009 年 9 月对拉萨市 7 县 1 区的 4 所中学和 12 所小学进行了实地调查，也发现了不同地区之间学生成绩的显著差异。

从表 7-1 可以看到，以小学升内地初中班的成绩来衡量，江达县的总分排名在 2009 年和 2010 年都是全地区第一，总分分别为 131.9 分和 150.06 分。而昌都地区 2009 年和 2010 年分数最低的县的总分分别为 64.13 分和 75.22 分，仅为江达县总分的一半左右。尽管学习成绩远非衡量教育质量的唯一指标，但上述信息可以在一定程度上揭示教育质量的地区差异。

单科成绩也呈现出较大的地区差异。为了在一定程度上消除因特殊年份的生源差异以及学生的临场发挥等对成绩造成的随机性误差，我们将各县每一学科在 2009 年和 2010 年的单科及总成绩进行了平均。分析表明，数学成绩的地区差异最大。数学分数最高的县是数学分数最低的县的 2.51 倍，而语文和藏文的这一比率分别为 2.32 倍和 2.42 倍。综合成绩的地区差异最小，综合成绩最高的县仅是综合成绩最低的县的 1.50 倍。

由于最高与最低成绩的倍数，并没有考虑中间段的成绩分布，因此只是一个不完全的度量成绩差异的指标，因此我们也使用了基尼系数来度量成绩的地区差异。计算结果表明，数学成绩的基尼系数最高，达到了 0.1418，而藏文和语文的基尼系数分别为 0.1324 和 0.1172。综合成绩的基尼系数最低，只有 0.0667。综合成绩的地区差异较小，这也在一定程度上减少了总分的地区差异。根据计算，总分的基尼系数为 0.1048。

教育质量的差异不仅存在于各县之间，而且也存在于县内的不同学校之间。如果比较县内各校之间的成绩，可以发现教育质量的校际差异依然很大。仍以小学升内地初中班的成绩为例，2011 年江达小学有 40 多位学生考分在 200 分以上，而该县在教育质量方面排名第二的同普小学只有 3 人达到了 200 分。

参加小学升内地初中班考试（也即参考西藏班）的考生多为本校学习成绩较好的学生，他们的成绩并不能代表该校学生的总体水平。因此，小学升内地初中班考试成绩这一指标会掩盖教育质量地区差异的真实水平，而全校学生参加的平时考试的成绩，应该是教育质量的更好度量。由于未能得到昌都地区的平时考试成绩，我们利用了四川德格县的 2011 年全县调研检测成绩，以考察县内学生成绩的校际差异。

案例2 德格县小学生成绩的校际差异

笔者从德格县教育局获得了该县 2011 年所有小学各个年级全县调研检测的成绩，其中包括藏文、语文以及数学课的平均成绩、最高分以及最低分等信息。各个学校之间的学生成绩呈现出极大的差异性。以小学三年级的成绩为例，龚垭小学的藏语成绩居于全县之首，平均分为 74.6 分，而藏语成绩最低的燃姑小学只有 8.88 分。语文成绩最高的城关小学三（1）班的平均分为 70.29 分，而语文成绩最低的某小学的平均分不到 10 分。[1] 数学成绩也是城关小学三（1）班最高，平均分达到了 81.61 分，而全县数学成绩最低的某小学的平均分也不到 10 分。同样，我们也计算了小学三年级藏语、语文、数学成绩的基尼系数。计算结果表明，语文成绩的分布最不均衡，其基尼系数为 0.4890。数学成绩的基尼系数为 0.3516，而藏语成绩的校际差异最小，基尼系数只有 0.2814。

（资料来源：德格县教育局）

教育质量的高低关系到教育收益能否在未来实现以及在多大幅度上实现，与农牧民对其子女受教育的期望息息相关。质量低下的教育难以使农牧民对教育保持较高的热情，因此高入学率的保持仍有赖于地方政府的宣传与强制措施。反之，如果教育质量较高，农牧民能够切实感受到其子女接受教育后的巨大变化，对其子女升入高一级学校的预期较高，那么其对教育会产生较高的热情。在这一情形下，即使当地政府不实施义务教育宣传与强制措施，适龄儿童全员上学的局面也比较容易实现。

提升教育质量也是促进教育公平的必要举措。保持高水平的入学率只是形式上的教育公平，离实质意义上的教育公平还有差距。义务教育阶段教育质量的均衡化，能够使每一入学孩童都能充分发挥自己的潜力，而不至于因教育质量问题失去接受进一步教育的机会，进而影响到终生收入的提高。

当地政府认识到提高教育质量的重要性，采取了一些措施以促进教育的均衡化发展。由于教育质量地区差异过大，全地区范围内根据考试成绩排名的方式决定小学升内地初中班的人选，这在一定程度上使教育落后县区的学生在教育机会的分配方面处于劣势。有鉴于此，昌都地区实行了按

---

[1] 德格县城关小学的三年级有三个班。

县分配名额的方式，一些县则进一步将升学指标在县城小学和乡镇小学之间进行分配，并向乡镇小学予以倾斜。在实施这一教育均衡化政策之后，教育落后地区的学生一定程度上避免了因所在地区教育质量较差而丧失接受优质教育的机会。以同普小学为例，该校在 2011 年分配到 3 个内地初中班的升学名额。如果在全县范围内按成绩排名决定升学资格，该校学生将无人能够进入内地初中班。

案例 3　昌都各县西藏班录取分数线的差异

表 7－2　2010 年昌都地区各县的西藏班录取情况

县（学校）	录取人数	最高录取分数	最低录取分数
江达县	15	369.54	236.26
地区实验小学	33	356.01	250.12
左贡县	20	345.81	201.53
地区一小	25	334.22	250.05
类乌齐县	14	327.66	206.53
丁青县	17	323.38	202.75
昌都县	14	320.25	206.28
察雅县	16	308.40	213.36
贡觉县	10	299.07	257.30
芒康县	20	328.40	209.00
洛隆县	15	296.21	211.86
八宿县	12	276.93	223.83
边坝县	11	246.12	205.15

资料来源：贡觉小学宣传栏，2011 年 8 月 18 日拍摄。

从表 7－2 可以看到，各县最终被录取的西藏班学生的学习成绩存在较大的差异。如果将最低录取分数视为各县的录取分数线，那么我们可以发现，最低录取分数线最高的贡觉县为 257.30 分，而最低录取分数线最低的左贡县为 201.53 分，前者为后者的 1.28 倍。

很明显，在昌都地区西藏班录取名额被限定的情况下，抽肥补瘦的教育均衡化政策势必会导致教学质量高的学校的利益受损，而教育质量较低的学校则会从这一政策受益。由于这一政策并非帕累托改善，因此其对社会总福利水平的影响需要进一步的研究。[①]

案例4　江达小学与同普小学的喜与忧

江达小学建校于1959年，其教育质量在江达县乃至昌都地区都处于前列。据该校唐校长介绍，近八年来，江达小学共有约150名学生考入内地西藏班。江达小学的高分段考生较多，2010年小学升内地初中班考试的全地区最高分就出自该校。2010年昌都地区实行根据各县学生人数分配内地西藏班入学名额的政策。在按县分配指标这一政策实施之后，江达县分得15个入学指标。而如果在全地区按成绩高低录取，江达县的考取人数要远高于15人。据唐校长的估计，如果单纯按成绩排序进行录取，江达小学2010年大致能考上30个。

2011年江达县的入学指标进一步在县内小学之间进行了分配。2011年江达县获得18个入学指标，这18个指标在县城小学和乡小学之间进行分配。依照县城小学80%、乡小学20%的比例，县城小学得到15个指标，而乡小学共得到3个入学指标。位于同普乡的同普小学具有乡小学中最高的教育质量，2011年乡小学学生西藏班考试成绩的前三名都出自该校，从而包揽了分配给乡小学的这三个入学指标。然而，同普小学考生的最好成绩是247.7分，这一成绩要低于江达小学西藏班的最低录取线，也即江达小学第15名学生的考试成绩（277.8分）。很明显，如果不实行向乡小学倾斜的政策，不将入学指标在县城小学和乡小学之间进行分配，那么以同普小学为代表的乡小学将无人考入西藏班。

（据2011年8月22日江达小学、8月24日同普小学访谈记录整理）

尽管教育均衡化政策在一定程度上缓解了教育质量的地区差异，但由于生源、师资和管理水平、教学配套措施的地区差异难以在短时期内消除，教育质量的地区和校际差异尚未从根本上得到扭转。下节将从生源、师资和管理水平、教学配套措施等方面探讨教学质量差异的形成原因。

[①]　作为平权行动（affirmative action）的重要组成部分，美国的大学招生对有色族裔进行了诸多照顾。相关研究分析了这一政策对有色族裔和白人学生的影响（例如，Hickman，2010）。

二 师资、生源质量以及教学水平方面的差异

由于各级财政对西藏教育保持着较强的支持力度，社会各界对学校建设也给予了大力援助，因此西藏学校之间在校舍和教学设施等硬件方面的差异并不大。然而，在师资、生源质量、教学管理水平以及教学配套措施方面，各学校之间存在着较大的差异。

（一）县城小学和乡镇小学在生源方面存在差异

由于县城有幼儿园，县城小学的新生中接受过学前教育的比例较高。相比之下，绝大部分乡镇都没有提供学前教育。藏区乡镇离县城距离往往较远，县城幼儿园的办学规模也极为有限，因此乡镇儿童几乎不太可能入县城幼儿园。接受过学前教育的学生的学习能力和成绩明显高于未接受过学前教育的学生，而学习成绩的这一差异并不会随着学生在校时间的延长而出现快速缩小的态势，因此县城和乡镇在学前教育方面的差异成为导致教育质量差异的重要原因。以往研究证实，5 岁以前是人的能力形成的最佳时间，5 岁以前的经历会对成年后的作为有着长远影响（Almond and Currie，2011）。因此，学前教育对人力资本的形成最为重要。

案例 5 藏区的学前教育

贡觉县现有幼儿园一所，计划招收 80 个学生，实际招生 94 人。该幼儿园位于县城所在地莫洛镇。江达县现在县城所在地江达镇建有幼儿园一所，在园学生 90 多人，主要为干部子女。德格县也只有幼儿园一所，同样位于县城，但即将在乡镇设立幼儿园。

除了幼儿园以外，一些小学开设学前班，但囿于师资、生源与校舍的限制，学前班的规模一般较小。例如，江达小学 2010 年办了学前班，但 2011 年因校舍紧张则未办学前班。贡觉的沙东乡小学开办了学前班，但规模较小，只有八九个学生。而沙东乡小学的一年级有 30 多个学生，因此大部分一年级学生都未接受学前教育。

德格县的马尼干戈乡苏德希望学校办有一年级预备班，学生人数基本等于一年级学生的规模。在苏德希望学校的一年级学生中有 95% 来自预备

班。只有5%的一年级学生未上过预备班。这部分学生大多岁数较大，11~12岁才接受教育。德格县的其他乡镇有的办有预备班，有的则未办。德格县城只有幼儿园，没有预备班。是否办预备班，由区乡小学自己定。师资匮乏是某些学校不办预备班的原因之一。此外，生源规模也是开办预备班与否的重要影响因素。由于预备班的适龄儿童的年龄很小，家长认为这些儿童年龄太小，不愿意将他们送到离家较远的学校上预备班。如果家里离学校的距离较近，家长的顾虑要小很多。因此，学校附近的生源数量也是影响到开办预备班的重要因素。校舍无疑是一个现实的约束，有的学校教室小，间数也少，很难拨出空余教室用来开办预备班。而前面提到的马尼干戈苏德希望学校之所以能够开办与一年级规模不相上下的预备班，是因为该校所在地原是一兵站，空余房间很多。

（据2011年8月贡觉、江达、德格县访谈记录整理）

（二）乡镇尤其是牧区小学学生的学习时间难以保证

在虫草采挖季节，一些农牧民子女选择挖虫草，有些学校则干脆放"虫草假"，形成了"季节性失学"的现象。与其他学校相比，放"虫草假"的学校教育质量无疑会受到影响。即使是在不放"虫草假"的学校，正常的教学秩序也会受到干扰，从而影响到教育质量。在部分学生挖完虫草回到学校后，老师不得不打乱正常的教育进度，给挖虫草的学生补课，对挖虫草和不挖虫草的学生而言，教育质量都会因此而受到负面影响。

案例6 虫草经济对教育的影响

据贡觉教育局扎西罗布局长介绍，当地的虫草资源较为丰富，小孩在挖虫草方面比大人更为灵巧。有的小孩挖虫草很厉害，一天能挖20~30根，而一根虫草大概能卖到30元。该县小学尤其是虫草资源较多地方的小学会在挖虫草的季节中断教学，有的学校会在6月左右放一个月的"虫草假"。

另据贡觉小学李校长介绍，贡觉小学有650个学生，干部子女不到150人。每年5月20日至7月10日是挖虫草的季节，农牧民家学生基本上都去挖虫草了。因此，老师只好将教学重点放在给留在学校的学生复习学过的课程之上，而大幅减缓对新课的教学。由于少了一个多月的正常教学时间，课程的平均教学进度比教学秩序不受虫草经济干扰的学校要快，这无疑会影响到学生对课程的接受和理解。此外，刚回到学校的挖虫草学生需要一段时间来重新适应学校的学习生活，但等适应过来没多久，8 月初就是考试时间。可想而知，这部分学生的成绩自然要受到影响。

在江达县的同普小学访问时，该校的斯郎旺加副校长也提及，该校在 5 月 10 日至 6 月 10 日会放虫草假。虫草假的开始时间根据当年虫草的生长情况而定。虫草假的时间长短不一，有时放二十几天，有时则持续一个月。

德格县在挖虫草的季节要求各校对在校学生数量进行日报和周报。个别学校采取了更为严厉的措施。例如城关小学和学生签订了责任书，如果学生出去挖虫草，则不许学生返校。

（据 2011 年 8 月贡觉、江达、德格县访谈记录整理）

（三）师资和管理

学校之间在师资学历方面的差异较小，但乡镇小学尤其是边远地区小学缺乏有经验的教师。有些地方规定，乡镇小学教师在乡镇工作一定年限后，通过考试选拔的途径可以调入县城学校工作，这在客观上使得有经验、教学能力较强的乡镇教师流入县城，从而扩大了县城和乡镇学校在师资水平上的差距。

案例 7 几所藏区小学的师资

贡觉小学共有 58 位老师，其中非师范专业的占大多数。从学历分布来看，29 位老师为大专学历，10 位老师拥有本科学历，19 位老师为中专学历。值得一提的是，贡觉小学 2011 年新来了 5 名大学生，其中分配来的刚毕业大学生 2 名，从乡镇调入的 3 人。这 3 人是通过贡觉县教育局的考试和听课等选拔程序，从七八个候选人中脱颖而出的。

江达小学现有 57 位老师，大专学历的老师有 38 位，占教师总量的大多数。除了大专学历的老师以外，还有 5 位本科学历的教师和 14 位中专学历的教师。江达县的同普小学有 23 名老师，其中大学学历、大专学历以及中专学历的老师分别为 3 名、18 名、2 名。

德格城关小学共有 46 名老师,其中本科学历的老师 4 名,大专学历的老师 38 名,中专学历的老师 3 名,初中学历的老师 1 名。该校老师绝大多数都是师范院校毕业的,不是师范院校毕业的老师只有 8 名。

德格县的马尼干戈乡苏德希望学校有 19 名老师,其中本科学历、大专学历、中专学历的老师分别为 4 名、11 名和 4 名。在这 19 名老师中,仅有 3 人不是师范院校毕业的。

(据 2011 年 8 月贡觉、江达、德格县访谈记录整理)

为了提高教学和管理水平,藏区学校不仅积极引入刚毕业的合适师资,而且注重对现有师资的培训。

案例 8　各校的培训措施

贡觉小学通过 1 + 1 的模式鼓励教师进修。1 + 1 模式也就是教师一年上班,一年上学。在进修期间,学校给教师仍旧发放工资,但工资水平相比上班期间而言要大为降低。1 + 1 模式的受益者基本上是具备三年教学经验的教师,他们大多通过函授拿到大学文凭。

江达小学也实行了 1 + 1 模式,对教师进修给予了支持。江达小学目前有 5 位老师具有本科学历,这 5 位老师都是通过 1 + 1 的模式获得本科学历的。

德格城关小学的 46 名老师中,有 34 名通过进修获得了更高的学历。第一学历为大专的老师只有 8 名,没有第一学历为本科的老师。经过进修之后,有 4 名老师获得本科学历,学历为大专的老师增加到 38 名。

通过进修后,德格县马尼干戈乡苏德希望学校的老师学历有了大幅提高,本科学历的老师从 1 名增加到 4 名,大专学历的老师从 7 名增加到了 11 名。

(据 2011 年 8 月贡觉、江达、德格县访谈记录整理)

(四) 配套设施

藏区学校在校舍和教学设备等硬件设施方面的差距不大,但在相应配套设施方面存在一定的地区差距。比如,有些乡镇电力供应不正常,电压不稳定，学校机房难以正常运行，因此也就难以通过远程教育的方式获取优质教学资源。

案例 9　藏区小学的机房

藏区小学基本都有机房，配备了教学所需的电脑。笔者在贡觉小学调研时，该校机房正在上课，老师在讲解如何将黑板上的英文字母输入到文本处理软件之中。但由于电脑的数量要少于学生数量，一些电脑面前挤了两个脑袋。贡觉小学的电脑为清华同方的品牌机，显示器是 CRT 的。尽管配置稍显落后，电脑数量也不足，但应该能够满足微机课以及远程教育等教学需求。相比之下，江达小学机房的电脑配置要好于贡觉小学。该校配备的电脑为惠普品牌机，显示器则是 20 寸的宽屏液晶。

德格白垭小学机房的电脑配置大致类似于贡觉小学。然而，白垭小学的郭校长说，当地的电力供应不稳定，制约了该校机房的使用。

（据 2011 年 8 月贡觉、江达、德格县访谈记录整理）

三　家庭背景的地区差异与人群差别

群众对教育的认知以及家庭背景在不同地方有着差别，这些差别与经济状况以及生产生活方式有关。父母亲的学识一方面影响着其对子女教育的态度，另一方面也决定着其能否担当子女课后辅导的角色。研究表明，自 20 世纪 80 年代以来，家庭背景因素对个人教育机会的影响明显上升（李春玲，2003）。因此，家庭背景的地区差异与人群差异对教育普及和教育质量有着重要影响。

案例 10　贡觉县沙东乡格果村的色拉罗布

色拉罗布有着 8 口之家，该家庭是一妻多夫家庭，家长由一妻与三个兄弟组成。色拉罗布的哥哥是户主，也是格果村的村长。色拉罗布有 4 个孩子，最大的是个男孩，今年 13 岁，上小学五年级。8 岁的孩子目前上二年级。此外，色拉罗布还有两个孩子，分别为 5 岁和 1 岁。

色拉罗布一家的人均收入在村里属于中上水平。色拉罗布一家拥有 6

亩地、22 头牦牛、2 匹马、1 辆摩托车、1 台糌粑磨坊机器。色拉罗布一家种植了青稞、小麦、荞麦，但还需要购买粮食才能满足生活需要。经济收入主要来自于虫草，一年大概能有一万元左右。

　　家里的劳力足够用，不太需要孩子放学后帮助家里干活。一般情况是孩子放学回家，愿意干什么就干什么。家长未上过学，但脱盲了。家长觉得教育有用，如果孩子有能力上学，愿意支持他们上学，但不愿意将孩子送出去。（这时在一旁充当翻译的沙东小学校长边巴次仁补充说）当地的初中未好好管理。因此，老百姓觉得送出去上学路远不安全，而且担心小孩学坏。本村的初中生都回村了，在家里干点活，女孩子就出嫁了。边巴次仁接着说，家长教育水平低，想让小孩跟自己在一起。而且家长都是逆向攀比，你不送小孩接受更高教育我也不送。现在受教育并不能保证找到吃财政饭的工作，打工不是他们所期望的。因为藏民好面子，而且打工的工作不稳定，在大学毕业后打工，目前当地无人开这个头。

（据 2011 年 8 月 19 日贡觉县沙东乡格果村访谈记录整理）

案例 11　江达县同普乡的嘎松拉姆

　　嘎松拉姆是同普乡夏荣村村民，嘎松拉姆一家的经济状况在夏荣村处于中等水平。尽管如此，但因夏荣村紧邻国道，属于农区，经济状况在同普乡最好，因此嘎松拉姆一家在同普乡属于上等收入户。嘎松拉姆从小会开车，他看到县城和同普之间的公路正在修建，于是在 2010 年花 8.5 万元钱买了一辆卡车，替公路工程运送砂石等建材。以前嘎松拉姆也挖过虫草、砍过木材、从事过农业生产。

　　嘎松拉姆有 6 个小孩，其中 5 个小孩都受过一定的教育，而且有些小孩的教育程度还相当高。24 岁的大女儿上过小学，初中没考上，现在外做生意。21 岁的二女儿当年考取了内地西藏初中班，继而考取内地高中，现在华东师大就读。19 岁的三女儿因当时家里有事，需留在家里干活，因而未上过学。三女儿现已出嫁，丈夫是同普中心学校的老师。14 岁的四女儿和 13 岁的儿子都在江达一中就读。11 岁的小女儿今年从同普中心学校毕业，考入了内地西藏班。

　　嘎松拉姆认为，能学到知识很好，不要再像他们一样一字不识。嘎松拉姆说，自己有两个小孩考入西藏班，自己在村里挺骄傲。二女儿从内地回来过几次，每次回来都辅导弟弟妹妹学习。嘎松拉姆还展示了二女儿在天津红光中学的获奖证书、毕业证书、华东师大录取通知书等，荣耀和欣慰之情溢于言表。小女儿学习刻苦，自学能力强，希望她以后能跟姐姐一样上大学。

（据 2011 年 8 月 24 日江达县同普乡夏荣村访谈记录整理）

案例 12　成人非农就业与小学生的学习成绩

一般而言，有过非农工作经历的农牧民，能够较为直接地体会到教育收益的实现，因而会对教育更加重视。相应地，他们的子女会取得更高的学习成绩。为了检验这一假说，我们利用了德格县各校的学生平均成绩以及德格各乡的经济状况等数据，对小学三年级的各科学习成绩进行了回归。

表 7-3　语文、数学、藏文成绩的 OLS 回归结果

	语文成绩	数学成绩	藏文成绩
非农就业比例	159.164 ** (76.638)	137.536 * (77.838)	152.001 ** (70.913)
常数项	13.631 ** (5.524)	24.860 *** (5.610)	29.589 *** (5.111)
Adj R^2	0.0888	0.0587	0.0956
观测值	35	35	35

资料来源：德格县教育局和德格县统计局。

注：括号内是标准误差。***、**、* 分别表示系数在 0.01、0.05、0.1 的水平上统计显著。

表 7-3 的回归结果说明，当地（乡）的非农就业比例越高，小孩的成绩也就越高，这一结果证实了我们的假说。从估计系数的数值来看，非农就业比例对学生平均成绩具有较大的作用幅度。非农就业比例如果提高一个标准差（0.056），将能够使得语文、数学和藏文成绩分别提高 8.9 分、7.7 分和 8.5 分。

比较非农就业比例对语文、数学、藏文成绩的影响，我们可以发现非农就业比例对语文成绩的影响最大，对藏文成绩的影响次之，对数学成绩的影响则是最小的。这或许说明了，非农就业经历使得家长较为注重与外人沟通的重要性，因而对汉语和藏语等语言的学习更为重视。也有可能是家长在从事非农就业后，汉语和藏语的语言技能有所提升，能够在一定程

度上帮助小孩对语言的学习。相比之下，数学成绩可能更多地反映了思维能力，短期内的成绩提升并不容易。

四　藏区学生接受教育的实际成本与收益

西藏自治区从 1985 年开始就在农牧区实行以寄宿制为主的中小学办学模式，并对农牧区中小学实行"三包"政策以及助学金制度。根据政策规定，对义务教育阶段的农牧民子女实行包吃、包住、包学习费用，对优秀学生发放奖学金，对普通高中农牧民子女住校和义务教育阶段学校走读的农牧民子女发放助学金。"三包"经费标准近年来不断提高。

2011 年，西藏自治区在义务教育阶段全部实行免费教育的基础上，将"三包"政策扩大到所有农牧民家庭子女、城镇困难家庭和企业困难家庭子女。2012 年，西藏自治区免费教育将扩大至 15 年，即学前 3 年、小学 6 年、初中 3 年和高中 3 年（西藏发改委网站，2012）。从 2012 年秋季学期开始，"三包"经费标准将提高到年生均二类地区 2400 元、三类地区 2500 元、四类地区和边境县 2600 元（新华网，2012）。

案例 13　昌都地区的"三包"及助学金标准

表 7-4　昌都地区 2005 年以来"三包"及助学金标准

单位：元/人

年份	学前	小学	初中	高中	中职
2005		1000	1150	900	
2006		1100	1250	900	
2007		1100	1250	900	
2008		1200	1350	900	
2009		1300	1450	900	
2010		1750	1850	900	
2011	2000	2000	2000	2000	2000

资料来源：昌都地区教育局发展规划财务科（2011）。

昌都地区的"三包"及助学金标准近年来有了较大幅度的提高。义务教育阶段的小学和初中的"三包"及助学金标准分别从2005年的1000元和1150元提高到了2011年的2000元。2011年,"三包"及助学金覆盖到了非义务教育阶段的学前和中职教育,而且学前、高中以及中职教育的"三包"及助学金标准与义务教育阶段相同,都为每人每年2000元。

"三包"经费及助学金的使用遵循一定的使用原则。根据昌都地区的规定,"三包"经费及助学金总计每人每年2000元,其中伙食费为1800元、服装及装备费150元,剩下的50元为作业本和学习用品的支出。

案例14　昌都地区公用经费标准的逐步提高

表7-5　昌都地区2005年以来公用经费标准

单位:元/人

年份	学生公用经费				教师公用经费	
	小学	初中	高中	职校	中小学	职校
2005	60	110	200	500	2200	3400
2006	80	130	220	500	2600	3400
2007	100	150	240	500	3000	3400
2008	150	250	240	500	3000	3400
2009	300	500	240	500	3400	3400
2010	400	600	600	600	3800	4500
2011	400	600	600	600	3800	4500

资料来源:昌都地区教育局发展规划财务科(2011)。

公用经费是指保证农村中小学正常运转、在教学活动和后勤服务等方面开支的费用。公用经费开支范围包括教学业务与管理、教师培训、实验实习、文体活动、水电、取暖、交通差旅、邮电、仪器设备及图书资料等购置,房屋、建筑物及仪器设备的日常维修维护等。

从表7-5可以看到,昌都地区的学生公用经费和教师公用经费自2005年以来都有着较大幅度的增长。小学的学生公用经费增长幅度最大,从2005年的60元提高到2011年的400元,增长了5.7倍。初中和高中学生公用经费也经历了较大的增长,分别增长了4.5倍和2倍。教师公用经费的增长幅度要小于学生公用经费。中小学和职校教师的公用经费分别从

2005 年的 2200 元和 3400 元增长到了 2011 年的 3800 元和 4500 元，分别增长了 0.7 倍和 0.3 倍。公用经费的充足无疑保证了学校正常运转的需要。学校在公用经费充足的情况下，自然也就不会因公用经费的不足而进行教育乱收费，以致加重家长的经济负担，继而对小孩的上学形成阻碍作用。

[资料来源：昌都地区教育局发展规划财务科（2011）]

由于"三包"及助学金政策在西藏的实行，农牧民以及城镇困难家庭子女教育的直接成本基本上由财政负担。而四川藏区尽管没有实施"三包"政策，但"两免一补"政策的力度依然很大。财政以及社会各界也对四川藏区的教育给予了有力的支持。[①] 因此，对藏区学龄儿童的家长而言，上学的成本主要是适龄儿童的机会成本，也即因上学而放弃的收入。很明显，当地适龄儿童可干的活儿越多，上学的机会成本也就越高，对教育的接受程度相应越低。上节中讨论的农区与牧区、农民与牧民在学龄青少年入学率以及教育认知方面的差异，很大程度上即是基于此。此外，上学的机会成本也与学龄儿童的年龄有关，12 岁左右之前由于小孩太小，无法干太多的活，因此上学的机会成本较低。年龄更大的孩子则会因可干的活较多而面临较高的上学的机会成本，他们上学的积极性也会较低。

出生次序对小孩是否上学也有着一定的影响。就上学的机会成本而言，家里年龄最大的小孩无疑是最高的，因为他们需要替家里干活。我们在调研中也发现，在拥有多个孩子的家庭中，出生早的孩子受教育状况通常不如出生晚的孩子。[②]

案例 15　江达县波罗乡四郎轻排一家

四郎轻排现年 49 岁，在邻近的一个乡担任乡人大副主席。他上过 3 年小学，没上过汉语课，但从汉族同事那里学会了用汉语进行口语交流，并能认识一些汉字。他家有 4 个孩子。大儿子 27 岁，小时候帮助家里干活，只上过一年学。大女儿 25 岁，没上过学，学龄阶段也帮助家里干活。18

---

① 例如，德格二小和马尼干戈乡的小学分别由成都市教育局和苏州市援建。
② 当然，"三包"及助学金政策力度的逐年加大，使得出生晚的小孩的上学成本要低于出生早的小孩。

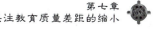

岁的二女儿在江达一中上一年级，6 岁的小女儿则在村小学上一年级。由于西藏自治区义务教育阶段的"三包"政策是于 1985 年实施的，而四郎轻排的大儿子和大女儿分别应于 1990 年和 1992 年上小学，因此上学的间接成本应该是他们俩未完成小学教育的主要原因。

（据 2011 年 8 月 23 日江达县波罗乡访谈记录整理）

从收益的角度看，农牧民子女上学后，将能够获取比未上学时更高的收入。此外，"三包"及助学金政策为农牧民以及城镇困难家庭子女教提供了免费的吃住，这无形中为子女上学的家庭节省了一笔开销，从而降低了农牧民的抚养成本，构成了教育的另一收益。

随着劳动力市场转型的不断深入，以往大学毕业后由政府分配工作的情形已经不再，藏区大学生现今也须自行寻找工作，进入体制内单位的可能性逐渐降低，就业的稳定性大不如前。而部分藏民认为，吃财政饭的工作才是工作，而自主创业或打工并不稳定，而且在朋友、亲戚面前说起来没面子，不管自主创业或打工是否赚钱。从这一角度看，藏民对子女上学尤其是上大学的期望收益有所下降。然而，国内外研究表明，教育收益会随着市场化程度的加深以及技术的进步而不断提高（例如，Card and DiNardo，2002，李实和丁赛，2003）。因此，可以预期，随着西藏市场化进程的深入，教育的收益也会逐步提高。引导藏民从动态的角度考虑到教育收益的变动，保持对子女教育的热情，将能够极大地促进藏区教育事业的发展。

案例 16　德格白垭乡冷茶村扎西措一家

33 岁的扎西措在家照看孩子、从事农业耕作，有时也去附近工地干建筑小工。扎西措通过看电视和打工，掌握了一些简单的汉语。她的丈夫益西 39 岁，上过小学六年级，略通汉语，现在外面做建筑小工。11 岁的四郎翁修是扎西措和益西目前的唯一孩子，现在白垭乡中心小学就读。由于"两免一补"政策的实施，四郎翁修并不需要支付学费和生活费，校服也是由白垭乡中心小学的包乡单位县纪委和烟草公司提供的，扎西措只需给四郎翁修一个月 30 元左右的零花钱。

扎西措家全年收入 2 万元钱，家里没有虫草收入。当地倒是有虫草，但是扎西措家现在没人去挖。四郎翁修有高山反应，无法上山挖虫草。而扎西措因需照看小孩，无法离家挖虫草。扎西措说，"2008年以前德格县的学校会放虫草假，那时我会将四郎翁修送到亲戚家，自己去挖虫草，能够挣到好几千元钱。现在，德格县已不放虫草假，这对农牧民是个损失。由于四郎翁修在虫草季节继续上学，晚上和周末需要回家，因此自己不能出去挖虫草了。"

四郎翁修现在读六年级，目前的成绩比较好，家里准备送他去县中学上学。扎西措说，"大村子里有小孩出去读初中的，但本小组还没有。她同丈夫努力挣钱，就是想让孩子以后能有出息。只要孩子能考上大学，家里肯定会想尽一切办法送他上学。大学毕业后最好能够找到稳定的工作，做生意即使赚钱多，也不稳定。本村就有小孩大学毕业后找到稳定工作的。如果上大学后未能找到工作，也是小孩自己的事情，反正教育还是有用的"。接下来，她用自己的经历说明了识字对做生意和找旅馆住宿的作用。

（据2011年8月26日德格县白垭乡冷茶村访谈记录整理）

五　政策建议

藏区农牧民以及城镇困难家庭子女教育的直接成本基本为零，上学的成本主要是适龄儿童的机会成本，也即因上学而放弃的收入。对小学学龄的儿童而言，不仅上学的机会成本较低，而且上学也节约了藏民的抚养成本，因此，小学教育的普及相对容易。对中学教育而言，学龄青少年面临着更高的间接成本。提高中学教育的收益率，有助于抵消间接成本的影响，从而促进中学教育的普及。在提高教育收益率，促进教育普及方面，需要促进教学内容的改革，使之更加契合未来劳动力市场的需求。同时，也要促进劳动力市场的发育，推进当地非农就业的发展，推广农业生产科技，创造有利环境促使教育收益得以实现。

促进教育均衡化发展，实现有质量的教育公平，就需要提高教育质量尤其是教育落后地区的教育质量。与在教育年限上投资相同，在教育质量上投资同样能够提高生产效率和收入水平（卡诺依，2000，第191页）。

教育质量提升的主要责任在于供方，这需要教育主管部门、学校和老师的共同努力。在坚持既有的教育均衡化政策的基础上，建议采取以下对策：

其一，大力推进幼儿园建设，促进乡镇学前教育的发展。在师资和校舍允许的情况下，小学可以办学前班或预备班。

其二，严格执行教师资格标准，加强学校管理层和教师培训，提升教师专业技能。对长期在基层和边远地区工作的教师在工资、职务、职称等方面实行倾斜政策，以稳定教师队伍。设计合理的考核机制，将教育质量的考核纳入教师绩效范围。

其三，降低乃至消除"季节性失学"对教育质量的不良影响，维持虫草采挖季节的正常教学秩序。鉴于虫草是农牧民收入的重要来源，全面禁止学生挖虫草并不现实。学校可以考虑在确保总体教学时间的前提下，对假期的安排进行结构性调整。具体方法可以为在虫草采挖季节提供一定的假期，并相应地缩短其他假期。

其四，改善办学条件，加强基础设施建设，为边远地区的乡镇学校提供良好的配套设施。

参考文献

昌都地区教育局发展规划财务科：《昌都地区学前教育阶段农牧民子女补助和中小学"三包"政策及助学金制度规定明白卡》，2011。

当代中国西藏编写组：《当代中国的西藏》，当代中国出版社，1991。

丁玲辉：《西藏教育的历史性跨越》，《人权》2011年第3期。

纪春梅：《全免费背景下西藏农牧区中小学教育质量现状及其影响因素分析》，《教育与经济》2010年第3期。

卡诺依：《提高教育质量的收益》，载卡诺依编著《教育经济学国际百科全书》（第二版），闵维方等译，高等教育出版社，2000。

李春玲：《社会变迁与教育机会分配——家庭背景及制度因素对教育获得的影响（1940～2001）》，《中国社会科学》2003年第3期。

李实、丁赛：《中国城镇教育收益率的长期变动趋势》，《中国社会科学》2003年第6期。

路爱国：《农区基础教育调查报告》，载王洛林和朱玲主编《市场化与基层公共服务》，民族出版社，2005。

魏众:《云南青海藏区的义务教育研究》,载王洛林和朱玲主编《如何突破贫困陷阱——滇青甘农牧藏区案例研究》,经济管理出版社,2010。

西藏发改委:《西藏自治区扩大农牧区教育"三包"政策》,2012,http://www.xdrc.gov.cn/ReadNews.khtml? NewsID=3016。

新华网:《西藏进一步提高"三包"及城镇困难家庭子女助学金标准》,2012,http://news.xinhuanet.com/local/2012-08/02/c_112607810.htm。

周爱明:《西藏教育》,五洲传播出版社,2002。

《西藏和平解放六十周年 创造教育事业发展奇迹》,《中国教育报》,2011年7月19日。

Almond, Douglas and Janet Currie, 2011, "Human Capital Development before Age Five", *Handbook of Labor Economics*, Vol. 4B, Elsevier.

Card, David and John E. DiNardo, 2002, "Skill-Biased Technological Change and Rising Wage Inequality: Some Problems and Puzzles", *Journal of Labor Economics*, Vol. 20 (4), pp. 733–783.

Hickman, Brent, 2010, "Effort, Race Gaps and Affirmative Action: A Structural Policy Analysis of US College Admissions", Working Paper, Department of Economics, University of Chicago.

第三篇

社区文化和生活基础设施建设

第八章 农牧民阅读习惯与
基层公共图书馆建设

周 济

在我国西部地区，尤其是藏族地区，由于其特殊的自然地理环境，加之人口稀少而居住又相对分散，如何加快基层公共图书馆的建设，尽可能做到既不同于内地的建设模式，又能符合本地经济社会的发展需求、人民群众的文化生活需要，确实是摆在我们面前的一道新课题。笔者在四川甘孜藏族自治州巴塘县、西藏昌都地区及所辖的芒康县、左贡县及昌都县"一地四县"的实地考察中发现，如果各级政府能够从农牧民的阅读习惯出发，来建设藏区的基层公共图书馆及其服务网络，也许是一种更有活力、更富成效的可持续发展思路。

一 一地四县人口及文化结构

基层公共图书馆是为广大人民群众服务的公益性事业机构。它的建设需要考虑当地人口及其文化结构的实际。任何脱离这个实际的做法，很可能出现一些令人尴尬的局面。造成一方面投入大量资金建造的图书馆因种种原因得不到充分利用而浪费人力物力，另一方面，广大人民群众日益增长的文化需求因提供的服务缺位又得不到满足。据2000年全国第五次人口普查的统计，一地四县的人口结构见表8-1。

表 8-1　四县城乡人口分布

县别	总人口	乡村人口	城镇人口	乡村人口比重（%）
昌都	93413	74617	18796	79.88
芒康	72990	70685	2305	96.84
左贡	41771	40097	1674	95.99
巴塘	43477	38107	5370	87.65

注：四县各自总人口原统计上有出入。

资料来源：根据《昌都地区志》（2005 年）和《巴塘县志》（续编，2001 年）有关统计数据整理。

从表 8-1 可以发现，四个县中的乡村人口占各自所在县总人口的绝大多数。因此，生活在农牧区的农牧民应该是基层公共图书馆服务的主要对象。

另外，在四个县的总人口中，其文化结构见表 8-2。

表 8-2　四县人口文化结构

县别	小 学		初 中		高 中		大专以上		文 盲	
	合计	占总人口（%）	合计	占总人口（%）	合计	占总人口（%）	合计	占总人口（%）	合计	占总人口（%）
昌都	33789	35.79	9188	9.73	5553	5.88	1549	1.64	25265	26.76
左贡	8609	20.59	910	2.18	565	1.35	104	0.25	22435	53.67
芒康	14325	19.58	1816	2.48	772	1.06	174	0.24	39963	54.63
巴塘	9360	21.40	2924	6.70	2294	5.20	376	0.86	24378	55.60

资料来源：根据《昌都地区志》（2005 年）和《巴塘县志》（续编，2001 年）有关统计数据整理。

从表 8-2 中还可以看出，除昌都县外，其余 3 个县的人口在接受教育的程度上，还处于相当低的水平。尤其是文盲人口的数量，仍然超过了各县总人口的一半以上。所以，基层公共图书馆的建设还需要考虑这个现实。当然，表 8-2 中的数据是 2000 年的统计，经过近 6 年的"普六"和"普九"以及各地扫盲工作的开展，文盲和半文盲的人数在四个县中会有不小的变化。但这种变化，还不能从根本上改变目前整体文化水平偏低的状况。

作为藏区，还有一个问题不能不引起我们的关注和重视，那就是语言。就目前的情况来看，具有小学文化水平的农牧民，大都只能认识藏文，汉语的读物难以看懂。而表 8 - 2 中显示的这部分人群又占到了具有文化水平总人口的绝大部分。同样他们的阅读兴趣对于基层公共图书馆建设有着非常现实的意义。

二　农牧民阅读兴趣分析

（一）全国国民阅读兴趣

经国家有关部门批准，中国出版科学研究所在 2005 年进行了第四次全国国民阅读调查。其结果显示，文学类图书继 1999 年和 2001 年连续两次居读者最喜爱的读书排序首位后，于 2005 年再次位居第一。文化、科学、教育、体育类书籍尽管排序下降至第二，但是读者的涉及率仍然持续上升，达到 17%。在这次调查中，军事类图书、综合性图书和法律政治类图书，分别居读者最喜爱的图书排序第三、第四和第五位。

另外，在国民主要阅读的杂志类型中，文化娱乐类杂志位居首位，占26.2%。其次是家居生活类杂志，占 15.9%。文学艺术类、时尚消费类和新闻时政类的阅读率也都超过了 10%。如果按城乡来划分，城镇居民的杂志阅读率为 68.2%，平均每人每年阅读杂志 11.3 本。农村居民的杂志阅读率为 47.9%，平均每人每年阅读杂志 5.3 本。与前 3 次的调查结果相比，城乡居民的杂志阅读率相继呈现出回升的趋势。

这次国民阅读调查的结果，还有三个方面的变化不能不引起我们的注意。第一，2005 年我国识字者杂志阅读率为 55.3%，超过了 42.2% 的国民图书阅读率。在我国识字者杂志阅读总体中，每人每年平均阅读杂志7.4 本。在杂志读者总体中，每年读过 9 ~ 12 本杂志的读者比例最高，占18.7%；每年读 5 ~ 8 本杂志的读者比例，占 14.9%；每年读 25 本杂志以上的读者比例，占 7.4%。第二，与图书阅读率逐年降低相反，近年来我国国民网上阅读率正在逐年增加。据统计，国民上网阅读率从 1999 年的3.7% 增加到 2003 年的 18.3%，再到 2005 年的 27.8%，每年平均增长107%。第三，调查中有 84.1% 的人认为在当今社会，读书的作用对于个人的生存和发展来说是越来越重要；有13%的人认为与前些年相比没有什么变化；有2.9%的人认为是越来越不重要。但与前3次的调查结果相比较，读者认同"读书越来越重要"的比例比2001年的92%下降了7.9个百分点。当然，由于媒介多样性的发展，尤其是网络的发展，读书不一定成为掌握知识的唯一途径，不认同"读书越来越重要"的人未必不认同"知识越来越重要"。①

（二）农牧民的现实阅读偏好

笔者在一地四县的实地调查发现，尽管这里大多数的农牧民文化水平不是很高，但在那些具有一定文化水平的农牧民中间，他们的阅读偏好同第四次全国国民阅读调查有很多相似或一致的地方。

案例1　活到老学到老的益西卓玛

家住四川巴塘县城所在地夏邛镇架炮顶自然村的益西卓玛，女，藏族，67岁。

益西老人在8岁时因父母双亡成为孤儿。其妹妹由舅舅照顾，她则被送进了由美国人在巴塘开办的教会孤儿院，由一位被称为林牧师的神职人员收养。林牧师给她取了一个英文名——美丽安。这一期间，她在教会学校上了小学一年级。巴塘解放后，地方政府安排她到人民小学（现在的县城第一完小）继续学习了两年。后来，因妹妹和出家当喇嘛的舅舅需要供养，她不得不辍学回家参加生产队的劳动。

上过三年小学的益西卓玛，白天参加生产队的劳动，晚上在生产队夜校当兼职老师。以后又被推选为生产队的副队长，负责全队的劳动考勤。为完成好自己所承担的任务，她一边虚心求教，一边抓紧自学。功夫不负有心人，经过努力，她基本上能看懂汉文版的小说和报纸，同时也能读懂藏文。

像她这样进过教会学校，认识汉文并有一定文化水平的人，在当年解放军18军进军西藏经过巴塘时，都先后报名参加了18军。如今那些儿时的伙伴现都在西藏工作，有的已经成长为各地各级的领导干部。

---

① 参见曲志红《我国看杂志的读者越来越多了》，新华网北京，2006年4月21日。

言谈之间，我发现老人怀里好像揣着书本之类的东西。一打听，原来就是一本开本不大的藏文经书。问她为何这样做，她笑眯眯地告诉说，只要有空坐下来，她就想看看，不时还会大声诵读。养成这样的习惯，完全是年轻时经常学习的结果。

架炮顶村位于县城边上。地理上的便利使得她知道县城里有文化馆，文化馆里有图书室。图书室她去过多次，目的就是看看报刊并借一些文艺书籍。现在年纪大了，腿脚不太利索，已有好几年没有去。问起镇上有无文化站，她说，夏邛镇以前有一个文化站，文化站里的图书也不少。到底有多少册不太清楚。现在文化站没有了，里面的图书也都丢了。

案例 2 富裕户的文化生活

西藏昌都县柴维乡翁达岗村是昌都县较有名气的富裕村。该村离昌都县城有 90 多公里，离乡政府也有 20 多公里，坐落在群山之间的一个山冈上。全村主要的致富途径是加工佛像和出售唐卡。近年来，村中已有不少人家致富后，搬到昌都县城或拉萨定居。尽管如此，也有不少的村民留恋故土，不愿离乡。堆江就是其中之一。

堆江，男，46 岁，藏族，小学文化程度。在全家 14 人当中，大部分都是小学毕业。堆江家现有小汽车 2 辆。宽敞明亮的住房和装修华丽的经堂，一看便知是一户殷实人家。这些年来，由他加工佛像和一个弟弟画唐卡出售，加上 27 亩耕地及喂养的 20 多头奶牛，全家年收入达到了 10 多万元。

劳动之余，堆江和全村的大多数人一样，打打台球，看看电视，读读书刊。在翁达岗村，大部分人都是小学文化水平。他们只能看懂藏文版的书刊，汉文版的书刊可以说是基本看不明白。谈起乡文化站，堆江去过几次。到了那里，也就是翻阅一些图书和报刊。至于为什么不能常去，他认为，翁达岗村离乡文化站有 40 多里路，来回一趟就是开着小汽车也得一段时间。由于山间的土路路况不好，弯多险多，为了安全，汽车不能开得太快。仅凭这一点，村里的人要做到经常去就不大可能。何况多数人专程去的次数很少，许多时候都是顺便去转转。

作为富裕村中的富裕人家，虽然远离文化站，并不等于就远离了文化生活。堆江家的孩子们因为生意经常进城，他们都会借机买回一些藏文版的书刊，供自己和全家人阅读。当然，这些书刊的内容主要还是文学和休闲娱乐方面的，其他内容的书刊买得不多。

此外，在全村，由于大家都比较富裕，各家各户也会利用不同的机会购买一些文学艺术类的书刊自己学习。久而久之，这些各自购买的书刊又会在日常的相互交流中传看，从而形成一种自发的流动。人们在这种自发的书刊交流学习过程中，不知不觉地得到了精神上的一些满足。

（三）农牧民的潜在阅读兴趣

不可否认，一地四县不少的农牧民读者同内地读者一样，喜欢阅读文学类的图书和文化娱乐类的杂志。随着当地社会的进步和经济的发展，不少人已经意识到科学知识和科学技术对于改变自我的生存环境、提高自身乃至全家生活质量的重要性。尤其是生活在城镇周边的农牧民，更是希望能在较大程度上从政府提供的公共服务中，得到他们所需的知识和技术。

案例3 道师顿珠

四川巴塘县苏洼龙村是苏洼龙乡政府的所在地。在退休老乡长阿扎（60岁，藏族）的家里，访谈中得知有一位道师①正在二楼的一间房子里念经。出于好奇，在征得主人的同意后，由阿扎带领来到道师的身边。只见他临窗正襟盘腿而坐，面前的小桌上放着一沓经书，声音忽高忽低地念着我根本就听不懂的经文。经阿扎介绍并说明来意后，道师停下念经和我们一起交谈起来。

道师名叫顿珠，今年43岁，藏族。初中毕业的他能说、能读、能写藏文，汉语水平也不错。听他介绍，这一带的道师主要任务是在家务农，有时也应邀上别人家里念经。替人念经时每天吃完早饭出门，午饭和晚饭在主人家里吃。另外还能得到一些报酬，通常情况下一天能得到人民币15元。但也不完全一样，有的人家给得多，有的人家给得少。在时间上也没有一定之规，最少的一天，最多的长达一个月。一般来讲，道师念的经和

---

① 藏族地区的宗教活动，一般都是由寺庙的喇嘛来进行，道师并不常见。然而在四川甘孜州巴塘地区确有这样一些不属于任何寺庙，但在民间从事宗教活动的人。

寺庙的喇嘛念的经是不一样的。到底怎样来区别呢？原来它是当村民在寺庙打卦时，由寺庙里能打卦的喇嘛在纸上写出家中需要念哪些经书，村民据此自己决定究竟是请喇嘛还是道师来家中念经。

苏洼龙村有500多村民，其中大约有2/3的人是文盲。文盲中主要是老人和学龄前儿童。能看懂藏文图书的大约有100多人，能同时看懂藏文和汉文读物的人并不多。顿珠在全村中算得上是一个有着较高文化水平的人。他告诉我，苏洼龙村尽管是乡政府的所在地，这里的文化生活还是非常单调。好在如今各家各户都有电视，否则空闲时间真不知道该干些什么。只有在逢年过节时，全村的男女老少才会集中在一个大的空场子里，一起唱歌和跳弦子舞。毕竟这样的机会和次数不是太多。如果能在这里建一个文化站，给我们提供一些图书和报刊学习，丰富大家的业余生活，那就太好了。可惜的是，政府没有这么做。

老乡长阿扎接着说，村里的人要想看看书，学习些实用的种植技术，只能到76公里之外的县城去购买。村民去县城主要是找县农牧局、县科委。至于县城里有没有图书馆他并不清楚，更谈不上可以从图书馆里借书来看。说到建立文化站，以前别的乡镇搞过，大概有3家。听说现在都垮了，原因不是很清楚。而苏洼龙乡却是一直没有建过文化站。

案例4 信奉天主教的藏族小伙子

小伙子名叫梅样南，藏族，家住西藏芒康县纳西民族乡上盐井村。由于他爷爷信奉天主教的缘故，全家直到现在仍随着信奉天主教。

梅样南全家有4口人。儿子在盐井读小学三年级。女儿在拉萨上学。爱人是文盲，在家种着2亩地并经营着5块大小不一的盐田。① 他本人平时则开着一辆出租小面包车，往返于盐井和芒康县城之间。

梅样南初中毕业，藏汉两种文字的书刊都能看懂，他白天忙于劳动，晚上在家辅导孩子学习。休息时间，除了看看影碟，就是听听音乐。自己家里有一些书刊，其中不少是一位在北京的朋友给他寄来的，主要是农业

---

① 澜沧江流经盐井境内有一公里左右的江段可以生产井盐。盐田就是在此江段两岸的山坡上，用木材加土石依山势搭建而成。其面积大小不一，大的20平方米左右，小的仅有几平方米。

技术和养殖方面的内容。他认为,这些书里讲的东西在盐井可操作性不是很强,看完之后还是不太明白究竟该怎样做。

当问到为什么不去乡文化站借一些通俗易懂的书来看时,他的表示先是很惊讶,不知道乡里有文化站。当告诉他乡里不仅有文化站,还有不少的各类书刊,地点就在乡政府里面。他又连连摇头,表示自己不太可能去。问及原委,其回答出人意料。他觉得,那里是乡政府办公的地方,每天都会有大大小小的干部在里面。自己只是一个普通的老百姓,见了他们都不知道说什么,所以不好意思进去。

梅样南认为,如果文化站不在乡政府里面,一定会经常去看看。如果有适合自己口味的书刊,当然愿意借回家来好好学习。

三　现状与观察

(一) 已有的公共图书馆

在一地四县,基层公共图书馆的建设总体上来说起步较晚,有的县至今还没有图书馆。即使是已有的公共图书馆,由于经费不足,专业人员匮乏等原因,其发展也是困难重重,步履维艰。

1. 昌都地区图书馆

昌都地区图书馆最初于 1979 年成立。1981 年在原图书馆的基础上正式成立地区群众艺术馆,图书馆变为群众艺术馆里的图书室。

2001 年,重庆市为贯彻落实中央第四次西藏工作座谈会精神,对口援助昌都地区,开始建设地区图书馆新馆。新馆工程总投资 1000 万元,于同年 7 月动工,2002 年 7 月竣工。新图书馆楼高 4 层,建筑面积 4124 平方米,内有书库 5 个、图书阅览室 1 个、报刊阅览室 1 个、电子阅览室 1 个、音乐阅览室 1 个。还有多功能报告厅、会议室、办公室等。

从群众艺术馆里又分离出来的图书馆,正式编制为 12 人,属于事业地区级全额拨款单位。目前,图书馆有工作人员 10 人。其中,本科学历 2人,大专学历 5 人,高中以下 3 人。具有初级专业技术职称 4 人。图书馆现有藏书 4 万余册,每年订杂志近百种、报纸 20 多种。新建的图书馆于

2003 年 5 月正式对外开放，开始接待读者，对外办理书刊借阅业务。现已办理图书借阅证 300 多个。2005 年年初，为完善图书馆的硬件设备，重庆市政府再次援助 150 万元。主要用于电子阅览室的计算机购置、报告厅及其他附属项目的完善和修建。

在西藏，包括内地的一些地区（市）级公共图书馆中，昌都地区图书馆的硬件是相当不错的。然而，前来阅读的读者却不多。即使有读者进馆，也是直奔报纸和杂志而去。投入巨资新建的图书馆，从外表来看，漂漂亮亮，气势不凡，算得上是昌都的一个标志性建筑。这样的图书馆，为什么就不能够吸引读者呢？

2005 年 7 月 15 日上午，笔者在地区图书馆同图书馆馆长的对话解开了这一疑问。

问：据我所知，在西藏六地一市中，昌都地区图书馆是建得较早的一所公共图书馆。请你介绍一下图书馆现在的情况。

答：图书馆新馆虽说在 2003 年 5 月 1 日正式对外开放，由于一些原因，到现在还未完全走上正轨。比如，有些书还堆在书库，没有整理上架，无法投入利用。报告厅的投影设备及座椅这几天才安装完毕，正在调试。电子阅览室的计算机即将到货，已经请人着手安装。

问：新图书馆的条件确实很好。请问图书馆书刊的借阅情况怎样？来这里看书、借阅的人多不多？

答：图书馆规定，凭借书证一次可以借阅图书 5 本，借期 15 天。杂志 5 册，借期 7 天。但现在来这里借书的读者不多，偶尔有人来也大都是直奔报刊阅览室。

问：为什么？

答：虽说图书馆是新建的，可它实在是没什么新书可借。

问：为什么不买新书呢？

答：新图书馆自 2003 年开馆以来，地区财政除了保证我们工作人员的工资及补贴发放外，没有拨过购书专款。没有钱，图书馆就没有办法购买新书。现有的 4 万多册藏书全部是原群众艺术馆图书室多年积累转交过来的。

问：那你们为什么不向上级申请购书经费呢？

答：我们年年打报告申请，年年没有结果。有时的答复是："现在已有互联网了，还用买什么图书。"

问：那现在图书馆征订报刊的经费从何而来？

答：每到年底，我们就去地区财政局反复申请，请求他们支持我们的工作。于是地区财政局就拨给我们 2 万元钱。图书馆用这些钱，来维持订购的近百种杂志和 20 多份报纸。如果没有这些报刊，恐怕来图书馆的人就更少。好在我们的电子阅览室很快就能投入使用，相信那时的局面可能会好一些。

问：电子阅览室准备配备多少台计算机？

答：大约五六十台吧。

2. 四川巴塘县图书馆

1997 年，从县文化馆分离出来的图书室，升格为图书馆。图书馆成立后定编 8 人，实际只有 3 人。近年来，随着一位老同志退休和一位调任县文化局副局长，图书馆目前实际只有 1 位工作人员。

图书馆成立之初，县财政每年拨款 2000 元，用于订购书刊。到 2000 年后，县财政就停止拨付这笔购书款了。为了吸引读者，支撑图书馆的门面，图书馆不得不将这仅有的财政拨款，全部用来订购报刊。因此，图书馆自建馆以来就没有购进过一本新书。现有的近 4000 册藏书全部是原文化馆图书室转留过来的。即使如此，为弥补订购 20 多种报纸和近 40 种刊物经费的不足，图书馆不得不通过多种方式创收，如开办舞厅、台球室、出租门面房等。随着市场竞争的加剧，这些创收的方法都难以为继。自 2000 年后，被迫停订了大部分的报刊，仅保留了《四川日报》和《甘孜州报》两种。

1989 年的巴塘大地震后，在中央和四川省的大力支持下，巴塘县在县城人民广场旁边建起了一座 3 层楼房的新图书馆。但是，这座新馆一直未能交由图书馆使用。几年之后，分别分给了县委宣传部、县妇联和县团委三家使用，这三家单位又各自将它们出租并收取租金。新成立的图书馆目前依然和从前一样，同文化馆等部门挤在一起办公。

走进今天的巴塘县图书馆，如果不是专程而来，很难将它与图书馆联系起来。偌大的阅览室，映入眼帘的不是摆放有序的阅览桌椅、井井有条的图书和报刊。只见一些桌椅零乱地摆放在阅览室的四周，中间空空荡荡。原来，这里已经变成了县文艺演出队的排练场。

打开图书馆唯一的一间20多平方米的书库，屋顶一方顶皮脱落，裸露出大块的水泥墙顶。破败之感，油然而生。布满尘土的几排书架上，摆满了政治、文学、历史、地理等各类书籍。不难看出，这些藏书大都是20世纪七八十年代的出版物。还有一些图书因场地和书架有限，不能上架，只好打成捆分别堆在书架顶部和地上。整个书库所见到的比较新的图书大约有近200册，也同样堆放在两个纸箱里面。这些较新的图书，还是四川省文化厅在"三下乡"活动中承诺赠送给图书馆，由图书馆委托熟人或利用上成都出差的机会分别带回来的。

截至2004年年底，巴塘县总人口约为4.5万。县图书馆的全部藏书按4000册计算，人均只有0.09册。在巴塘，藏族人口占总人口的96%。[①] 其中大约有10%的人能看懂藏文图书。令人遗憾的是，县图书馆的全部藏书文种都是汉语，几乎没有藏文版的图书。

今天的巴塘县图书馆，由于没有新的报刊，加之多年未购新书和场地、人员等原因，向读者开放的条件基本丧失，只好闭门谢客。何日才能重新开馆，目前仍然是一个未知数。

3. 昌都县图书馆

昌都县图书馆的前身是1996年设立的县文化馆图书阅览室。2002年年底，图书阅览室和县委党校图书室联合共建，正式成为县图书馆。当时图书馆的全部藏书共有五六千册。2003年，重庆市捐赠图书近4万册。图书馆成立之时，县文化局在办公楼里腾出场地，使馆舍面积由原来的20多平方米扩大为近200平方米。目前，图书馆没有专职工作人员。图书馆馆长由县文化局一位副局长兼任，唯一的一名工作人员则是党校的一位老师兼职。

近两年，县图书馆的书刊来源主要有三个方面。一是县委党校每年拿出1000多元钱，购买一部分，二是县委组织部及其他县直机关转送一部分，三是文化部门提供一部分。如今图书馆的藏书总计接近5万册。其中藏文版图书大约有近万册。

---

① 参见巴塘县人民政府《巴塘县经济社会发展情况汇报》（打印稿），2005年6月29日。

从图书馆成立开始，它的主要服务对象是县直机关的工作人员和县委党校的学员，还有县属各乡、镇的干部。普通群众来借阅的基本没有。正因为如此，图书馆的书刊可以外借，借阅人只要填写借书条即可。借书条由工作人员自己印制，内容主要有所借书（刊）名、借阅人、借阅时间和归还时间四项。一般借阅期限最长可达一个月。如此宽松的借阅条件，一些乡、镇干部就成了图书馆的主要和固定读者。他们利用到县城开会、办事的机会，都会从图书馆借走一些书刊带回去学习。由于服务对象相对集中，县图书馆至今还没有发生过借书不还和书刊丢失的现象。

同大多数基层公共图书馆一样，由于经费的不足，昌都县图书馆每年补充的新书非常有限，藏书质量的老化现象严重。有许多适合本地需求需要收藏的新书无力购买，使得有限的需求也不能较好地得到满足。又因为没有专门的人员编制，专业人员缺乏，作为公共图书馆最基本的业务工作未能开展。例如，它既没有编制检索目录，也没有进行图书分类，更谈不上有索书号和严格的分类排架等等。所有这些，无形之中都降低了图书馆的服务质量。不仅如此，就是重庆市捐赠的几万册图书，还有相当大的一部分被装箱打包，闲置在库房，难以发挥应有的作用。

（二）乡镇文化站

在传播科技文化知识，开展健康文明的文化娱乐活动方面，乡镇文化站有着承上启下的多种服务功能。需要强调的是，作为县级公共图书馆服务网络的延伸，应该是乡镇文化站的主要服务功能。

应当承认，为建立文化站，各县都在资金上进行了尽可能的支持。例如：芒康县在 2003 年就一次性补贴每个文化站人民币 3000 元。昌都县直到现在，仍继续坚持给 5 个文化站每年分别补贴人民币 1000 元，用于订购报刊。为保证文化站活动的持续开展，各县都把它纳入全县每年文化建设和精神文明建设的考核之中。对于考核不达标的文化站，分别给予精神和物质的双重处罚。昌都县在《2003 年度昌都县乡（镇）精神文明建设目标责任书及评分一览表》中第 21 条规定："建立健全乡镇文化站，要有管理制度上墙，有上报文化站开展活动取得的实效材料。"同时还明确指出，执行这条规定经考核合格得 3 分，若不合格则扣分。具体扣分多少，视考核中合格程度高低而定。另外，还需要在表中注明"扣分因素"，便于日后整改。①

尽管地方政府在乡镇文化站的建设中想尽办法，然而时至今日，还是因为经费和人员等多种因素，已有为数不少的乡镇文化站的活动实际上处于瘫痪和半瘫痪状态。乡镇文化站建设中先天和后天的不足不时显现出来。

四川巴塘县共有 19 个乡镇，只有 3 个条件较好的乡镇建有文化站，但时间不长先后消失了。原因又是什么？笔者在同原先担任过县文化旅游局的副局长，现任竹巴龙乡的党委副书记进行了一番交谈。

问：听说巴塘县原来有三个乡镇建有文化站。竹巴龙乡就是其中之一，是什么原因文化站又没有了呢？

答：我们乡的文化站于 2000 年正式建立。大概在 2004 年就停止活动了，停止活动的直接原因有两个，一是负责管理文化站的人员调到团县委工作了。这位同志原先是乡里的文书，文化站是她兼职管理的，她本人也很喜欢管这件事。二是原来文化站的场地要改造。所以直到现在还没有恢复。

问：现在的场地改造完了吗？新的文书有了吗？

答：改造完了，新的文书也有了。

问：那文化站怎么还没有恢复活动呢？

答：……（半天无语）现在乡文化站不能恢复活动，主要原因还是没有人员编制和缺少活动经费。现在乡政府的人员紧张，每个人的任务很重。如果要是有专门的人员编制，情况可能就不是这样。据我所知，其他两个乡镇文化站活动的停止，也是因为这些原因。我们县的财政紧张，现在还是国家级的贫困县。多一个人员编制，就多一份工资福利支出。这个账谁都会算。没有钱，好多想做的事情就做不了。我来竹巴龙乡之前，是县文化旅游局的副局长，县图书馆的现状我同样清楚。你想，县图书馆的日子都不好过，作为乡镇一级的文化站能好到哪里去？

问：文化站有多少图书？主要是哪些方面的内容？现在这些书又

---

① 《2003 年度昌都县乡（镇）精神文明建设目标责任书及评分一览表》总共有 35 条，满分为 100 分。其中 6 条为 4 分，21 条为 3 分，5 条为 2 分，3 条为 1 分。

在哪里?

答:大概有400多册图书。主要内容是科普方面的,还有一些文艺书籍和少儿读物。自从文化站场地改造开始,这些图书便装进了几个大纸箱。现仍放在一间小房子里。

问:当时这些图书是怎么得到的?

答:全都是从有关部门要来的。如甘孜州宣传部、巴塘县图书馆等。

西藏昌都地区左贡县的文化站建设也有自己的苦恼。对左贡县田妥镇党委书记的访问可见一斑。

问:请书记介绍一下镇文化站的情况?

答:镇文化站是2003年正式建立的,以前是1998年建成的镇文化室。文化站现设在镇办公楼内,由一位副镇长兼职管理。文化站的书籍主要是通俗易懂的科普读物,不同内容的加起来大约有200来种、500余册。全部书刊约90%是藏文,汉文版的书刊很少。文化站还有报刊,像《人民日报》,藏文版的《西藏日报》《昌都日报》《西藏科技报》。这些报刊都是由县委宣传部出资统一订购,通过邮政部门每半个月送来一次。镇文化站不用花钱。

问:文化站是每天开门吗?

答:不是。一般一个月开两次,也就是每月的15号、30号各开一次,每次的时间为2~3个小时,而且主要是在农闲的时候开门。

问:来文化站看书学习的农牧民多吗?

答:附近的农牧民有时间都愿意来,离得较远的来得不多。我们一直在鼓励他们来学习。比如,我们这里海拔太高,养鸡养猪都非常困难。喂养藏猪勉强可以,小鸡就很难孵养出来。如何解决这些问题,就需要学习。学习需要条件和地点,文化站有科普录像,有关于种、养殖的图书。这些虽不能完全解决问题,但总能提供一些有益的帮助和启发。这里的农牧民,尤其是离镇较远的农牧民,文化水平不一样,对问题的认识也不同。一些村干部的学习积极性较高,不用组织他们都来。农牧民就必须组织,能主动来的人很少。另外,如今有一定文化水平的年轻人大部分都外出打工，在家的都是些老人、妇女和小孩。他们的文化水平非常有限，尤其是汉文版的书刊，基本上看不懂。这也是来文化站的人不多的原因之一。

（三）藏文图书的出版发行

经费和人员的缺乏，使得一地四县的基层公共图书馆及其服务网络的建设相对滞后，已经在一定程度上影响到农牧民的阅读需求。然而，影响农牧民阅读需求的原因不仅仅是这些。我国藏文图书出版发行的数量偏少也是原因之一。

据了解，全国出版发行藏文图书的出版社共有8家，全部编辑加在一起仅有60人。近几年每年出版发行藏文图书大约300种左右（不含学校教材）。而在以前出版发行的数量不足百种。仅以国内最大的藏文图书出版发行单位民族出版社从2000~2006年间出版发行的图书数量和品种为例，就可以看出我国藏文图书出版发行的概况。

表8-3是根据中国图书馆图书分类法的学科分类进行统计的2000~2006年藏文图书出版发行计划。结果显示，我国藏文出版发行的主要是文化、科学、教育、体育、语言、文字、文学、历史、地理、医药、卫生、综合等6大类图书。其他的学科几乎没有或很少涉及。

表8-3　2000~2006年藏文图书出版发行计划

年　　份	2000	2001	2002	2003	2004	2005	2006
A. 马列主义、毛泽东思想、邓小平理论					1		
B、哲学、宗教	3	11	6	17	25	12	6
C、社会科学总论		1			2		1
D、政治、法律		1	5	12	6	4	2
E、军事							
F、经济					2		
G、文化、科学、教育、体育	3	3	3	5	22	46	42
H、语言、文字	9	15	7	8	12	18	20
I、文学	4	7	20	14	40	35	33
J、艺术	1		2	3		3	3

续表

年 份	2000	2001	2002	2003	2004	2005	2006
K、历史、地理	7	5	9	10	10	18	15
N、自然科学总论	2		1		2		
O、数理科学和化学			1				
P、天文学、地球科学	1		1	2	8	2	3
O、生物科学			1		2		
R、医药、卫生	8	5	4	8	18	60	52
S、农业科学			1		1		5
T、工业技术			2		3		4
U、交通运输							
V、航空、航天							
X、环境科学、安全科学					1		2
Z、综合性图书				11	8	30	25
合 计	38	48	63	90	163	228	213

资料来源：根据民族出版社藏文编辑室 2000～2006 年出版计划整理。

四 讨论与建议

一般来讲，基层公共图书馆的建设和发展脱离不了当地经济社会发展的实际。按照我国现行管理体制，除国家图书馆外，其他的公共图书馆，包括基层公共图书馆的管理和运作由各级地方政府负责。如此一来，财政状况好的地方，在公共图书馆的建设上就会加大投入。例如全国经济百强县之一的江苏省昆山市，投入巨资兴建了一所具有国际一流水平的县级公共图书馆。[①] 那些财政状况一般或者不好的地方，对公共图书馆建设的投入，相应就会减少或是大打折扣。

第一，根据 2004 年一地四县的财政收支情况来看，他们的财政收入仅够维持自身 3～4 个月的支出。为保证行政事业机构的正常运转，需要大量依靠中央财政的转移支付和补贴。可想而知，这样的地方财政，很难能够在图书馆的建设上投入大量的资金。

---

① 参见周朗、李晓清《县级公共图书馆处境尴尬》，《人民日报》2006 年 1 月 13 日，第 16 版。

第二，在现阶段，一地四县的农牧民整体文化水平相对偏低。即使在有一定文化水平的农牧民中，大多数也只是停留在小学文化水平上。初中以上文化水平的人数所占比例较低。在藏区，人们日常的生活、劳动都是以藏语为主，汉语的运用很少。可以说，汉文版的各类书刊，对文化水平不高的农牧民来讲，无异于天书一般。然而，无论是昌都地区图书馆，还是昌都县图书馆、巴塘县图书馆的藏书中，姑且不论这些藏书的内容是否陈旧过时和是否适用，单从藏书的文种上来看，汉文版的图书和报刊仍然占有相当大的比重。藏文版书刊的比重偏低，已经明显地影响到已有读者的有限需求。

　　第三，国家近几年加大了对西部地区，特别是边远地区和少数民族地区广播电视"村村通"工程的支持力度，广播电视的"村村通"在许多地方已经变为现实。这些无疑使"一地四县"的广大农牧民在文化生活、休闲娱乐方面有了更多的选择。获取信息和知识的渠道更加多样化。过去那种单一的看书学习的方式必然会受到一定的冲击。此外，由上级有关部门组织的"捐书、送书、赠书"等不同形式的活动，对充实和丰富西部地区、边远地区和少数民族地区人民群众的文化学习生活，有相当的积极作用。但是，这种自上而下的活动，不可避免地带有一定的盲目性。其结果是上面送什么书，基层就看什么书。而不是人民群众需要什么书，上面就送什么书。没有真正形成自下而上的联动。于是，有着读书需求的人群因得不到自己想看的书籍而又无奈地变得没有需求。这就进一步使得基层公共图书馆和乡镇文化站所藏的书刊少有人问津。

　　第四，在一地四县，已有的基层公共图书馆都建在县城，乡镇文化站设在乡镇政府办公楼内。这在地广人稀、交通不便的藏区，它所辐射的只能是居住在县城及周围和乡镇政府所在地的人民群众。相反，那些远离县城及乡镇政府的占人口绝大多数的农牧民则少有惠及。很难想象身在农牧区的农牧民能少则十几公里，多则几十公里专程跑到图书馆或文化站去看书学习。偶尔为之尚可，长期坚持恐怕困难。而离他们较近的村级文化室或图书室的建设至今绝大多数仍然停留在计划之中。现实生活里，这些藏区农牧民即使有着读书学习的兴趣，也只能遥望着这些图书馆和文化站而难以涉足叹息。

　　以上的讨论只是说明，在我国藏区，面对特定的人群，特殊的环境，如何根据人们的阅读习惯和需求来建设与之相适应的基层公共图书馆及其服务网络，让居住在这些地处边远、经济仍欠发达地区的广大农牧民，能够早日共同享受国家经济发展，社会不断进步的成果，是中央乃至各级政府必须高度重视和关注的问题。

第一，地方省、自治区政府应该有计划地筹措资金，争取在中央财政的支持下，成立边远地区智力开发基金。每年按照各个行政村、乡镇农牧民的阅读兴趣和学习需求分门别类，由各县文化主管部门集中统计后报地区（州）和省、自治区文化主管部门。省、自治区文化主管部门根据自下而上统计的结果，选择一些需求量大的内容，由专门的机构，组织专门的力量，利用边远地区智力开发基金，出版符合藏区农牧民阅读习惯和喜好的通俗读物。这类读物应是藏、汉两种文字对照，便于携带、简单易懂、有一定的针对性、知识性和趣味性的小册子，或称"口袋书"。然后由各级文化主管部门的专职人员逐级发放，最终免费送到广大农牧民的手中。这样的图书免费发送工作每年至少应有 2~3 次，每次分发图书 1~2 册。

第二，完善现有的送书下乡模式①，将中央财政用于送书的专款下拨到地方省、自治区，并在此基础上有较大幅度的提高。地方省、自治区成立统一的图书采购配送中心，集中掌握和使用中央财政提供的购书经费。每年负责向所辖的边远地区、少数民族地区和经济欠发达地区的基层公共图书馆和乡镇文化站提供一定数量的书刊。基层公共图书馆、乡镇文化站安排专职人员接收，同时负责收集并反馈书刊需求信息。做到基层需要什么书刊就配送什么书刊。改变现在上面送什么图书就接收什么图书的状况，尽可能地避免浪费和节约开支。基层公共图书馆根据自身的条件和力量，定期将所辖各乡镇文化站的书刊进行轮换，并定时补充新书。回收的旧书刊经维护整理后入库收藏，供日后继续利用。在此基础上，尽快建立

---

① 2003 年初，国家成立了全国送书下乡工程领导小组，主要职责是：制订送书下乡工程实施方案；审定配送图书目录；确定受赠图书馆（室）名单；监督全国图书配送中心的运行；负责专项资金的管理与使用；对工程实施宏观指导与协调。2003 年 4 月，《文化部、财政部关于印发〈送书下乡工程实施方案〉的通知》正式印发。按照文件要求建立了全国图书配送中心，主要职责是：组织有关专家根据选书原则提出配送图书目录；根据领导小组审定的配送图书目录向出版社订购图书、印刷封面、统一装帧；根据领导小组确定的受赠送图书馆（室）名单向各地发送图书。2003~2005 年，中央财政每年拨出 2000万专项资金用于送书下乡工程的实施。《送书下乡工程推荐书目》挑选图书 256 种 302册，主要为农村实用技术、法律知识、科普读物、医药保健、文学等类目，挑选了在该领域有代表性的丛书。

和完善村级文化室。村级文化室的书刊也应采取轮换制。具体轮换工作可由乡镇文化站负责实施。

第三，考虑到目前藏区基层的实际情况，乡镇文化站的建设，可以同乡镇中心小学的图书室建设合并进行。在调查访问中的乡镇文化站，基本都设在乡镇机关办公楼内，其书刊的品种很少，数量也不多。这些无疑难以长期吸引读者。而在附近的乡镇中心小学，都有专门的图书室，其书刊的品种和数量，远远多于文化站。每逢节假日和寒暑假，学校的这些图书资源基本处于闲置状态。如果我们的文化和教育等有关主管部门，能够协调一致，把有限的资源和财力结合起来，共建乡镇文化站，应当是目前建设藏区基层公共图书馆网络的一种有效途径。

参考文献

昌都地区文化局：《昌都地区文化事业单位及活动概况》（打印稿），2005。

四川巴塘县志编纂委员会：《巴塘县志》，四川民族出版社，1993。

宋朝阳、丹珍卓玛：《关于西藏地区图书馆事业发展的几点思考》，《中国藏学》2003 年第 4 期。

王超湘：《现代图书馆理念论纲》，北京燕山出版社，2005。

（本文曾发表于《中大管理研究》2006 年第 2 期）

第九章　信息传播渠道的变化对农牧民文化生活的影响

周　济

2005 年，为了解我国藏区农牧民的阅读习惯和基层公共图书馆建设，笔者曾在四川省甘孜藏族自治州巴塘县、西藏昌都地区及所辖的昌都县、芒康县和左贡县进行了一次实地调研。2011 年，笔者为了解信息传播渠道的变化对农牧民文化生活的影响再次来到这里，分别走访了甘孜州德格县、昌都地区贡觉县和江达县。时隔 6 年的两次调研，虽然是在不同的县和乡镇，但稍加放大一点来看，仍然没有离开习惯所称的康藏地区。此外，尽管调研的侧重点有所不同，但二者之间仍然存在着一定的联系。所以，前后两次调研中的观察和发现，应该说还是具有一定的可比性和发生变化的必然性。

国内学者就信息传播渠道，比如图书报刊、广播电视、网络等的功能和机制有着较为深入的研究，已有的成果不胜枚举。关于藏族集聚区农牧民文化生活的论述虽然不如前者，其研究成果也并不鲜见。但是，将两者结合起来进行的研究分析，至少在目前可以说为数不多。

一　观察和变化：政府层面

胡锦涛总书记在中共中央国务院于 2010 年 1 月召开的第五次西藏工作座谈会上强调，要健全公共文化服务网络，完善公共文化机构运行保障机制，推进基本文化设施建设，提高精神文化产品供给能力，丰富各族群众精神文化生活。笔者再次走进康藏地区，就是想通过自己的观察，了解这几年来，特别是中央第五次西藏工作座谈会以后，这里在加快公共文化基础设施建设，提高公共文化服务水平，扩大公共文化服务范围，改善农牧民精神文化生活条件等方面，有些什么样的变化。通过对这些变化的梳理，探讨在康藏地区，乃至整个藏族集聚区，应该采取什么样的方法和途径，落实总书记的讲话和中央第五次西藏工作座谈会精神，让广大农牧民能够充分分享国家社会经济发展带来的成果，不断提高自己的物质和文化生活水平。

（一）地区图书馆建设

重返康藏地区，唯一再次访问的一个地方就是昌都地区图书馆。放眼昌都镇，地区图书馆仍然算得上是一个地标性建筑。只是接待笔者的图书馆馆长已经换了新人。

同上一次访问相比，图书馆的发展现状多少还是让人感到有些欣慰。据图书馆馆长介绍，现在的图书馆每年基本保证有 5 万元的购书经费，全部由地区财政拨付。虽说不多，但至少不用像以前那样，年年写申请、打报告找领导讨要了。图书馆将拨付的这 5 万元经费，全部用于订购报刊。至于新书的购买，则主要依靠对口援建的重庆市和天津市。根据与这两个市文化主管部门达成的协议，每 5 年为一时间段，其间重庆市支援码洋为 243 万元人民币的图书，天津市支援码洋为 108 万元人民币的图书。具体做法是，重庆市和天津市分别提供当地出版社出版的各类书目，由图书馆按照需要自己挑选。这样虽然限制了新书采购的范围，但还是在相当程度上解决了图书馆新书采购中经费缺乏的困难。

除此之外，在对口援建城市的大力支持下，图书馆计算机阅览室今年已将原有的近 50 台计算机全部更新。新到馆的计算机全都配备了大尺寸的液晶显示器，总数还有较大幅度地增加，达到 80 余台。为保障计算机阅览室的正常运转，地区财政还将每年拨付 6 万 ~ 8 万元专款，作为图书馆网络运行管理费用。

展望未来，图书馆馆长充满期待。因为他从有关部门获悉，国家文化主管部门对西藏的地市级公共图书馆建设有一个统筹安排，即每年为每个图书馆提供专项经费 50 万元。其中中央财政负担 80%，地方财政配套

20%。如果这一安排能够尽快得到落实，即使地方财政的配套资金没有或不能足额到位，图书馆各个方面的工作应该会开展得更好一些。当然，所有这些只是计划，具体何时能够真正兑现目前尚不清楚。

（二）县级图书馆建设

如果说昌都地区图书馆的情况尚可，那么所看到的贡觉、江达和德格三个县级图书馆的建设情况就不容乐观。按照西藏自治区人民政府关于进一步加强全区基层文化建设的要求，从2002年开始，逐年安排资金建设县综合文化活动中心。县综合文化活动中心包括文化馆、图书馆、精神文明活动中心、民间艺术团体活动室等文化机构。同时规定综合文化活动中心属公益性文化事业单位，归口同级文化行政主管部门管理，并接受上级宣传文化部门的指导和区、地两级群艺馆、图书馆、展览馆等单位的业务指导。明确了综合文化活动中心包括承担图书馆的职能，加强图书馆管理，搞好图书借阅和信息服务等9项主要任务。①

贡觉县的综合文化活动中心已经建成，整个建筑面积有1000多平方米，全部投资150万元。符合上级规定的不低于1000平方米的要求。该建筑原计划只建3层，后来县里出资52万元加建了一层，作为县电视台的演播和工作场地。目前综合文化活动中心实际使用二层与三层，已开设乒乓球室、台球室、健身房和新华书店。国家有关部门为全国文化信息资源共享工程统一配备的4台计算机服务器、30台计算机、2个投影仪、1台54英寸液晶电视等总价约58万元人民币的各种设备已经到位。只是因为网络不通、没有专职管理人员和运行经费而未能投入使用。综合文化活动中心的底层是临街的门面房，现已由县财政部门统一对外出租。至于图书馆的建设，贡觉县目前还没有列入发展计划。

同贡觉县相比，江达县的地理、交通条件都有一定的优势。特别是国道317线横穿全县，无形之中给当地带来了不少活力。因此，从整体经济发展状况来看，江达县要优于贡觉县。但是，江达县的综合文化活动中心至今仍在建设当中。没有固定的场所，综合文化活动中心的职能

---

① 西藏自治区人民政府：《西藏自治区人民政府关于进一步加强我区基层文化建设的决定》，（2002）47号。

和承担的主要任务也就无从谈起。到目前为止，全县既没有图书馆，也没有新华书店。好在由上级提供的全国文化信息资源共享工程设备已投入正常使用，人们还是可以通过共享工程或多或少地获取一些所需的知识和信息。

与江达县隔金沙江相望的四川甘孜藏族自治州德格县，在图书馆建设方面同样有着自身的困难。因为管理体制上的不同，德格县图书馆是一个独立的机构。图书馆有 3 万多册藏书，虽有 8 个正式人员编制，实际只有 3 名工作人员。由于多种原因，图书馆老的馆舍已经拆除，新的馆舍又迟迟没有开工。没有书库，图书馆的藏书只好全部打捆堆放在一起。没有接待条件，图书馆也就谈不上对外开放。据了解，新馆的建设已经在甘孜州立项，新馆计划投资 1000 万元，建成后的总面积大约 4000 平方米。前期建设准备工作正在加紧进行，动工时间应该为期不远。鉴于图书馆的实际情况，除人员工资之外，县有关部门近几年没有专门拨付过购书经费。

（三）乡镇综合文化站建设

在我国西部地区，西藏昌都地区和四川甘孜藏族自治州两地的乡镇综合文化站建设起步较早，最长的乡镇至今已有 10 余年的历史。为建设乡镇综合文化站，中央和地方各级政府可以说采用了多种形式和方法，投入了一定的人力和物力。国家级贫困县每建一个乡镇综合文化站，中央财政补贴 20 万元，非国家级贫困县，每建一个乡镇综合文化站，中央财政补贴 16 万元。[①] 为加强乡镇综合文化站的建设和管理，各地还制定了不少规章制度与考核办法。然而，现实的结果并不能让人完全满意。多少年过去，乡镇综合文化站的整体建设速度依然缓慢。即使是那些已经建成的乡镇综合文化站，其运转状况也不容乐观。乡镇综合文化站的建设面临着诸多问题，除了部分部门领导和工作人员对文化站的重要性认识不到位外，还包括管理体制陈旧、管理机制不顺、配套资金投入不足、缺乏管理人员、设施设备陈旧、国家政策保障缺失和区域发展不平衡等。

---

① 国家发展和改革委员会、文化部：《"十一五"全国乡镇综合文化站建设规划》。

表 9 – 1　乡镇综合文化站建设情况

县名 ＼ 类别	乡镇总人口数	乡镇总数（个）	文化站（个）	正常运转文化站（个）
贡觉县	42800	12	3	3
江达县	69662	13	8	4
德格县	80000	26	10	0

资料来源：根据笔者访谈记录整理。

　　这里，有必要对表 9 – 1 的统计作进一步的说明。尽管贡觉和江达两县能够正常运转的文化站各有 3 个和 4 个，但这只是表明它们目前还在开展一些活动。实际上因为前面所述的诸多问题，它们之中难免有个别的文化站处于一种半瘫痪的状态。至于德格县的乡镇综合文化站建设状况，更是曲折困难。德格县属于省级贫困县，建设一个乡镇综合文化站只能得到中央财政补贴 16 万元、县财政配套 8 万元。规定修建的乡镇综合文化站面积必须达到 300 平方米。按照当地的建设成本仍有一部分资金缺口。当地采取的办法是，将乡镇综合文化站同基层乡镇政府搭配建设。现在虽然已经建成了 10 个，但这 10 个乡镇政府的办公用房还没有正式验收，搭配建设的文化站同样也只是一个空壳。所以，表 9 – 1 中德格县目前能够正常运转的乡镇综合文化站一个也没有。

（四）农家书屋和寺庙书屋建设

　　有意思的是，同乡镇综合文化站建设相比，最近几年才开始的农家书屋建设速度明显要快得多。分布在农牧区的农家书屋，基本上以行政村为单位建设，利用村委会的办公地点，由村委会的干部轮流管理。农家书屋如何建设，全国每个省、自治区和直辖市都会根据自己的实际情况来操作，基本上都是大同小异。在贡觉县和江达县，由西藏自治区新闻出版局将选定的汉语和藏文图书按人均 3.2 册的标准配送到昌都地区新闻出版局，昌都地区新闻出版局再按本地书屋建设进展和需求等实际情况将收到的图书再次配送到贡觉和江达两县文化主管部门。两县文化主管部门最后将接收到的各类图书在乡镇政府工作人员的配合下，逐一分送到各个乡镇的农家书屋。农家书屋的其他设施设备则由地方县级财政负担。具体包括 2 个书架、2 张桌子、8 把椅子和一个"农家书屋"牌匾。总体来看，昌都地区的农家书屋，最大的可配送各类图书 3000 余册，最小的也配有 1000 余册。此外还配有一定数量的光盘。笔者在昌都地区图书馆调研时，正好看见在图书馆一层的大厅里，堆满了即将向各县农家书屋配送的图书。在德格县，则由四川省新闻出版局直接将选定的汉文和藏文图书送到县新闻出版局，中间省去了甘孜州文化主管部门的转手。县新闻出版局将收到的图书在乡镇干部的协助下，统一分发到每个农家书屋。此外，省新闻出版局还负责向每个农家书屋免费提供 5 个铁制书架和一块"农家书屋"牌匾。农家书屋的其他设备诸如桌椅，则同样由县级财政配给。德格县的农家书屋，多的可配送图书 3000 余册，少的也有 1500 余册。同时还配有 100 张光盘。全部所配送的图书中，汉文、藏文各占 50%。

农家书屋的前身是村文化活动室。最初建设村文化活动室时，规定其可一室多用。或许因为承担任务较多的缘故，让人有一种不堪重负的感觉。今天的农家书屋，顾名思义，其任务和职能相对单一，易于操作，便于管理。有着阅读需求的农牧民不出村就能够得到不同程度的满足。比起乡镇综合文化站来确实方便了许多。对于住得偏远的农牧民来说，它不仅节省了时间，还免去了路途上的奔波。农家书屋在时间和距离上的比较优势，也许可以理解为当前乡镇综合文化站发展缓慢的原因之一。实际情况说明，我们的各级政府为广大农牧民提供的公共文化服务，可能会因为距离上的远近，而受到不同程度的欢迎。通常情况下，相同内容和水平的近距离服务，能够收到比远距离服务更多更好的效果。谁都知道，无理由的舍近求远，并不是一种明智的选择。

康藏地区分布着众多规模大小不一的寺院。寺院里的僧人在整个地区总人数中占有一定的比例。应当看到，寺院和僧人对当地家庭及社会经济生活有着一定程度的影响。为寺院和僧人这一特殊群体提供公共文化服务，有着不可低估的意义。正因为如此，西藏自治区和四川省两地的各级政府，在加强农家书屋建设的同时，全力推进寺庙书屋建设。在具体做法上，采取了与农家书屋更为直接的方式。即由西藏自治区和四川省民族宗教事务主管部门，会同自治区及省新闻出版局，直接将所配送的图书和一些书架、桌椅等用品送到事先选定的寺院，而不通过地（州）、县级文化主管部门转送。

据不完全统计，贡觉、江达和德格三县已经完成农家书屋和寺庙书屋建设的具体情况见表9－2。

表9－2　农家书屋和寺庙书屋建设情况

县 名　类 别	行政村（个）	自然村（个）	农家书屋	寺庙书屋	农家书屋比重（%）
贡觉县	167	295	56	7	34
江达县	95	314	74	23	78
德格县	171	239	121	数据暂缺	71

　　资料来源：根据笔者访谈记录整理。

　　上述三县的农家书屋建设，一般开始于2008年前后。从表9－2可以看出，短短几年时间，经过国家有关部门的积极安排和投入，地方各级政府和文化主管部门的全力支持与配合，农家书屋在三县现有行政村中所占有的比例分别达到了34%、78%和71%。江达和德格两县的指标已经达到或超过内地一些省份农家书屋建设的同期水平。而在具有一定规模的寺院进行的寺庙书屋建设，同样取得了较好的成绩。体现了各级政府在为藏区广大农牧民提供公共文化服务的同时，力争做到并实现不同群体的全覆盖。相信随着时间的推移，公共文化服务方式方法的改进和延伸，这个覆盖的比例将会越来越高。

（五）广播电视户户通

　　1998～2005年，为解决广大农民群众听广播、看电视难的问题，党中央国务院决定实施广播电视村村通工程。这项涉及亿万农民家庭的惠民工程，在康藏地区无疑得到了广大农牧民的拥护。笔者在2005年第一次进入这一地区调研时发现，受经济和技术等条件限制，那些"村村通"工程已经入户的农牧户家庭，大多数都是居住在交通比较便利、生活相对富裕的地方。一般能够收听收看的广播电视节目不超过10套，有的甚至更少。而那些生活在交通闭塞、环境恶劣的农牧区的家庭，电视机仍然是一件可望而不可得的奢侈品。与此同时，广播电视信号的覆盖率仍处在一个较低的水平。这一时期，大多数农牧民获取知识和信息的渠道主要还是通过阅读一些书刊和收听无线电广播。

　　从2006年至2010年年底，新一轮广播电视村村通工程结束。随着这一阶段国家对"村村通"工程的投资力度不断加大,"村村通"工程所采用的技术不断提高,所使用的设备不断改进,农牧民家庭在收听收看广播电视中得到的实惠越来越多。即使在那些还没有通电的地方,人们照样可以通过太阳能蓄电池来收看电视。广播电视在农牧藏区的迅速发展,特别是随着农牧民生活水平提高,电视开始进入越来越多的家庭,让农牧民获得知识和信息的途径有了更多的选择。

最近两年,康藏地区的广播电视村村通工程已经难以满足农牧民日益增长和多层次的文化生活需求,主要表现在电视可供选择的频道不多和收视效果不好等方面。于是,"村村通"开始向"户户通"推进。由"村村通"跨越到"户户通",借助卫星信号有效地解决了有线电视网络未能到达地区看不到、看不好电视,听不到、听不好广播的问题。因而被农牧民称为"民心工程""德政工程"。实施"户户通",由"村"变"户",表面上看起来只是一字之差,实际上包含了技术、资金、服务等方面的提升和增加。在康藏地区,广播电视户户通的一项重要内容就是免费向农牧民家庭提供一套广播电视卫星接收天线。这种天线能够接收到40多套广播电视节目,而且使用寿命较长,远远优于以前使用的同类设备。"户户通"的推进,让人直接感受到众多可供选择的电视频道,越来越好看的电视节目,而一次受到农牧民的喜爱和欢迎。

表 9 - 3　广播电视综合覆盖情况

县名 \ 类别	总面积（平方公里）	广播覆盖率（％）	电视覆盖率（％）	自办广播电视节目
贡觉县	6268	82	85	有
江达县	13164	91	92	有
德格县	11955	79.3	83.5	有

资料来源：根据笔者访谈记录整理。

事实上,无论是先前实施的广播电视村村通工程,还是当下正在推进的广播电视户户通工程,如果没有中央和地方各级政府的高度重视和连续投入,要想取得表9-3所显示的效果并非易事。这里面还有两点也需要正视:第一,在康藏农牧地区,在收听广播和收看电视的选择上,只要客观条件许可,收看电视的人群,无论男女老少,明显多于广播的收听者。无法否认的现状是，有收音机的农牧家庭，基本上都有电视机，虽然电视机有新有旧、有大有小，而有电视机的农牧人家，大多数却没有收音机。第二，上述三县都有自办的电视节目，尽管这些自办节目很受欢迎，目前仍然只能通过有线网络收看。地广人稀的农牧区要想建设有线网络，不仅资金上有较大的缺口，而且在管理和维护上也有相当的难度。

二 访谈与变化：农牧民视角

客观来看，中央和地方各级政府为康藏地区广大农牧民提供的公共文化服务，诸如上述的地（州）、县级公共图书馆建设、乡镇综合文化站建设、农家书屋和寺庙书屋建设、网络基础设施建设、广播电视村村通和户户通工程等，每一项服务所付出的代价，每一项工程所带来的变化，都是不争的事实。然而，作为公共文化服务的受益群体，广大农牧民因为所处环境的差异和经济条件等方面的限制，对此有着不尽相同的选择。发生在他们身上的一些无形变化，主要表现在以下三个方面。

（一）网络的快速发展，扩大了生活在城镇及周边地区农牧民的文化视野，丰富并提升了他们的文化生活内容，降低了他们习惯上对纸质媒介的依赖程度

按照中国新闻出版研究院组织实施的第九次全国国民阅读调查结果，2011 年我国 18～70 周岁国民各媒介综合阅读率为 77.6%，比 2010 年增加了 0.5 个百分点。其中，图书阅读率 53.9%，比 2010 年增加 1.6 个百分点，数字阅读方式的接触率比 2010 年上升了 5.8 个百分点，增幅为 17.7%。[1] 而对各类数字化阅读方式接触情况的具体分析发现见表 9 - 4。

可以看出，2011 年各类数字化阅读方式的接触率同 2010 年相比，绝大多数的增幅超过 30%。其中，网络在线阅读的接触率增长幅度最大，高达 65.2%。上述调查结果，仅就网络在线阅读而言，与居住在康藏地区县级以上城镇及周边地区的农牧民实际阅读变化情况十分接近。以昌都地区图书馆的不完全统计为例，近几年图书和期刊的借阅量增长变化幅度并不

---

[1] 《第九次全国国民阅读调查》，中国新闻网，2012 年 4 月 19 日。

表 9-4　各类数字化阅读方式接触情况变化

单位：%

阅读方式	2010 年	2011 年	增长率
网络在线阅读	18.1	29.9	65.2
手机阅读	23.0	27.6	20.0
电子阅读器阅读	3.9	5.4	38.0
光盘阅读	1.8	2.4	33.0
PDA/MP4/MP5 阅读	2.6	3.9	50.0

资料来源：根据中国新闻出版研究院 2012 年 4 月对外发布的数据整理。

明显，如果扣除每年送书刊下乡、下学校、下部队等因素，书刊借阅量的增幅可能为负数。与书刊的借阅形成鲜明对比的是图书馆的计算机阅览室。经过重新调整并增加了设备的计算机阅览室，从周一到周五，每天的上座率都能保持在 80% ~90% 之间，而周末则经常出现排队等座的现象。与 6 年前的第一次调查相比，当时因为没有网络，图书馆最吸引读者的地方是报刊阅览室。自从有了网络之后，图书馆最吸引读者的地方变成了计算机阅览室。这种阅读方式选择上的变化，说明人们对于纸质媒介的喜爱和渴望程度，已经不再像过去那样执著专一了。

当然，内地常见的各类数字化阅读方式在康藏地区目前并不多见。即使是已有的网络也还没有实现大面积地覆盖，仅在地区（州）政府所在地及交通、经济条件较好的县城能够有效地使用。不管怎样，网络的出现，还是给生活居住在城镇及周边地区的农牧民带来了一种全新的感受。让那些具有一定文化知识，特别是年青一代农牧民的文化生活变得更加丰富多彩。不可否认，越来越多的人通过网络满足了自己的文化需求。同样由于网络的发展，导致了图书馆、文化馆、博物馆等传统的公共文化服务设施的利用率出现下滑态势。这种有冷有热的情况表明，互联网的发展，已经开始影响到农牧民对图书报刊的阅读和其他公共文化服务设施的需求。不过，就目前情况来看，能够利用网络来满足自身文化生活需求的这部分人群只是康藏地区广大农牧民中很少一部分，绝大多数远离城镇的农牧民的文化生活及其变化与网络的发展还没有直接的关系。

（二）广播电视户户通，改变了相当一部分远离城镇的农牧民的某些文化生活方式

为了丰富自身的精神文化生活，贡觉、江达和德格三县的农牧民，虽然在传统的图书和报刊阅读上，仍然保持着一定的执著和兴趣，但是，从一些农牧民个人偏好来看，其阅读兴趣正在悄然地发生一些改变。所不同的是，这些无形的变化并不是因为网络在线阅读方式的出现，而是由于近两年广播电视户户通工程在农牧地区的有效实施。可以说，电视的普及和收视效果的大幅提升，在很大程度上，改变了远离城镇的农牧民多年以来形成的一些文化生活方式。比如：生活在农牧地区的人们，只要客观条件许可，收看电视的兴趣明显大于阅读书刊的兴趣。

案例1　边巴村的农家书屋

贡觉县哈加乡的边巴行政村，紧邻乡政府。通往县城的泥土公路穿村而过，交通相对还算便利。边巴村共有80户人家，460人。其中，具有小学以上文化程度的农牧民近300人，文盲和半文盲约160人。

村里的农家书屋于2007年建成。现有各类图书近百种，2000余册，大多是文学艺术、法律、医学卫生、种养殖业以及科普读物类图书，以文学艺术类的通俗读物为主。农家书屋里的书籍、书架、桌椅和门口上方挂的"农家书屋"牌匾全部由县文化主管部门提供。农家书屋由村干部轮流管理，每个月对村民不定期开放3~4次。书屋建成之初，每当开放之日，来这里看书借书的农牧民和在校学生为数不少，文学艺术类的书刊更是大受欢迎。随着2009年前后"广播电视户户通"的实施，来书屋的人数开始减少。问其原因，边巴村的村长介绍说，最主要的是近两年电视快速进入家庭。以前没有实施"户户通"时，村里为数不多的电视收视效果不好，加上电力供应不足，时有时无。大多数农牧民闲暇时间无事可做，就到村里的农家书屋来看看书刊，也算是一种娱乐消遣。如今家家户户有了电视，而且能够收看到40套以上的高清电视节目。可想而知，书刊对一些人的吸引力自然而然就降低了。

除此之外，书屋可供借阅的书刊越来越少也是原因之一。按照边巴村农家书屋的规定，村民可以将书刊借回家阅读，借期最长为30天。但有的人

因为各种原因，到期后不能按时归还，还有人无意之中将书刊损毁，加之现有书刊的更新机制缺乏，如此种种问题，目前还没有一种有效的应对办法。

其实，边巴村农家书屋建设和发展中遇到的问题，并不是个别现象，在农牧藏区其他地方的农家书屋中同样存在。即使在内地农家书屋覆盖了70%行政村的省份——河南省也一样存在着"屋"的问题、"书"的问题、"管"的问题、"用"的问题和"钱"的问题。以至于有人建议把农家书屋设置在当地学校。理由是，第一、学生是农家书屋的主要读者群，通过学生向家长介绍图书，能够调动和激发农民读书的积极性；第二、因为学校教师素质相对较高，书屋的开放时间相对有所保证。①

透过边巴村农家书屋的现状，我们可以明显地感受到，远离城镇的农牧民，他们目前日常的文化生活方式开始发生了变化。那种通过阅读图书报刊来充实和丰富自己文化生活的方式已经面临着电视媒介的挑战。

不仅如此，农牧民中原有的其他一些文化生活方式同样也因为电视的普及而发生变化。

案例2 "电影迷"变"电视迷"

德格县白垭乡亚西村位于金沙江畔。村里有一位名叫扎西那姆的藏族妇女，今年48岁。

年轻时的扎西那姆非常爱看电影。只要村里放电影，她总是放下手中的活儿，提前在放映场地摆上凳子占好位置。更为着迷的是，每当她得知邻近村子要放电影的消息，必定会联络村里其他有着共同爱好的伙伴一起前往观看，哪怕是翻山越岭走上十几里或更远的夜路也心甘情愿。即使有的电影早先已经看过，照样还是乐此不疲。

2009年，广播电视户户通在亚西村实施，扎西那姆家领到了一套集中发放的卫星电视接收天线。这种小巧、质量不错的卫星电视接收天线，让她家里的电视能够接收到近50套高清电视节目。与此同时，四川康巴藏语卫视频道正式对外播出。没有了语言上的障碍，使得全家人的文化生活有了极大的改善。

---

① 冯芸：《如何让农家书屋"火"起来？》，《河南日报》2011年9月7日，第3版。

如今的扎西那姆，每到晚上或白天的空闲时间，都会坐在电视机前，全神贯注地收看自己喜欢的电视节目。用她自己的话说，以前没有电视时，空闲时间，尤其是晚上比较无聊。现在不同了，电视里的歌舞、电影、连续剧都非常好看，反而总是觉得时间过得太快。过去那种带头组织到处看电影的事情今后恐怕再也不会发生了。

有了良好的电视收视效果和比较稳定的电力供应，亚西村家家户户的文化生活变得丰富起来。扎西那姆也由一个电影迷变成了电视迷。

（三）电视成为农牧民日常文化生活的主要依托后，其传播知识和科学技术的功能开始发挥作用

近几年，电视在康藏农牧地区得以快速普及，相当程度上是因为它能够最大限度地满足农牧民日常消遣娱乐的需要。其他任何形式的传播媒介和文化娱乐活动，都有一定的局限性，很难与电视的娱乐功能媲美。同时，进一步的调研还发现，在那些文化生活方式发生变化的农牧民中间，并不是所有热衷于收看电视的人都是为了消遣娱乐，打发休闲时光。还有一些人是想从中学习知识和劳动致富的技能，尽管他们只是其中的一小部分，也可能还是极小一部分。

案例3　尼姑丹增旺姆

丹增旺姆今年25岁，小学毕业，贡觉县哈加乡边巴村人。上小学时，她喜欢唱歌跳舞，曾是学校里的文艺活动积极分子。

丹增旺姆21岁时出家，在四川省甘孜白玉县安宗寺当了一名并不在册的尼姑。在安宗寺，她每天早上6点起床，洗漱完毕后，就在自己居住的房间里念经。8点左右吃早饭，9点去寺里学经，一直到中午12点半结束。下午一般是自由活动。自由活动时可以外出，也可以看一些其他书籍。

每当农忙季节，丹增旺姆都要从安宗寺回到边巴村，帮助家里干些农活。由于出家的安宗寺里没有电视，回家后的空闲时间里，基本上都用在看电视上，尤为喜欢收看唱歌跳舞的音乐节目。近两年又有兴趣收看些农业种植方面的节目。因为自幼就喜欢唱歌跳舞，她偏爱收看文艺节目不难理解。作为一个女性，为什么也愿意看一些关于种植方面的节目呢？丹增

旺姆的回答是，想看看对自己家里种的青稞、扁豆、油菜防治病虫害和提高产量有没有帮助。有时电视里讲得太快，自己一时理解不了，还有些东西很难当时就记住。没办法只好去村里的农家书屋翻找翻找，一来看看有没有这方面的书籍，二来看看书上是怎么说的。

村里的农家书屋建成之初，丹增旺姆去过多次，每次都要在那里翻看多时。不知道什么原因，她一次也没有将书借回家来看过。自从出家以后，大部分的时间都是待在寺院里，来农家书屋的机会和次数自然少了许多。但只要回家，都会抽出时间上农家书屋转一转。

像丹增旺姆这样有着自己的想法去学习和阅读的人，特别是作为女性，眼下在康藏农牧地区应该说为数不多。尽管她本人也只是在脑海里有过这种冲动，并没有具体的什么打算和谋划，更没有付诸行动，也还是不禁让人惊讶。要知道，笔者第一次在同为昌都地区的芒康县农区调研时，陪同的当地藏语翻译，一位乡镇干部告诉说，芒康县的经济社会发展程度不高，为尽快改变这种落后状况，提高当地农民的生产生活水平，从县政府到乡政府积极鼓励农民利用多种途径种植些经济作物，比如搞蔬菜大棚等，并承诺可以免费为他们提供技术支持和种苗。对于政府的鼓励，可以说几乎无人响应，以至于芒康县境内的蔬菜大棚基本上都是被四川等内地来的人员承包。在他看来，这里的农民早已习惯了长期以来形成的生产生活方式，要想有所改变，并不是一朝一夕之事。谁曾料到，短短几年过去，人们的思想和认识就已经开始发生了变化。

案例4 雄心勃勃的小伙子

小伙子名叫永珠次仁，30岁，小学毕业，现住江达县同普乡夏荣村。以前，永珠次仁的家并不在这里，几年前从外地搬迁过来。小伙子的新家紧邻317国道，交通十分便利。其家庭状况看起来比较不错，干净宽敞的客厅里，摆放有冰箱、洗衣机和一台29英寸的彩色电视机。据他自己介绍，大概是邻近县城的缘故，这里的电力供应比较有保障。尽管每年冬季因河水结冰影响电站发电，导致冬季电力供应有时不太正常。但比起原来住的地方，整体条件已经有了很大改善，所以家里才添置了这几件电器。

夏荣村在2010年实施了全村"户户通"，各家各户电视机的利用率比原先高了许多。在这个半农半牧村里，白天要外出劳动，没有时间收看电视。每天晚上，小伙子就成了电视机前的忠实观众。由于没有太多的语言障碍，他在收看电视时就有了更多的选择。平时他最喜欢看新闻类节目，尤其是中央电视台的新闻节目和四川康巴卫视的新闻节目。通过新闻，他知道了许多新鲜事物，懂得了只要掌握一技之长，就可以改变生活的道理。

永珠次仁非常清楚，当初全家迁移过来时，夏荣村的耕地已经分配完毕，好在村里的亲戚朋友相助，匀给了他家2亩耕地。现在全家12口人的生活来源，主要依靠饲养的十几头牛和上山挖虫草、进县城务工的收入。近年来，让他经常思考的是，卖虫草和做零工的收入并不稳定，只能维持现状。要想进一步提高全家的生活水平，还得动脑筋、想办法。所以，他打算像电视新闻里报道的那样，将家里每年种植青稞的2亩耕地改建成蔬菜大棚，充分利用交通和邻近县城的优势，争取做出点成绩。当然，这是一件大事，全村还没有一家这样做的先例。必须要做好父母亲及其他家人的思想工作，得到他们的理解和支持。然后，还要到县农业局去咨询一下，看看有没有一些帮扶的政策规定。

夏荣村不仅有农家书屋，而且还有一套其他许多行政村没有的电视远程教育终端设备。对此小伙子表示以前很少光顾和利用。如果日后真的要种上蔬菜大棚，相信这些便利的学习条件肯定会对自己有所帮助。

应该说，小伙子永珠次仁的想法比起案例3中的丹增旺姆来更进了一步，他想实施的欲望更为强烈，奋斗的目标更为明确。所有这些，都是源自于电视里的报道和启发。不可否认，电视的信息量大、传播速度快、声像并茂，确实有着其他传播媒介无可替代的优势。然而，如果从知识的深度学习和掌握的角度出发，纸质传播媒介的功能照样不可抹杀。就像丹增旺姆一样，最初从电视里得到信息，学到知识，为了加深理解和融会贯通，最后又回到并求教于书本。

三　讨论与分析

美国传播学家卡茨在其经典论文《个人对大众传播的使用》中首先提出了"使用与满足理论"。该理论从接受者的角度出发，通过分析接受者对传播媒介的使用动机和获得需求满足来考察大众传播给人类带来的心理和行为上的作用。同传统的信息如何作用接受者的思路不同，它强调了接受者的功能，突出了接受者的地位。该理论认为，接受者通过对传播媒介的积极使用，也将导致媒介传播的过程受到制约。该理论还强调，接受者使用传播媒介完全是出于个人的需求和愿望。根据"使用与满足理论"，我们不难理解，在知识和信息传播渠道多样化的今天，为什么农牧民对政府提供的公共文化服务有时有着不同的选择。如果进一步考量其中原委，一些有待解决的问题就不能不引起我们的重视。

第一，可及性问题。由于距离上的原因，一些公共文化服务设施农牧民难以利用。康藏地区地广人稀，交通不便。虽然有着早已建成的地区（州）、县图书馆和陆续完工的县级综合文化活动中心，却因为它们全都集中在城镇，这种建设布局使得它们服务的范围有限，辐射的人群特别是远离城镇的农牧民不多。即使是那些有着阅读兴趣的农牧民也很难往返几十里，甚至上百里路来享受这种文化生活。当然，并不是说这样的一些文化设施不重要，它们的建设同样有着一定的必要性，至少可以为当地城镇居民和周边的农牧民提供一些阅读和学习上的便利。

第二，管理问题。由于体制机制上的原因，乡镇综合文化站的作用难以发挥。乡镇综合文化站尽管离农牧民相对近一些，可多年来的建设发展速度，着实不太近于人意。可以说，农牧民对于文化站的认知程度，从远来说，不如地区（州）图书馆和县综合文化活动中心；从近来讲，不如农家书屋。究其根源，资金和专职人员缺乏是两个最大的原因。综观现有的乡镇综合文化站，都是乡镇干部兼任管理员。这些乡镇干部大都身兼数职，能真正用在文化站日常管理上的精力可想而知。令人感到振奋的是，这次调研中从昌都地区文化局负责人那里得知，地区文化系统将增加580人的正式编制，已经得到自治区人事管理部门的批复。在此之前，整个昌都地区文化系统的工作人员只有100多人。能够一次性地增加如此多的正式工作人员编制，可以看出西藏地方各级政府已经痛下决心，要在整个自治区全力开创出基层文化事业大发展、大繁荣的良好局面。这次大幅增加的人员按计划将全部充实到县、乡两级的文化部门。有了专职管理人员，相信昌都地区乡镇综合文化站的状况会有一个较大的变化。

第三，对阅读需求的回应与可持续问题。农家书屋虽受欢迎，而面临的多种危机已经造成负面效应。最近几年，康藏地区农家书屋的快速建设，让农牧民群众能够在家门口就看到自己喜爱的书籍。不少农牧民通过农家书屋提供的书刊，在消遣中增长了知识，学会了本领。这确实是一件知民意、得民心的事情。但是应当看到，长期以来农牧区脆弱的阅读环境并没有得到明显的改善。许多影响阅读的老问题依然存在，比如，因为多方面原因，部分农牧民受教育的程度较低，文化素质较差，难以自然形成读书学习的氛围；部分农牧民对学习科学技术和文化知识的重要性认识不足；部分农牧民由于家庭经济条件困难，整天忙于生计，缺乏求知的欲望等等，而建成后的农家书屋，开放的时间无法保证，借出的书刊不能按时归还，书刊遭到损坏后如何处理等等新老问题已经交织而来。其中更为关键的是，早先建成的农家书屋里的图书，基本上被人翻看了一遍或多遍，对大多数农牧民来说，最初的新鲜感已经消失殆尽。如果不能及时进行补充和更新，农家书屋的吸引力必将大大下降。当然，要求农家书屋每天都有新的内容并不现实，但也不能一年，甚至更长时间都不能得到更新，哪怕只是部分书刊的更新。因此，农家书屋要想持久地办下去，让已经开始出现流失的阅读群体重新得以回归，一定要有更新机制。政府有关部门不能只顾前面的建设，不管后面的维护，更不能依靠枯燥无味的说教。要知道，没有更新机制的农家书屋，难以产生和保持活力，而没有活力的农家书屋，最后就有可能成为图书仓库。

第四，广播电视在农牧区快速发展对其他传播媒介的影响问题。从广播电视村村通到户户通，加快了电视进入农牧民家庭的步伐。不能不承认，短短几年里，电视在康藏地区基本上得到了普及，使得原来日常文化生活单调的农牧民的业余生活变得丰富多彩。不同内容的电视节目让他们随时都可以得到精神上的享受和身心上的放松。不仅如此，电视的出现，在很大程度上拓宽了农牧民获取知识和信息的方法和途径，也拓宽了农牧民的视野空间，同时还直接或间接地影响了他们的生产生活。通过电视，一些农牧民满足了消遣娱乐需求，一些农牧民获取了生产生活信息，一些农牧民增长了多方面知识。所有这些，促使农牧民的生产、学习、消费和休闲等等日常生活内容不断发生着不同程度的变化。广播虽然对农牧民的阅读有些影响，但还不足以降低有阅读需求的农牧民对图书报刊的兴趣。自从有了电视，纸质媒介就不再是他们唯一或主要的选择。可以认为，电视在农牧藏区的普及，至少在目前看来，是导致农牧民阅读兴趣转移、一些文化生活方式改变的主要原因。毫无疑问，在康藏地区由各级政府提供的多种公共文化服务中，最受广大农牧民欢迎的，无疑是电视。

除此之外，各类数字化阅读方式也是一个潜在的影响因素。数字化阅读这一新的阅读方式在内地非常普遍，特别是在一些年轻人中间已经形成了一种时尚。随着科学技术的不断更新和图书数字化进程的加快，数字化阅读方式凭借便捷、有效、即时交互和多媒体结合等特点，受到越来越多的人青睐。根据第九次全国国民阅读调查结果，2011 年同 2010 年相比，数字阅读方式接触率的增长幅度远高于图书阅读率的增长幅度。这表明，人们获取知识和信息的途径及方法已经有了不同的选择。囿于多方面条件限制，数字化阅读方式目前在康藏农牧地区并不多见，特别是在边远的地方更是空白。即便如此，随着网络、通信、经济等条件的不断改善，这种新的阅读方式迟早会在农牧地区出现，而且是在有一定文化水平的年青一代农牧民中率先使用。

实际上，农牧民选择何种方式和途径来达到消遣娱乐、了解信息、学习知识、掌握技能等等目的，完全是凭着自己的爱好、兴趣和需要。是一种自觉自愿的个人行为。政府有关部门需要重视和考虑的是，尽可能多地了解和掌握农牧民有哪些爱好、兴趣和需要，做好引导服务工作。充分利用好现有的知识和信息传播途径，把农牧民的爱好、兴趣和需要与所能提供的公共文化服务很好地衔接起来。

四 结束语

现阶段的康藏农牧地区，对于政府提供的各种公共文化服务，最受农牧民欢迎与喜爱的当数电视和农家书屋。原因很简单，它们离农牧民最近。尤其是已经进入到农牧民家庭的电视，让人随时随地都能够看得见、摸得着。因此，如何利用并发挥电视和农家书屋的优势，同时克服各自建设和发展中的不足，不断满足农牧民日益增长的精神文化需求，改善和提高农牧民的文化生活水平，是需要继续思考和探索的问题。

实地调查发现，如果单纯从学习文化知识和种养殖技术的角度考察，尽管电视的视听兼备效果可以激发人们的学习兴趣，但它的声音和图像转瞬即逝，不留痕迹。既不能让人重复观看，也无法让人细细琢磨。对于那些文化水平不高且伴有一定语言障碍的农牧民来讲，最终还得向书本学习。因此是否可以考虑，将"以电视为引导，以图书来保障"作为现阶段康藏地区农牧民进行阅读和学习的一种模式选择。由此而形成阅读和学习上的互动。即使在将来有了各类数字化阅读方式，那也不过是这种互动过程的扩展。

国内一些机构进行的阅读情况调查显示，虽然数字化阅读和纸质阅读的人数已经十分接近，却有超过半数的读者认为纸质阅读的效果优于其他任何形式的阅读。[1] 所以，康藏农牧地区的农家书屋建设，在相当长的一个时期内，应该依然是政府提供公共文化服务中的一项重要内容。目前农家书屋面临的最大问题是现有图书的更新。如何解决好这个问题，有两种思路可供参考。第一，在已有图书配送目录的基础上，建立每个农家书屋的书目档案，同时在每个农家书屋进行阅读需求登记。根据书目档案和阅读需求，在乡镇范围内每年调配轮换一次。在县域范围内，每两年调配轮换一次。第二，成立专门的图书编辑出版机构。农家书屋现在接受的图书全由上级文化主管部门配送，农牧民个人没有权利选择。这种自上而下送书方式的结果之一，就是有些农牧民想看的书没有，而有的书又不太愿意看。为避免这种尴尬的局面，有必要成立一个专门的机构，一方面按照汇总起来的阅读需求，一方面根据地域特征和文化水平的高低，每年有针对性的集中编辑出版一批符合农牧民口味的图书。

参考文献

陈默、崔锋：《电视与西藏乡村日常生活—以曲水县茶巴朗村为例》，《中国藏学》2011 年第 3 期。

罗杰·菲德勒：《媒介形态变化：认识新媒介》，华夏出版社，2000。

牛玉芳：《发展农牧区广播电视事业》，《青海师专学报》2007 年第 3 期。

斯坦利·巴兰、丹尼斯·戴维斯：《大众传播理论》，清华大学出版社，2004。

维曼、多米尼克：《大众媒介研究导论》，清华大学出版社，2005。

---

[1]　上海市统计局：《2012 年上海市民阅读情况调查报告》，2012 年 4 月 20 日。

第十章　农牧民家居条件的改善

金成武

　　《世界人权宣言》[①] 第二十五条提出："（一）人人有权享受为维持他本人和家属的健康和福利所需的生活水准，包括食物、衣着、住房、医疗和必要的社会服务……"这里显然表明，维持上述"所需的生活水准"，离不开拥有一定的家居条件。以作为家居条件重点内容的清洁水及相关卫生设施为例，《联合国千年宣言》[②] 的具体目标7.C 曾明确提出："到2015 年将无法持续获得安全饮用水和基本卫生设施的人口比例减半。"该宣言进一步指出："发展中世界约80% 的人目前能得到更好的水源。但是，仍有近10 亿人得不到清洁水的供应，有24 亿人用不上基本的卫生设施。随着经济发展和人口增长，有限的水资源受到越来越大的压力，水的管理以及提供安全饮水和卫生设施将成为优先领域。联合国供水和卫生联合监测方案一直支持进行旨在实现人人享有安全饮水和卫生的能力建设。洁净和安全饮水的供应未跟上需求增长。……在20 世纪，用水增长率是人口增长率的两倍多。2000 年，至少有11 亿人即世界人口的18% 缺乏安全饮水。如果目前的水消费趋势继续下去，那么到2050 年，将有近25 亿人面临缺水问题。"不难看出，改善家居条件从而维持或提高生活水准，已经是21 世纪面临的全球性问题。

　　对于生活于川藏交界地带的以藏族为主体的农牧民而言，由于所居住地区海拔高、气候与地貌条件复杂、无霜期短、年平均气温低、农耕面积较大、定居农牧户较多、地广人稀、经济发展水平较低，他们的家居条件

---

① 参见 http://news.xinhuanet.com/ziliao/2003-01/20/content_698168.htm。

② 参见 http://www.un.org/chinese/millenniumgoals/。

205

与其生活质量有着特别重要的关系。基于此，2011 年 8 月中下旬，笔者随中国社会科学院藏区课题组赴西藏自治区昌都地区贡觉县、江达县以及四川省甘孜藏族自治州德格县，就当地藏族农牧民特别是非富裕农牧民的家居条件及生计开展了田野调查。

　　而早在 2005 年 7 月，笔者也曾随本课题组在甘孜州巴塘县、昌都地区芒康县、左贡县、昌都县开展了相似的调查。两轮调查的各县，位于金沙江两岸及附近的川藏交界地带，在同一时期各县的自然与社会经济条件具有较强的相似性。如表 10 - 1 所示，它们平均海拔都在 3500 米以上，年平均气温普遍在 10℃ 以下，人口密度低，经济发展相对落后。从而，两轮调查具有比较研究的意义。

表 10 - 1　各调查县基本情况

调查年份	调查县	平均海拔（米）	年平均气温（℃）	年无霜期（天）	面积（平方公里）	户籍人口	农牧民人均纯收入（元）
2005	巴塘	4000	13	184	7852.0	46295（2006 年）	1396（2006 年）
	芒康	4317	10	95	11635.8	75512（2006 年）	2200（2005 年）
	左贡	3750	4.2	90	11837.3	41803（2000 年）	—
	昌都	3500	7.57	127	10652.0	124800（2004 年）	2660（2005 年）
2011	贡觉	4022	5.2	80	6268.31	40358（2011 年）	2905（2011 年）
	江达	3650	4.5	80	13085.00	74657（2010 年）	3925（2010 年）
	德格	4325	6.7	115	11025.24	83495（2011 年）	2305（2010 年）

　　资料来源：http://www. batang. gov. cn/Category_ 9/Index. aspx；http://www. xizang. gov. cn/xzqh/51596. jhtml；http://baike. baidu. com/view/158940. htm；http://baike. baidu. com/view/126571. htm；http://www. cdxs. gov. cn/article_ 4558. shtml；http://www. dege. gov. cn/dg/nzcms_ list_ news. asp? id = 592&sort_ id = 586；以及作者访谈。

　　自 2005 年起，西藏自治区及四川省陆续在广大农牧地区开展了改善住房、人畜饮水、通电、通路等状况的工程。这些工程有普惠性的，也有特惠性的，它们为当地农牧民家居条件改善提供了政策及资金基础。本项研究则旨在，通过田野调查所获得的第一手资料，考察在所调查地区实施上述惠民工程的大背景下，当地农牧民家居条件改善与其生计的关系。

一　农牧民家居条件的改善

农牧民家居条件的改善，既是农牧民提高自身生活质量乃至提高生产劳动效率的重要手段，也是生活质量提高的关键标志。相比于 2005 年，调查地区的农牧民的家居条件普遍明显得到改善。这种改善主要体现在用水设施、用电设施、住房、家用电器、公共基础设施等方面。

从案例 1 与案例 2 中我们可以看到，近年来，在相关惠民政策及惠民工程的带动下，伴随着农牧民收入水平的不断提高，调查地区农牧民家居条件在上述几方面的改善。

案例 1　扎根一家

扎根一家 10 口人，都是藏族，住在贡觉县哈加乡边巴村。入户访问时，扎根的妻子益西旺姆接待了我们并接受了访问。他们家共有 7 亩多的耕地，是以前按本户的 3 个人分到的（当时的标准是每个人 2 亩多地）。他们种青稞、小麦、油菜等作物。但是种的（粮食）不够全家人吃，每年还要买 1000 多斤的青稞（自己家收的青稞一年大概有 2500 多斤）。丈夫扎根学过电工，目前在县里的一个水电站干活，每月工钱 200 元左右。家里的其他现金收入主要来自于在当地挖虫草与打工。全家一年在虫草上大概可以赚 6000 元左右。由于懂技术，扎根也在整个村子里负责电工的事，由于本村整体上不算富裕，村子里只是象征性地每年给他一些钱作为报酬。扎根基本上是为大家义务做电工。他们家养了 2 头耕牛、1 头牦牛、2 头黄牛和 1 匹马，牦牛与黄牛可以产奶。谈到一年的花销，女主人感觉较多，吃、穿、用、看病、上学等，每年都花去不少。他们家经常从银行贷款。贷款都是一年期的，还完上一年贷款后再贷本年的。5000 元的银行贷款，一年的利息不到 100 元，如果找私人借钱，一年的利率要有 3% ~ 5%，他们觉着从银行贷款合适。往年贷款主要用于生活，金额不等，上一次贷款则用于购买拖拉机，共贷了 9000 元。

提到家里用水的情况，女主人讲，他们家四年前引入了自来水。自来水水源及主管道是村里统一修的，各家自己再安装管道把水从主管道引入家里。村里有2口井，原先用水主要是靠井水。但冬天时井水少，还要到河边打水，而河水此时又经常结冰，冬天用水困难很大。当笔者问道："有了自来水，有什么好处？"女主人答道："好处是很多的。在家干活比以前方便多了。每天不用一大早起来去外面打水了，少走很多路。冬天家里人也可以很容易喝到水。牲畜喝水也比以前方便多了，不用再把牲畜赶到外面喝水了，在家就可以给牲畜喂水，特别是在冬天。家里打扫卫生也容易了，家里比以前干净多了。房子都是用木头建的，屋里一旦着火，马上就可以灭火。修房子、修院子也方便多了。"听到女主人说的这些，笔者稍感惊讶，原来当地的农牧民可以把自来水的好处说得这么详细而全面。可想而知，若不是农牧民深切感受到用水条件改善所带来的种种变化，他们不会这样一一道来。

（根据 2011 年 8 月 20 日笔者访谈记录整理）

案例 2　巴珍一家

江达县同普乡夏俄村的巴珍两口子正在自己动手建新房子。同主要是用木材建的旧式房子相比，新房子用了大量水泥、砖、瓦，当然也用了不少木料。据巴珍讲，她丈夫来自日喀则，她自己则是本地人。他们是在拉萨打工时认识的。当时，丈夫是因为拉萨有亲戚去那打工的，做过建筑小工；自己则先是本地的代课老师，因为收入太低，每月只有200元，就去拉萨打工了，在饭馆做过服务员，还去过羊毛加工厂。两人结婚后就来到女方家了。刚开始一直住在娘家。由于娘家人口多，眼神也好，挖虫草比较顺利，全家一年可以收入五六万元。挖虫草是两口子的主要现金收入来源。有了一定积蓄后，他们决定建新房子住。房子的主体部分是雇工人建的，现在主体部分已经完成。小工部分，两口子就自己动手了。这栋房子的修建，纳入了当地政府的安居工程。按规定，安居工程主管部门（6月份）先发给他们60袋水泥，并不发现金；建完后（10月份）来验收房子质量，若通过验收，则再给他们一笔现金尾款（具体数目他们也不很清楚）。为了建这栋新房子，他们两口子向亲戚与邻居共借了25000元。向亲戚借的钱，不用付利息。向邻居借的钱，每百元每月要付2元钱利息。

建房用的木料,是自己从村里别人家买来的。那户人家把旧房拆了,拆下来的木料就卖给了巴珍。在新房子里,巴珍两口子接上了自来水。他们说,有了自来水,建房子会更方便一些,因为要用水泥等材料。不过,到了冬天,由于管道结冰,他们还是需要自己去河边挑水。

(根据 2011 年 8 月 24 日笔者访谈记录整理)

在 2011 年调查中,笔者所见到的农牧户,几乎各户至少拥有一部手机,甚至一些低保户也拥有手机;许多户则几乎每个成年人人手一部手机。这与 2005 年笔者所见的情形大为不同。当时,当笔者拿出自己的手机(该手机在当时的东部沿海地区已算是较落后的型号)使用时,许多农牧民还以新奇的眼光瞅着笔者。另外,目前在调查地区,电视、电脑、数码相机等家用电器也相当普及了。这些东西对于当地农牧民而言不再是神秘而不可触及的,而是更加廉价、更加普通、更加流行的"准必需品"。

此外,与各种电器特别是通信工具的普及相配套,信息网络基础设施建设也大大推开了。手机信号覆盖区域同 2005 年相比大大增加,这也大大方便了农牧民与农牧民、农牧民与外界的信息交流。

二 家居条件改善对农牧民生产生活的影响

农牧民家居条件的改善,不仅可以直接提高农牧民的生活质量,还可以改变农牧民的生产活动,提高他们的生产效率。具体而言,家居条件改善对农牧民生计产生了以下相互联系的几个方面的影响。

(一) 农牧民家务劳动时间的节约

由于家居条件的改善,特别是用水条件、用电条件的改善以及家用电器的使用,农牧民特别是妇女可以从以往繁重的、简单而重复的户内体力劳动中解放出来(从前面的案例 1、案例 2 中可以看到)。传统的诸如打水、打酥油、炒青稞等家务劳动,非常耗费时间,效率很低,上述家居条件改善后,农牧民每天可以只用很少的时间(甚至几乎不用时间)完成过去需要一天甚至几天才能完成的工作量。

这种家务劳动时间的节约对于藏族农牧民生计具有多重意义。首先,

209

由于家务劳动变得更加轻松、便捷，农牧民的身体不再像以前那样疲劳，有利于保护他们的身体健康。其次，农牧民有更多的时间与精力从事其他生产与生活活动，这些活动既可能是提高收入类型的，又可能是家庭建设类型的。

（二）农牧民获得的信息量显著扩大

诸如手机、电视、电脑及相关互联网设备等家用电器的普遍而经常地使用，大大加强了农牧民与外界的信息交流，并逐渐地、潜移默化地改变了农牧民的生产与生活方式。农牧民以更低成本、更快捷的方式与外界交换生产与生活方面的各种信息，这使农牧民很大程度地脱离了原有的封闭状态，以更积极、更开放、更富能力的姿态面对外部世界，实现与之有益的互动，增进相互的了解。这种生产与生活方式的改变，本身亦可以是生活质量提高的内容与方式。

（三）农牧民人力资本积累与提高

这一点事实上是同前述两点联系在一起的。卫生条件特别是用水条件的改善，可以显著提升家庭内部清洁程度，农牧民的饮食卫生也有了极大改善，这些都有利于保护与提高农牧民的健康状况。

以往受家居条件所限，农牧民日常洗脸、洗手、洗澡、洗衣服、洗菜等都是非常不方便的。用水条件改善后，无论是农牧民个人的卫生状况，还是家庭整体的卫生状况，都与过去大为不同，上述"洗"之活动已成为了农牧民的生活习惯。这无疑对农牧民身体健康有不可替代的意义。从性别与年龄上看，女性及儿童的身体健康则可能获得更大的益处。笔者曾亲眼看见一位年轻藏族妇女在村头的一个公共自来水龙头（水引自山上的一个蓄水池）当众梳洗头发。当笔者问她"这样洗发水不凉吗"，她说"习惯了，我经常洗，感觉脏了就洗"。而在她洗完头发之后，一个藏族小朋友则拿着水果来此冲洗。一个下午，这个水龙头很少有未使用的时候。虽然这些卫生处理也许还不能与东部地区相提并论，但纵向地看，许多藏族农牧民的卫生意识及卫生行为已经有了长足的进步。

此外，由于住房在保温、坚固、排烟性能上得到了改善，在寒冷的冬季，农牧民可以不再像以往那样全家人都聚在厨房的火炉旁睡觉，一定程度上可以实现分寝起居，漏风、漏雨、漏雪的情况也大为减少，室内空气明显清洁许多，这些都有益于农牧民的身体健康。

同时，农牧民从传统的体力劳动中解放出来后，可以有更多的时间学习各种知识与技能，或者开展有益于健康的娱乐活动，还可以有更多的精力照顾家人，这些都促进了农牧民人力资本的提升。

（四）农牧民精神需求上的满足

过去，许多较贫困的农牧户由于家居条件差，家庭卫生状况较差，他们的宗教精神需求反而受到了客观限制，因为其家中几乎没有额外的整洁空间或位置摆放佛像或悬挂佛图。受本地宗教习俗观念的影响，佛像或佛图不能供奉在不整洁的地方。家居条件改善后，一是由于住房空间增大，二是由于室内卫生条件改善，许多较贫困的农牧户也可以较郑重地在家中的主要位置供佛，这些农牧户由于家居条件的改善，宗教精神需求得到了更大程度的满足。

（五）农牧民就业机会的增加

政府一系列惠民工程的建设，以及大量农牧民改善家居条件的活动，吸引了当地许多农牧民劳动力。在建设中，这些农牧民劳动力不仅获得了现金收入，还不断学到了新技能，积累了经验，这对于农牧民未来的生计产生了积极的影响。

值得指出的是，农牧民家居条件改善还具有内在的相互影响的综合性特点，几方面条件同时改善，同样的成本，可以获得更大的效益。比如，用电条件的改善，可以在住房建设与维护、用水设施使用、家用电器使用等方面起到促进作用；反过来，住房建设与维护等等，又会保证并提高安全用电条件。案例3从反面反映了实现家居条件综合改善对农牧民生计的意义。

案例3　曲松一家

江达县波罗乡龙让村古色一队的曲松一家这几年遭遇了很大的不幸，他们家发生了两次火灾。曲松家本来在全村是比较富裕的，家里主要靠挖虫草赚钱。2008年的一天中午，他们家在做饭时不慎失火。由于当时家里没有自来水，家里用的水都是从家旁边的小河里打来的，所以救火非常困难。好在在邻居们的帮忙下，总算把火扑灭了，但家里好多东西烧没了、烧坏了。利用自己的积蓄，全家重新购买了家用器具，又重新装修了房子。他们家所在的村组不通电。为了能用上电，曲松自己买了一部小型水电机，找人安置在家旁边的小河上，并布设了电线，把发电机发的电引到自己家。全部用电设施建设共花了 6500 多元。有了这部发电机，全家可以用上电了。这种"私家电"一直用了两年多。可是不曾想，2010 年在他外出做生意的一个晚上，大概 21：00 左右，正由于所布设的电线出现问题，他们家再次失了火。当时，家人都在看电视，突然发现着了火，大家都吓坏了，赶忙都跑到房子外面。据家人讲，其实刚着火时，火势并不算很大，但是家人中没有人会关闭总电闸，由于慌乱，再加上是在晚上，救火很不得力，家人眼睁睁看到火越来越大，把整个房子都烧没了。"烧得只剩下身上的衣服了！"回忆起当时一回到家看到的惨状，曲松很难抑制住自己的情绪。万幸的是，由于躲跑及时，全家人没遇到生命危险，但全家从此陷入了难以跳出的窘境。这场大火烧掉了全家几乎一切财产，其中最重要的是曲松放在床下的总计价值近四万元的虫草与现金。

"当时为什么把虫草放在床下？"

"本来是想等（虫草）行情上涨后再卖出去，没想到烧光了。"曲松很无奈地说。

"为什么没有把钱存到银行？"

"没有那个习惯。做虫草买卖经常用钱，这里离银行很远，存钱取钱要到县里，很麻烦，用钱不方便。"曲松并没有后悔自己未把钱存到银行的意思。

"以前听说过保险吗？"

"听说过。但以前也没想过保险。"曲松有些茫然地说。

"起火后你们全家住在哪呢？"

"当时向政府求助过。民政局一开始给搭了个帐篷，还给了一些垫子、被子、锅、碗。乡里给了 400 斤粮食。后来，向亲戚们借了一些钱，在自己家的耕地上新建一个房子。老房子没办法用了。"曲松显得有些焦虑。

曲松接着说，他们家原先在村子里是比较富的，原先的房子也很好。以前挖虫草，一年最多可以赚 10 万元钱。后来，挖虫草的人越来越多，钱也不好赚了。而且，由于本地主要是农区，并不产虫草，他要到别的地方的草场去挖，交给当地人的草场费（只有向草场承包者缴纳一定费用后，才能进入草场挖虫草）因为虫草行情变化也一年比一年上涨。由于挖虫草赚钱是需要先投入一定本钱的，这场大火，加上挖虫草越来越不容易赚钱，曲松已经对自己再靠虫草来恢复以往家境不抱什么希望。

"家里一直没有自来水吗？"

"前年（2009 年）上面有畜饮水工程，村里装了主管道，我们家就在主管道接了自来水。可是村里还有五六户用小溪（水）。"曲松回忆道。

由于对未来赚钱实在没有信心，曲松现在把希望主要放在向政府部门申请救济上，希望以此能帮自己度过这段最艰难的时期。

（根据 2011 年 8 月 23 日笔者访谈记录整理）

从案例 3 中可以看到，当地农牧民，特别是具有一定经济基础的农牧民，有着很强的改善自己家居条件和提高自己生活质量的愿望。然而，家居条件的各方面内容有着相互补充、相互制约的关系，即使其他方面已经有了长足的改进，一方面的缺陷或滞后也很可能严重制约其他方面的积极作用，从而从整体上影响农牧民生活质量的提高。家居条件改善与农牧民生计变化间的关系很可能表现出"木桶效应"。

三　惠民工程实施中的一些问题

（一）与普惠性公共基础设施建设相关的一些问题

如前所述，农牧民家居条件改善是一个整体性、综合性的过程。事实上，它既离不开农牧民家庭内部的建设，也离不开普惠性公共基础设施建设（即相应成果具有非竞争性及非排他性）。公共基础设施空白或不足，农牧民家庭内部的建设就很可能是徒劳的。公共基础设施甚至可以直接成为农牧民家居条件的内容。在调查中，笔者也发现了一些与公共基础设施建设相关的一些问题。

1. 富裕户从公共基础设施获益更多

有利于改善家居条件的公共基础设施建设，目前在资金投入及客观效果上仍具有"利于富户"的倾向。这重点表现在，从公共基础设施建设中

213

获益，往往需要各家庭进行"家庭内配套建设"，这需要各家庭自己投入资金，从而富户比贫户更有机会从公共基础设施中获益。

2. 牧业区相比于农业区开展公共基础设施建设的难度相当大

相比于以农业为主的定居户，以牧业为主的非定居户或准定居户，由于居住分散且主要居住在较偏远、人口不集中的草场地区，还需要不断迁移，因此，家居条件改善相对困难。同时，相比于我国其他地区，由于藏区农牧民普遍居住在气候及地理条件复杂的高海拔地区，基础设施建设及维护成本通常会高出很多，因此，藏区农牧民家居条件的整体改善还有较长的路要走（既有填补空白的方面，又有提高质量的方面）。建设资金的总额与效率都是需要重点考虑的问题。

3. 公共基础设施建设经常面临筹资难的情况

案例4反映了农牧民个人家居条件改善与本地经济水平大背景相互作用的关系，以及由此引出的公共基础设施建设的筹资问题。

案例4 "不做也不行"的村长

德格县白垭乡冷茶村的布切村长向笔者介绍了他自己这些年来作为村长的无奈与不易。本村地处金沙江东岸的山坡上，是以农业为主的村。本地基本不生长虫草，村里的人主要靠外出打工或到别处挖虫草赚钱。全村整体的经济水平不算很高。以前村里人用水很不方便。许多人到村边的一条小河沟取水。村里人从家里走到小河沟一般需要10分钟。此外，在夏天，若下雨河沟会浑浊，打上来的水很差；在冬天，若河沟结冰则根本无法从中取水，需要到更远的地方取水，有的家甚至骑摩托去取水。村里也有井，井水虽然水质不错，但水面较低，"没有能力直引井水入户"。为了解决村里用水难的问题，2010年，布切村长带领全村百姓在山顶上先找了一个水质较好、水量较稳的水沟作为水源，然后铺设通向村里的一条主管道。有了这条主管道，各家各户就可以自己再铺设管道将水从主管道引入自己家中。主管道的铺设是村民集体出钱出力完成的，入户管道的铺设由各家自己出钱完成。以布切家为例，他家铺设入户管道、建带水龙头的水泥台池，所需的人工及材料大概要花三四千元。"有了自来水，做什么都方便。"布切村长有些兴奋地说。应该说，村长家在全村里是比较富裕的。那些比较贫困的户则很可能没有钱建成引水与用水设施，从而无法享受这种便利。

作为村长，布切要完成上面布置的许多任务。地处金沙江沿岸的冷茶村六七年前开始了退耕还林计划。纳入计划的农户，每年都有一些退耕任务，会领到松树苗，并按一定标准及退耕亩数领钱领粮。完不成当年退耕任务的，上面不但扣钱扣粮，还会罚款。像这样的事就很容易让村长得罪人。他的妻子常常劝他别再当村长了，但是老百姓总愿意选他，乡长与县长也总推荐他当。"村长不做也不行。做了村长，家务事基本不做了。村长的工资也不多。"已经51岁的布切平静地说，之后又透露出一丝的无奈："（对大家都有好处的）集体活动有些人总不愿意参加。村前有一条路，一直想修好，但是村里没有钱，也很难让大家出钱，向上面也争取不来。有了钱，大家就愿意一起出工修路了。"笔者正是沿这条路进入该村的。这条路路况很差，路面满是大大小小的石头。车开过去，就会"飞沙走石"，遮住人的视线。作为村长，布切还要协调村里许多事。比如，有些人家种收庄稼可能一时劳力不够，他要组织或动员其他人家去帮忙；还有一些人家有纠纷，他也要去协调。

村长家的院子里，种着多种蔬菜、水果，这些足够自己家吃了。而在菜地与果树旁，笔者看到了一组气象观测设备，有风向标、风杯、百叶窗、量筒等。笔者有些奇怪为什么这些设备会安在这里。村长说："当时上面来人要建，我就说安我家来吧，安别的地方容易坏。"

（根据 2011 年 8 月 26 日笔者访谈记录整理）

案例 4 在所调查地区具有较强的代表性。许多时候，人们已经意识到行动的方向，但可能苦于缺乏行动的条件，也可能需要仔细思考其中的激励机制。

（二）与特惠性惠民工程相关的一些问题

由于每次工程建设的资金有限，为了使资金产生明显的成效，特惠性惠民工程（即相应成果具有竞争性或排他性）的资金往往投向了较富裕的村或户。这一方面是因为较富裕的村或户能够拿出更多的配套资金，另一方面是因为较富裕的村或户更有机会或可能性利用这些资金实现更高的经济效益。案例 5 突出反映了这些问题。

案例5 白日村

甘孜州德格县玉隆乡白日村是比较贫困的纯牧业村。该村原是红旗公社，1982年1月开始将公社的牲畜按1.5头/人分到各户，同时公社转为村；1995年又将全村的草场按各户的牲畜数目承包给各户。2011年6月，牧民定居计划开始在该村实施。该计划对迁移安家、住房受损、新建住房、危房改造等几种情况进行资助。全村共100多户，当年选了81户进入该计划。具体实施方案是，对于进入该计划的、具有以上几种情况的牧户，若其已经达到规定的施工进度，先获资助1万元（其中含价值为900元的水泥、9100元的现金）。而初步计算，要达到规定的进度从而获得资助，牧户自己至少先要投入7万元。规定的进度包含搭墙（墙基所围面积不少于80平方米）、买木料、走钢筋等内容。建房用的木柱每根约100元，用的梁每根400～500元。小工每人每月需要付60～70元的工钱。全套房建成，需要几个木匠，每个木匠约付1.5万元。白日村虽地处牧区，拥有较大的草场，但这里的草场虫草长得不多，因此当地牧户无法获得较高的现金收入。此外，本村地处偏僻，许多户的牲畜由于雪灾、疾病、狼咬死咬伤等原因大量减少，十几户甚至长期成了无畜户。由于种种不利条件，本村整体经济水平较低，是全县最贫困的村之一。事实上，纳入计划的全部户中，70户拿不出这7万元，从而无法获得资助。由于贫困，这70户也无法从正规金融机构获得贷款（因为贷款需要可靠的担保），要借钱只有向私人借钱，但这仍然很困难，因为仅利率（当地私人贷款每百元每年利息30～50元）就是一个大障碍。

（根据2011年8月27日村干部访谈记录整理）

案例5所示情形，其实不仅藏区农牧民中存在，我国其他较贫困地区也存在。这也是政府考核目标、当地经济发展水平、资金的规模与效率等多种因素相互作用的结果。面对资金有效使用与贫富差距控制呈现反向关系这一问题，需要我们对所预设的目标做更多的反思。这里，既要思考所设目标的现实性（可操作性及可实现性），又要思考所设目标所承载的社会理念。

四 政策建议

通过上述案例及其分析，我们尝试提出以下政策建议：

就基础设施建设而言，各地区（各县、各乡、各村）如何探寻一条适合当地情况的筹资模式是关键。相关部门在进行基础设施建设时，可以在如何尽可能扩大偏向贫困人群的良好外部性（外溢性）方面多加考虑，使之不至于扩大贫富差距。

努力寻找到一地区普遍而又强力制约农牧民生计改善的关键因素，克服家居条件在影响农牧民生计上的"木桶效应"，从而使资金"有的放矢地"投入最需要的环节。

如果一地区的经济发展在基础设施建设方面需要一些"原始推动力"，并且只要具备了这种推动力，该地区就可以进入良性互动的发展轨道，那么政府部门应该着重把资金投入这类项目。

拟开展的各种工程或项目，应尽可能考虑农牧民真实的愿望，让农牧民切实感受到各种项目给自己带来的好处。这种好处，有一举多得的意义：它们一方面可以提高农牧民的劳动效率与收入能力，另一方面可以提高农牧民投入自有资金、进一步开展其他项目以提高自己福利的积极性，还可以大大提高相关部门在群众中的威信，有利于维护社会稳定与民族团结。

第四篇

社会保护与消除排斥

第十一章　救灾救济与家庭经济安全

丁　赛

救灾和救济的产生、发展有着长远的历史。任何一个国家，无论其经济实力强弱，救灾和救济都是政府责无旁贷的分内之事。而政府对救灾和救济的投入数量、运作方式等不仅关乎国家公共财政、公共政策、扶贫和构建社会安全网的内容，更是直接和受救助群体的目前乃至今后生活、福利状况等休戚相关。经济学对救灾和救济的相关研究由来已久，且已从社会福利、贫困、公共政策、全球化、经济发展、社会安全等多个视角展开。本章将基于课题组 2006 年在甘南藏族自治州等地的实地调研，从贫困和公共政策的角度，以藏区为核心对我国农村地区的救灾和救济展开分析研究。本章的主要内容：第一部分，阐述贫困脆弱人群具备的特征，并给出针对这一特殊群体展开研究的原因分析。第二部分，以甘南藏区为例，从政府、家庭所在社区、家庭三个不同层面，分析目前我国农村地区的救灾情况和救灾效果等，并分别提出相应的政策建议。第三部分，以农牧区五保户、残疾人为主要研究对象，探究我国现行救济体制存在的问题以及今后的发展，并进行政策建议的讨论。

一　贫困脆弱性和贫困脆弱人群

当面对自然灾害等各种风险时，家庭经济的安全就会受到威胁。那些因为灾害的损失或自身劳动能力的缺失致使家庭经济由非贫困陷入贫困，或相对贫困陷入绝对贫困的人群被称之为贫困脆弱人群。该类人群是本章的主要研究对象，同时和其他人群相比有着更高的脆弱性。利用贫困脆弱性和贫困脆弱人群概念对贫困进行分析研究是对贫困内涵和外延的扩展。也就是说，贫困不仅仅是对生活水平的衡量，同时它也包含着因缺少获得收入的能力及机会所致的贫困，以及面临风险和不确定性事件时脆弱的承受力而导致的贫困。同以往对贫困的理解相比，脆弱性的概念框架中关注到了影响未来经济收入的风险及其变化的因素。基于此的研究也就为针对脆弱群体采取事前政策干预提供了参考。

（一）对贫困脆弱性和贫困脆弱人群研究的简要回顾

经济学领域对脆弱性的关注，最初是基于对风险规避（Risk Aversion）的研究。Pratt and Zeckhauser[1] 于 1987 年提出了风险脆弱性（Risk Vulnerability）的概念。这一概念的提出是出于对风险规避和有关财产面临风险研究的需要。众所周知，现实世界中的个体面临着很多的风险。虽然这些风险是独立存在的，但事实上这些风险之间却是互相影响、互相作用的。当另一个独立的隐蔽风险（Background Risk）对人们的家庭财产形成不利作用后，风险脆弱性用来表明人们接受这一风险的状况。Pritchett et al（2000）[2]从贫困的角度给出了贫困脆弱性的概念，即衡量一个家庭的贫困脆弱性是通过该家庭在未来不久的一段时间里将要陷入贫困的风险和可能性，这种陷入贫困风险和可能性的大小决定了该家庭有更大或更小的脆弱性。他同时还指出，贫困脆弱性影响着每个人，并且可以由多种事件引发，例如：农作物歉收、失业、事先没有意料到的支出、疾病以及来自生活中的各种风险和打击。由于未来是不确定的，贫困脆弱性也会随着时间的推移而不断提高。例如，一个家庭下周的贫困脆弱性可能很低，但明年可能会变得很高，几年后贫困脆弱性会变得更高。世界银行在其 2000～2001 年世界发展报告中指出[3]：总体而言，可以将风险和打击从三个方面加以理解：第一，已发生和将要发生的风

① Pratt, J. W. and R. Zeckhauser, 1987, "Proper Risk Aversion", *Economitrica*, 55, 143 - 154.

② Pritchett L. A. Suryahadi, and S. Sumarto, 2000, Quantifying Vulnerability to Poverty: A Proposed Measure, Applied to Indonesia. Policy Research Working Paper 2437. The World Bank, Washington DC.

③ World Bank, 2000, *World Development Report 2000/2001: Attacking Poverty*, Oxford University Press, New York.

险和打击具体发生在什么层面（如是个人的、社区的还是国家的）；第二，已发生和将要发生的风险和打击事件的特点（如有关自然、健康、社会、经济、政治、环境的不同风险和打击事件会有不同的特征）；第三，评估风险和打击发生后的严重性以及在一段时间内风险和打击发生的频率。

Baulch and Hoddinot（2000）①通过 10 个不同发展中国家的面板数据对贫困进行研究后发现，如果将家庭划分为三类，即：长期贫困的家庭、经历过贫困的家庭、从未贫困过的家庭。其中那些曾经历过 1 次或 2 次贫困的家庭数量远远大于长期贫困家庭的数量。而且和其他家庭相比，他们重新陷入贫困的风险和可能性会很大。因此，对贫困问题的研究应当不仅包括长期贫困的人群还要涵盖这些贫困脆弱性人群。Baulch and Hoddinot 还认为，长期贫困和暂时贫困的特点会直接关系到设计最节约成本的扶贫规划。如果贫困是一个普遍的长期现象，那么扶贫项目的投资应该集中在贫困家庭所处的自然条件、其物力资本和人力资本的改善，如投资于教育、公共基础设施、土地改革以及提高残疾人和老年人的社会保障金。如果贫困问题有相当部分是那些贫困脆弱性家庭引起的，在扶贫政策上就应当更广泛地通过社会安全网、信贷和保险体系给这些脆弱性家庭在最困难的时候以足够的支持。

Asep Suryahadi and Sudarno Sumarto（2003）②，利用印度尼西亚 1970～1996 年家庭调查的面板数据，通过家庭消费支出的变化估计出在此期间的家庭贫困脆弱性的变化。在估计结果的基础上，他们将贫困脆弱性进行了五大类别的划分。具体为：贫困人群，非贫困人群，高脆弱人群，低脆弱人群以及全部脆弱人群。而高脆弱人群又可以根据导致高脆弱性的原因区分为两个子类别，即低水平消费的高脆弱人群和消费变化幅度大的高脆弱人群。非贫困人群也可以再细化为高脆弱性的非贫困人群和低脆弱性的非贫困人群。他们还将高脆弱人群和目前的贫困人群定义为全部脆弱人群。这就意味着全部脆弱人群包括了目前的贫困人口和

---

① Baulch, B. and Hoddinot, J., 2000, "Economic Mobility and Poverty Dynamics in Developing Countries", *The Journal of Development Studies* 36 (6), 1–23.

② Asep Suryahadi and Sudarno Sumarto, 2003, "Poverty and Vulnerability in Indonesia Before and After the Economic Crisis", *Asian Economic Journal*, 2003, Vol. 17, No. 1.

那些现在不贫困,但在未来不长的时间内有相对高的概率陷入贫困的人群。因此,当贫困脆弱性被定义为陷入贫困(以贫困线为衡量标准)的风险和可能性,全部脆弱人群也就同样根据面临的这种风险以及最初的贫困状态进行了定义。

Neil Mcculloch and Michele Calandrino[①] (2003) 利用 1991～1995 年中国四川农村 3311 户家庭的面板数据,以脆弱性衡量贫困的新方法和传统的以消费水平确定的贫困相比较后的结论是,高脆弱性的家庭即使现在的消费水平在贫困线以上,但重新返贫的概率很大。

在国内,农村贫困和少数民族地区贫困一直是学界关注的重要内容。《中国人类发展报告 2005——追求公平的人类发展》[②] 中给出了我国目前的脆弱人群构成,即:第一是农村的贫困人口;第二是城市的贫困人口;第三是进城的农民工;第四是失地农民。

郭劲光 (2006)[③]、黄承伟、王小林、徐丽萍 (2010)[④] 分别对贫困脆弱性的概念和测量方法进行了阐述。檀学文、李成贵 (2010)[⑤] 从宏观层面探讨了形成贫困的经济脆弱性的原因及相应的减贫战略。万广华、章元 (2009)[⑥] 利用 CHNS 1989 年、1991 年和 1993 年的面板数据预测了贫困脆弱性并与实际贫困发生率进行了比较,以考察选择不同的脆弱线、贫困线和计算永久性收入的不同方法对于度量准确性的影响。李丽、白雪梅 (2010)[⑦] 也利用 CHNS 数据对城乡家庭的脆弱性进行测度和分解,其研究结果印证了用脆弱性预测贫困的可靠性,并指出当前最脆弱群体仍以水平效应为主要根源。

① Neil Mcculloch and Michele Calandrino, 2003, "Vulnerability and Chronic Poverty in Rural Sichuan", *World Development*, Vol. 31, No. 3 pp. 611–628.

② China Economic Development Foundation, 2006, China Human Development Report 2005.

③ 郭劲光:《我国农村脆弱性贫困再解构及其治理》,《改革》2006 年第 11 期。

④ 黄承伟、王小林、徐丽萍:《贫困脆弱性:概念框架和测量方法》,《农业技术经济》2010 年第 8 期。

⑤ 檀学文、李成贵:《贫困的经济脆弱性与减贫战略述评》,《中国农村观察》2010 年第 5 期。

⑥ 万广华、章元:《我们能够在多大程度上准确预测贫困脆弱性?》,《数量经济技术经济研究》2009 年第 6 期。

⑦ 李丽、白雪梅:《我国城乡居民家庭贫困脆弱性的测度与分解》,《数量经济技术经济研究》2010 年第 8 期。

（二）本研究中的贫困脆弱人群界定

本章将利用贫困脆弱性和贫困脆弱人群的分析框架，从救灾和救济的角度，以 2006 年在甘南藏族自治州等地的实地调研为基础，探究贫困脆弱人群目前和未来的贫困缓解和与之有关的公共政策问题。首先，我们重点研究的贫困脆弱人群是在西部农村这一范围内。其次，贫困脆弱人群将包括现有的农村贫困人口和现在的人均收入在国家贫困线以上，但返贫概率很大的人群。这样的界定是试图对未来贫困的变化有一个动态的了解。很多关于贫困脆弱性和脆弱人群的研究是依据家庭调查数据，对贫困脆弱性进行衡量后再对贫困脆弱人群进行分类。由于本研究是以实地调研、案例分析为主要研究方法，因此，我们对脆弱人群的分类将根据国家贫困线、调研地区确定贫困户、特困户的方法，以及所在县乡的人均收入确定我们研究的贫困脆弱人群。考虑到国外的贫困脆弱性研究更多关注在贫困线附近变化的人群，根据我们课题组在 2006 年的调研结果，我们认为本研究中贫困脆弱性的分析除了要考虑国家贫困线，同时也应该关注地区特困线，即维持农村地区个人基本生存的底线。

对贫困脆弱人群的分析将主要通过两条主线展开，其一是救灾；其二是救济。由于突如其来的自然灾害，人们的收入和财产必然会受到损失，生活质量和福利状况也会受到影响。在面对这种风险和打击时，家庭经济状况的变化会使部分原先非贫困的家庭变得贫困，使原先在地方特困线以上但在国家贫困线以下的家庭成为特困家庭。因此，我们在救灾的分析中既要从国家贫困线出发，分析研究在贫困线以上 10% ~20% 收入的人群对自然灾害的承受能力，来了解这些人群的贫困脆弱性，同时也要进一步分析已受灾的贫困人口中那些由于受灾由贫困家庭转为特困家庭的情况。在此基础上对国家救灾的公共政策分析研究会更加有的放矢。救济和救灾的情况有些不同，这是因为纳入国家救济范围的必然是贫困人口且绝大多数是特困人口。所以，本章集中对因残致贫、五保户这两类农村特困家庭在 2006 年接受救济的情况加以分析研究，需要说明的是，因这类人群以特困人口为主故其脆弱性分析将主要参考当地的特困线。

二 救灾抗灾对贫困脆弱人群的影响
——以甘南藏区为例

中国历史上，灾荒对经济和政治一直有着直接而重要的影响，因此也始终为统治者所关注。邓云特先生根据众多具体的历史事实给出了灾荒定义（1937 年）[①]："所谓灾荒者，乃以人与人社会关系之失调为基调，而引起人对于自然条件控制之失败所招致之物质生活上之损害与破坏也。"我国自古以来灾荒不断，"西欧学者甚至称我国为'饥荒的国度'"。[②]

自 1978 年改革开放以来，经济快速发展、人口持续增长，与此同时，自然环境不断恶化、自然灾害造成的国民损失也逐渐增大。2006 年，我国自然灾害造成的直接经济损失为 2528.1 亿元，比 2005 年增加 23.8%，是1998 年特大洪涝灾害以来的第二个重灾年。[③]

就课题组调查的甘肃全省而言，大部分地区气候干燥，属大陆性温带季风气候，年平均气温在 0 ~ 16℃。自然灾害种类多，发生频繁，主要有干旱、大风沙尘暴、地震、洪水、滑坡、泥石流、冰雹、霜冻等，尤其以旱灾为重，年降水量在 38 ~ 735 毫米之间，自东南向西北递减，素有"十年九旱"、"无灾不成年"的说法。[④] 而甘肃的整体经济实力和发展水平在全国属于中下。2005 年甘肃 GDP 为 1933.98 亿元，在全国（不包括台、港、澳）排名第 27 位，仅位于青海、宁夏、海南、西藏之前，人均 GDP排在全国第 30 位，仅比贵州高一点。这样的经济实力也决定了甘肃自身的救灾能力不会很高。

2005 年以 675 元确定的贫困线，甘肃全省现有 148.54 万贫困人口；甘南州为 11.77 万人；临夏州为 44.96 万人。甘南州和临夏州的所有耕地均为旱地。课题组 2006 年调研的甘南藏族自治州卓尼县属于藏区的半农半牧区，夏河县以牧业为主，而临夏州的临夏县、和政县是以农业为主兼有

---

① 邓云特：《中国救荒史》，商务印书馆，1998，第 3 页。
② 邓云特：《中国救荒史》，商务印书馆，1998，第 7 页。
③ 民政部：《2006 年民政事业发展统计公告》，2007 年 5 月。
④ 摘自甘肃省民政厅《甘肃省城乡救助工作情况汇报》，2006 年 7 月 31 日。

表 11-1　2005 年甘肃省、甘南州、临夏州的经济状况

	甘肃省	甘南州	卓尼县	夏河县	临夏州	临夏县	和政县
年末耕地面积（万亩）	5131.57	101.03	16.72	16.79	214.88	37.63	23.46
有效灌溉面积（万亩）	1545.64	11.63	2.08	2.1	81.86	19.68	5.16
亩产（公斤）	215.65	152.33	166.20	153.79	270.41	294.48	347.18
农民人均产粮（公斤）	403.37	175.72	172.53	160.92	281.08	302.24	234.83
农林牧渔业总产值合计（万元）	5215312.12	117784.91	18852.57	18190.15	236325.85	41774.65	24333.04
农业比重（%）	69.58	39.36	45.55	29.97	56.93	57.0	62.44
林业比重（%）	3.05	3.24	3.50	0.06	3.76	6.05	1.24
牧业比重（%）	24.76	50.64	45.85	66.31	34.90	33.06	32.68
农民人均纯收入（元）	1980.00	1514.00	1375.00	1642.20	1380.00	1422.5	1242.2
贫困人口（万人）	148.54	11.77	1.78	0.88	44.96	7.85	4.4

数据来源：甘肃省扶贫办公室，2006 年 8 月。

牧业的回族地区。其中，卓尼县是国家级贫困县，临夏县是省级贫困县。由于不同地区的自然条件和农牧业生产经营的情况各有不同，因此，自然灾害频繁发生的种类、国家救灾、农牧民自救等也就有所差异。如牧区危害最大的是旱灾、初春的雪灾等；而干旱、冰雹、洪水、病虫害等是农区对农作物损害较大的自然灾害。在表 11-2 中，我们可以清楚地了解甘南州以牧业为主的夏河县，以及半农半牧的卓尼县在 2005 年农业受灾面积明显小于临夏州的临夏县和和政县，粮食减产数量也不大，但死亡的大牲畜和羊的数量远远高于后者。

表 11-2　2005 年甘肃省、甘南州和临夏州受灾情况

	甘肃省	甘南州	卓尼县	夏河县	临夏州	临夏县	和政县
受灾面积（万亩）	1706.93	20.96	5.7	0.02	76.04	11.04	5.62
旱灾（万亩）	910.54	5.15	2.1	0	50.01	0.64	0
病虫害（万亩）	195.44	2.14	0.47	0	10.39	3.38	5.35
成灾面积（万亩）	1109.97	17.35	5.41	0.02	34.77	11.04	1
旱灾（万亩）	571.23	4.19	2.08	0	16.69	0.64	0

续表

	甘肃省	甘南州	卓尼县	夏河县	临夏州	临夏县	和政县
病虫害（万亩）	128.48	1.69	0.34	0	5.5	3.38	0.77
减产粮食（吨）	483935.38	12828.28	8090	10.7	20932.92	7947	339
减产油料（吨）	20691.18	429.68	0	0	516.71	0	78.7
死亡大牲畜（头）	6082	4117	3521	380	1	0	0
牧区死亡羊（头）	32530	19993	14307	4200	3	3	0
倒塌民房（间）	8046	323	301	0	382	303	37
成灾人口（万人）	408.11	11.29	3.33	0	50.13	12.71	0.12

数据来源：甘肃省扶贫办公室，2006 年 8 月。

（一）中央和地方政府着重于贫困脆弱人群受灾后的应急和基本救助

我国地域辽阔，自然灾害频繁。加强抗灾救灾管理工作，对于减轻灾害损失，促进国民经济持续、快速、健康的发展，维护社会稳定，具有重要意义。国家对抗灾救灾工作的总体原则[1]是：（1）抗灾防御为主、救助为辅、自力更生、生产自救、恢复生产、重建家园。（2）坚持地方自救为主、中央补助为辅的原则。（3）坚持统筹规划、重点安排的原则。

在法律法规方面，我国已经颁布了《中华人民共和国灾情统计、核定、报告暂行办法》《中华人民共和国救灾捐赠管理暂行办法》。2005 年，国家制定并实施了《国家突发公共事件总体应急方案》，该方案主要内容包括：组织机构、预测预警、应急救援、灾害评估、恢复重建、灾民救助、救援队伍、后期处置等。这一方案的实施意味着国家力图使救灾工作科学化、制度化、规范化。同年，国家的救灾工作力度加大，中央财政用于抗灾救灾的资金为 89 亿元，救助受灾群众 9000 多万人次。[2] 与此同时，政府强调要加强防灾减灾救灾工作。

1. 甘肃省的救灾工作（根据甘肃省民政厅救灾处的座谈笔录和收集到的资料）

甘肃省每年用于救灾的专项资金大约是 11500 万～12000 万元，其中

---

[1] 摘自《甘肃省城乡社会救助工作总结》。

[2] 温家宝：《2006 年政府工作报告》。

国家财政拨款 1 亿元左右，甘肃省从省财政列支 1500 万 ~ 2000 万元，从 1999 年至 2006 年每年都列支 1600 万元专项救灾资金。救灾款的使用主要面对灾民个人和家庭并集中在吃、穿、住三个方面。当灾情发生后，乡民政员在 24 小时之内及时上报到县，县委根据灾情的严重程度组织救助，并同时上报到市或自治州，最后上报到省。对于灾民受灾等级的评定需通过村组，经村组评议群众没有意见后上报到乡镇审核，再逐级上报。国家要求从灾情发生到发放灾民救助卡在一个月之内，但实际工作中经常发生延误。每年财政救灾款的发放是按照由上而下的程序，即由省至市或自治州至县再到乡最后落实到村。救灾工作涉及面广、综合性强，单靠民政部门的力量非常有限，通常需要扶贫办、教育部门、发改委等不同政府部门的通力配合。如果其他部门积极配合，救灾工作就容易做好。而对这些部门的调派主要通过领导班子。因此，领导班子尤其是高层的领导班子对救灾工作的重视程度在一定意义上决定了救灾的最终效果。究其原因是因为每年的救灾资金缺口很大。就甘肃省而言，救灾款中的 80% 用于灾民口粮的救助，灾民重建占 10%，临时受灾的应急救助只占 10%。灾民口粮救助原则上是每个灾民都能享有每天 1 斤口粮的救助，但实际上未必能保证，估计每年有 5% 的受灾人口在口粮救助上无法保证达到这一标准。灾民重建主要指对危房的重建，通常的标准是帮助每户重建 3 间房，但财政平均才给补贴 3000 元，实际成本需要 15000 元，剩余部分只能靠灾民自筹。在穿的方面，国家没有专项资金，无法落实。在救灾款中，有 5% 的资金要向五保户、残疾户、特困户倾斜。甘肃省每年临时受灾的情况很多，临时救灾资金不足部分通常从省长预备金中补上。除了临时性的特大自然灾害和一般自然灾害的额外救助，甘肃省每年还从救灾款中单列有冬令、春荒的灾情救助。其救助主要通过发放面粉的方式进行灾情救助。甘南州 2004 年财政救灾资金为 1570 万元，2005 年为 1080 万元；临夏州 2004 年财政救灾资金为 1345 万元，2005 年为 1405 万元。

2. 夏河县的救灾工作（根据夏河县民政局局长、副局长介绍）

夏河县是甘南州的牧业大县，拥有全藏区最好的天然牧场。由于对牧场的保护较好，因此生态环境一直没有明显的恶化。相应的，自然灾害也不是很多。比较之下，干旱和雪灾是对牧场危害最大的自然灾害。随着县里扶贫项目——抗灾保畜的暖棚建设不断推进，牲畜耳标的发放以及免费给牧民的牲畜注射免疫针，使牧民的受灾风险进一步降低。2004 年 2 月，夏河县连续下雪近 14 天，是近年来较为少见的，这次雪灾中牧民平均损失的牛羊都比往年增加 3 倍以上。灾情发生后，县政府在及时摸清灾情向上级汇报的同时，动用财政救灾应急资金购买饲料、口粮以及灾区缺乏的物资，但由于救灾物资需从兰州和其他城市购买和调拨，加上运输时间因而没能最有效地缓解灾情。由于夏河县不像中、东部有些农村地区那样设有救灾物资储备仓库，因而，只有等灾情发生了才会去购买和调拨所需物资，加上运输时间和分送时间造成了救灾工作的效率不高。据介绍，如果发生了洪涝灾害，为解决灾民口粮问题，一个乡一次性要调拨 20 多万斤粮食。这么大的数目，不可能在很短的时间就都能及时送到灾民手中，由于救灾工作跟不上，就有灾民吃不上饭的情况发生。此外，因为没有救灾物资储备仓库，一些乡为了应急，往往把冬令、春荒的补助面粉扣留一部分，但缺乏储备条件，这些面粉常常被老鼠等损害，非常可惜。

2005 年，夏河县的灾民建房工作以每户签订"灾民建房项目实施管理责任书"并建立灾民建房档案表的方式展开。责任书的内容主要包括七个方面的说明：（1）在 2005 年开工的灾民建房要在 2005 年 10 月底竣工入住；（2）县灾民建房领导小组将向每户发放 3000 元～5000 元补助款，不足部分由乡政府动员社会捐款献料、帮工等形式解决，县上不再另行考虑资金，对改建中出现的问题，乡政府自行解决。（3）建筑统一采用砖木结构，一门两窗，每间使用面积不能低于 15～20 平方米，房屋结构是四角为砖柱，面墙为砖墙，其余三墙为土墙，不得随意改变结构、面积和推迟完工时间。（4）各乡镇要对确定的建房户签订相应的责任书，对项目跟踪管理。（5）补助款分三次下拨，工前、中期每户按 2000 元～3000 元下拨，待完工验收后将剩余部分下拨，对达不到要求标准和不专款专用的，扣除拨余款外，要追究乡镇主要领导责任。（6）灾民建房竣工后，要在新房门楣上安装省民政厅统一制作的"乐民新居"标牌。（7）建房工作结束后，民政部门要会同审计、监察等有关部门对建房经费使用情况进行检查和审计。各乡镇要主动接受上级民政部门的检查验收。县领导小组不定期调派人员对乡、镇灾民建房工作进行认真的检查验收和审计，及时处理不合格工程，抽查面不低于 50%，乡政府抽调合格率达到 40% 以上。此责任书的内容作为乡镇年终考核的主要依据，同时要作为乡镇一把手的个人年终考评的评审依据。

3. 卓尼县柏林乡的救灾工作（根据柏林乡乡长、乡民政员介绍）

卓尼县是国家级贫困县，每年都有数额不少的财政赤字，而国家救灾资金的下拨也不是非常到位，这就更增加了救灾工作的困难。如在2002年，甘南州根据卓尼县受灾情况准备下发97万元救灾资金，但实际拨付到账70万元。2003年10月和2004年9月，柏林乡分别发生了5.2级和5级地震，导致有的群众房屋倒塌，有的成为危房。根据县里规定的灾民建房三个等级，在2003年和2004年确定等级的程序为：首先分别由各大队摸底→村级汇总→驻村干部调查认定→村里张榜公布→上报乡政府→上报县民政局，批准后下拨灾民建房款。2003年和2004年地震后，柏林乡的灾民得到了口粮救助，一些捐赠的衣服、冬天取暖用的煤和方便面。2004年和2005年，受灾名单里的人都拿到了灾民建房物资，其中一等的折合人民币6000元，二等的折合人民币2000元，三等的折合人民币500元。灾民建房物资由卓尼县采用公开招标的方式购买再下送到各个乡，主要有门窗、木料、红砖、水泥、白灰、油漆等。6000元的物资是按照三间房（大约45平方米）发放的。三个等级的划分是依据房屋的受损程度，一等的是房屋倒塌或受损严重成为危房；二等是受损必须维修的房屋；三等是造成房屋裂缝的。柏林乡由于地震损失的灾民建房截至2006年7月共539户，拨款50余万元。仅从灾后建房物资的价值看，6000元大概只够盖一间瓦房的钱，灾民要自己再筹集一些钱才能真正盖起三间瓦房，如果没钱又借不到的只能不盖瓦房或缩小面积。

在防灾方面，卓尼县实行了天然林保护工程后生态环境逐渐改善，自然灾害在逐年减少，而且各个乡都添置了专门用来减轻雹灾的高射炮，冰雹灾害的损失已经大大减少。但2006年柏林乡又遭遇到雹灾和暴雨，为此，乡政府上报到县里和州里的灾情报告中写道："2006年7月27日，柏林乡遭受特大冰雹、暴雨灾害。暴雨夹杂冰雹持续近一小时，部分冰雹厚约25~30厘米。由于农牧民底子薄，存粮有限，加之连续遭受暴（雹）雨和泥石流灾害，使部分群众的生活变得更加困难，打破了群众唯有的秋收希望，目前群众情绪极不稳定，缺口粮问题十分突出。"[1] 由此可见，政府的救灾工作对于灾民生活的稳定意义重大。

---

[1] 摘自2006年卓尼县关于灾情的上报材料。

4. 各级政府救灾工作对贫困脆弱人群的影响

根据上述内容可知，国家各级政府的抗灾救灾工作主要集中在应急救援、恢复重建、灾民救助三个方面。限于政府财力不足，救灾工作只能提供给灾民最基本的生存支持。虽然在救助过程中有对五保户和特困户的倾斜，但在总体救助水平不高的前提下，这种倾斜对于该类特别贫困人群的贫困缓解几乎不起作用。

我们在调查中得知，近年来，柏林乡的许多农牧民因为种植当归药材而脱贫，但由于脱贫时间不长，经济实力还很薄弱，面对这突如其来的自然灾害，有相当部分的群众重新返贫。这些返贫者恰恰就是家庭拥有较少资产、脆弱性高但原先不贫困，遭遇自然灾害后因其脆弱性而重新导致贫困的人群。这类人群同特困人群相比，自力更生、生产自救、恢复生产、重建家园的可能性更大。因而，针对这类人群的事先预防干预和事后减轻贫困干预的政策和措施就显得尤为重要。通常他们也成为当地政府重点脱贫的对象。

和重新返贫的脆弱人群相比，已贫困人群中的相当部分会因自然灾害的打击由一般贫困变为特困。例如，柏林乡总体年人均收入水平低，绝大部分特困户人均收入每年低于 400 元。根据柏林乡 2005 年特困户家庭数、人数及其困难原因的统计数字，在 71 人、18 户特困户中，有 55 人、14 户是受灾原因成为特困户的，占特困户总量的 77.78%。这类特困人群是因自然灾害的打击导致贫困程度加深，已面临生存困难，对他们的政策制定应着重帮其脱离特困。

（二）家庭所在社区和家庭抗灾对贫困脆弱人群意义重大

甘肃省自然灾害频发，是农村群众陷入贫困和返贫的重要原因。很多农村地区越贫困生孩子越多，虽然计划生育工作困难很大，但不可否认的是，孩子多，家庭抗灾能力确实强。

甘南藏族自治州目前的牧业和农业生产主要还是依赖自然条件，没有摆脱靠天吃饭的传统。在政府救灾能力有限的情况下，面对可能会有的自然灾害风险，不同的农牧民家庭的反应是不同的。毋庸置疑的是，无论贫困家庭还是富裕家庭都会试图对自然灾害的风险做出反应，以尽可能保证自己有足够的收入，自己的财产少受损失。以下两个案例说明了农牧民家庭是如何防灾、抗灾的。

案例 1

甘南州的卓尼县柏林乡柏林村属于半农半牧区，村妇女主任后拓子一家是村内的富裕户。后拓子是藏族，今年54岁，家中有丈夫、儿子、儿媳和不到1岁的孙子。现有住房19间，包括在牧场的3间。耕地8亩，15头牛，36只绵羊、40只山羊，5头猪，8只鸡和1只猫。丈夫主要负责放牧，儿子在兰州的浴池里给人搓澡打工，后拓子和儿媳在家种地和照顾孩子。在2003和2004年的两次5级和5.3级地震中，家里的房子出现了裂缝，根据灾民建房的规定，得到灾民建房物资折合人民币500元。据后拓子介绍，在2003年和2004年的两次地震后平均每家每次都得到了一袋面（每袋50斤，约值50元），有的还分得了衣服，她家就分到了一条裤子和一件棉衣。地震后，村里的土房和质量差的房子都出现了问题，有的成了危房不能住人了。村干部根据大家受灾的情况，确定了一等、二等、三等受灾户名单，在村里公布的同时上报给乡政府，乡政府报到县上后，由县里派人下来调查、核实情况，如果都没有问题了才能发救济。2004年和2005年，受灾名单里的人都分别拿到了灾民建房物资，其中一等的折合人民币6000元，二等的折合人民币2000元，三等的折合人民币500元。6000元的物资是按照三间房发放的，主要有门窗、木料、红砖、水泥、白灰、油漆等。6000元大概只够盖一间瓦房的钱，村里的人都要自己再筹集一些钱才能真正盖起三间瓦房，如果没钱又借不到的只能不盖瓦房或缩小面积。后拓子自家也在500元物资的基础上贴了近1000元，将房子进行了修缮。

后拓子家的8亩耕地有3亩用来种当归，其余的都种青稞和燕麦，青稞和燕麦主要是为牛羊过冬准备的。另外，为了牲畜能安全过冬，自己还要额外购买近千元的饲草。现在的冬季牧场有了定居点和圈养场地，一般的雪灾都可以应付。2005年初春，甘南州有过一次较大的雪灾，由于后拓子家准备了较为充足的饲草，同时又学习了别人的经验，给牛羊都戴上了"口罩"，使得损失和以前相比大大减少了。带"口罩"也就是把青稞或燕麦放在布袋内，当牛羊无法找到青草又非常饥饿时戴在牛羊的嘴上，可以使其较为方便的吃到食物，节省了牛羊的体力耗费，大大减少了牲畜的死亡数量。2005年，后拓子一家消费的粮食有3000斤，而牛羊吃了6000多斤的青稞、燕麦。

今年7月，柏林乡等地下了将近半天的冰雹，因为冰雹颗粒大，柏林村的农作物全部受灾，成灾面积几乎百分之百。后拓子家今年种的当归和青稞、燕麦几乎全部绝收，损失在万元以上。因为柏林乡的农作物只能种植一季，这也就意味着今年所需的粮食和牛羊冬天的饲草都只能依赖原先的储备或花钱购买。像后拓子家这样经济实力雄厚的，可以渡过难关，而同村的其他村民尤其是处于贫困状态的，就是雪上加霜。

（根据卓尼县柏林乡民政员李永禄、柏林村后拓子及儿媳 2006 年 8 月 5 日口述笔录整理）

案例 2

位于夏河县麻玛行政村第四自然村的扎西当知一家，主要从事牧业，其人均收入在村里属于中上水平。家里共有 5 人，扎西当知夫妇，两个孩子还有扎西当知的弟弟。扎西当知今年 29 岁，妻子 24 岁，大儿子 8 岁，今年 9 月上学，小儿子 5 岁，弟弟还未结婚。扎西当知家现有 46 头牛，200 只羊，2 匹马，1 只藏獒。当初草场是以一人 282 亩分配到户的，扎西当知一家的草场面积为 1128 亩。但由于牛羊数量多，自家的草场不够，必须另外购买草场。目前一年的草场价格为按照一人 282 亩草场为单位，草好的 1500 元，草差一些的为 900 元左右。以扎西当知家现有的牛羊数量，需要花 6000 元购买草场。长期以来，牧民积累了丰富的抗灾经验，再加上目前在夏河县推广的抗灾保畜扶贫项目，在冬季牧场，开始有了暖棚。牧民抵御自然灾害的能力大大加强。据扎西当知介绍，当地的自然条件很好，基本上风调雨顺，一直没有什么大的自然灾害。目前，乡里还定期注射牛羊免疫针，使得牲畜因病死亡的概率也大大降低。由于他家只从事牧业，因此要购买冬季的饲料，通常为了有备无患，饲料的储备会比较充足，足够牲畜过冬使用。冬季牧场的暖棚主要是为牛准备的，现在也实行了围栏饲养羊，当下雪和温度过低时，就在羊圈的四周土墙上支起塑料布，用于取暖。近年来，扎西当知家一年下来，由于自然灾害平均死亡十几只羊，以目前扎西当知家人均收入 2000 元左右的经济实力完全可以承受。如果周围需要帮助的贫困邻居家冬季缺乏饲草，扎西当知会和其他经济实力较强的家庭一样对贫困家庭给与一定的帮助。

（根据扎西当知夫妇 2006 年 8 月 13 日口述笔录整理）

甘南藏区信奉藏传佛教的人数众多，佛教寺庙数量也不少，如果当地发生了自然灾害，寺庙会主动采取措施将粮食等救灾物资送到灾民手中，成为国家救灾、灾民自救外的又一救灾力量。藏区传统的互相帮助的风气也使得在发生自然灾害时，农牧民的财产、收入受损程度得以降低。

案例 3

夏河县牙利吉乡的阿纳第十自然村村长才让吉介绍了该村村民防灾、抗灾的总体情况。牙利吉乡在夏河县属于中等收入水平，年人均纯收入在1500 元左右，阿纳第十自然村是牙利吉乡中比较贫困的自然村。现在还是靠天养畜，抵抗自然灾害主要依赖家庭。如果家中三个孩子都是男孩且已经成人的话，一般的自然灾害都不会造成太大的影响。如果家中有两个女儿，抗灾能力就不是很强。收入高的富裕户，因为牲畜多能买到好的草场，能为冬季准备充足的饲草，还有钱准备其他一些抗灾物资，如塑料布、取暖设施等，牛羊长得壮，冬季牛羊死亡的数量就会大大减少。贫困户由于缺钱，冬季的饲草准备不是很充足，也没有钱准备其他的抗灾物资，所以冬季死亡的牛羊数量就相对要多。富裕户本来牛羊就多，死几十只羊不算什么，而贫困户可能就承受不了。如果再遇上较大的雪灾，原先不是贫困户但不富裕的家庭可能就成为贫困户。村上有一户，在 2004 年初春的雪灾中死的牛羊数量较多，孩子又小还在上学，当年就成了特困户。在夏河县，特困户的标准是年人均纯收入在 400 元以下。到 2006 年他家还是贫困户。如果这几年没什么大灾的话，估计等过几年孩子上完学了就能缓过来。村民之间的互相帮助虽然有，但却大不如前。谁家如果确实贫困，冬季饲草不够，问富裕户借肯定能借到，但富裕户主动给的并不多。

（三）相关的分析讨论和政策建议

本章对救灾的分析研究，主要集中于自然灾害对脆弱人群家庭收入和财产造成损失，从而使家庭陷入贫困或长期贫困无力自拔的状况，并在此基础上探讨在脆弱人群受灾时，家庭如何自救、互助以及国家如何给予及时有效的救助从而降低其脆弱性。

　　根据前文的描述和分析，我们可以比较清楚地了解到，救灾资金的多少是决定救灾效果的最重要因素。随着我国整体经济实力的提升，国家对救灾工作的重视程度和投入力度也在逐年增加，救灾工作有了显著的改进，但以 2006 年为例，自然灾害造成的直接经济损失为 2528.1 亿元，国家中央财政用于抗灾救灾的资金为 89 亿元，仅为直接损失的 1/28。而甘肃省近年平均的地方财政救灾资金仅为中央财政划拨甘肃的救灾资金的 16%。所以，甘肃自身的救灾能力非常有限，而国家的财政救灾资金也不可能真正弥补灾害造成的损失。在国家投入救灾资金有限的前提下，提高政府救灾工作的效率显得更为重要。从实地调研看，救灾工作点与面的结合常常比较困难，这不单单取决于救灾资金的多少，同时还由救灾工作的水平和效率所决定。所谓"少花钱，多办事，还要尽可能地把事办好"，因此，对从事救灾工作的工作人员要求也相应要高，但从目前情况看，民政部门的工作人员忙于日常事务，很少有时间"充电"以提高自己的业务水平，整体人员素质低于财政、工商等其他政府部门。

　　毋庸置疑，当前总体而言，农牧民受灾后的救助工作还是以农牧民家庭自身为主要力量，国家救助为辅助力量。这里我们最先讨论的是，受灾前脆弱人群面临的贫困风险的分担。风险规避、趋利避害是每个农牧民家庭理性的选择。从实地调研看，人均收入越高、劳动力越充足的家庭，会自觉地创造条件规避可能发生的自然灾害的风险（见案例 1、案例 2、案例 3）。也就是说，自然灾害之前的风险规避也被称为自我保护（self-protection）并不是每个家庭都能做到的，它受制于农牧民家庭的经济条件。另外，有关自然灾害可能存在的信息了解也应该是防灾所不可缺少的环节。据了解，现在农牧民家里大部分都有收音机有的还有电视，农牧民居住集中的村落有的还有大喇叭广播，收听和收看天气预报是有条件的农牧民天天必做的事情。但现在的天气预报仅仅是针对短时间的，没有一个月以上甚至更长的有关天气的预测。如果农牧民对天气情况的预知能够相对准确，脆弱人群中位于贫困线以上的家庭就可以决定是否通过借贷等方式，事先储备好防灾物资。而对贫困户尤其是位于特困线以上贫困线以下的人群而言，由于这一群体中有相当部分属于暂时贫困家庭，脱贫的可能性很大。虽然家庭的暂时贫困使其没有事先预防自然灾害的能力即自我保护的能力，如果国家能够有专门针对特困线以上贫困线以下人群的防灾扶贫项目，应该对这一人群尽快脱贫，不转变为长期贫困户有很大的帮助。

自然灾害发生后，国家和受灾家庭面临的任务是如何使得灾害损失最小。家庭自救在很大程度上取决于家庭的经济实力和劳动力数量。从国家角度，政府目前没有财政实力开办相应的财产保险，而且国家救灾仅仅集中在解决灾民吃、住的基本生存问题。因此，家庭只能自己承担绝大部分的灾后损失。

值得庆幸的是民政部在《民政事业发展第十一个五年规划》中提出，要贯彻实施《国家突发公共事件总体应急预案》和《国家自然灾害救助应急预案》，建立健全覆盖城乡的备灾减灾、灾害应急响应、灾民生活救助、灾后恢复重建和社会应急动员等灾害救助应急体系，使受灾群众基本生活权益得到切实保障。并具体从灾害管理体制、灾害应急响应、灾区恢复重建和灾后生活救助、备灾、减灾方面规定了相应目标。由于我国存在地区经济差距，在救灾能力上也必然存在地区差异，据此推测，甘肃这样的落后地区在救灾的各项目标中可能会落后于其他地区。因此，甘肃位于贫困线附近的脆弱人群和经济发达地区的同类人群相比脆弱性更高。

有鉴于此，如果对于原先位于贫困线以上但灾后陷入贫困的家庭，并且在未来有能力脱贫的家庭，可以延长供给其口粮的时间如一年左右的时间，以使其将有限资金投入生产自救，而且在基本生存得到保证后，从精神上也会促进其尽快脱离贫困。这也就是政府救灾工作中的侧重点，但是在实际操作中，由于救灾资金有限，往往很难实现。

家庭和家庭所在社区的防灾、抗灾情况，还和当地的文化有密切联系。有一种观点（Lewis，1969）[①]认为贫困的文化是导致贫困的重要原因。该观点的主要内容是，无论是什么原因导致的贫困，贫困都会融入当地的文化中。这种体现了贫困的文化又会顺应和进一步固化穷人在社会中的边缘化地位。同时，贫困文化还会令穷人认为自己无望实现社会价值和没有能力摆脱贫困。对于这类穷人，很容易供给他们食物，但要让他们跳出这种恶性循环是非常困难的。例如，当人们在贫困中生活了几代之后，他们就会接受这种贫困，并对现有的状况没有不满。尤其是在这种地区有

[①] A. S. Bhalla and Shufang Qiu, 2006, *Poverty and Inequality among Chinese Minorities*, Routledge, p. 68.

了很强势的宗教信仰后，人们更会认为外界的富裕是过眼云烟，应当追求极乐世界。对于贫困地区的防灾和抗灾，还应该针对改变上述提到的贫困文化。

最后，自然灾害的发生必然和生态环境有着密切联系。如我们调查的夏河县自然环境比卓尼县要好，相应的，自然灾害发生的频率就小，灾害造成的损失也就小得多。而且，卓尼县实行天然林保护工程后，生态环境得到改善，近年来自然灾害发生的次数逐年减少。因此，无论是政府还是农牧民都应该自觉地保护生态环境，创造良好的人与自然和谐的自然环境，是防灾抗灾工作中最为重要的。

三　政府救济对农村贫困脆弱人群的影响——以甘南藏区为例

我们从救济角度界定的脆弱人群和救灾部分的脆弱人群界定不完全一样。在此处，我们只针对农村五保户和残疾户这两类人群对我国政府现行的救济制度进行分析研究。其原因主要是在本课题组田野调查之时，农村最低生活保障制度还未在甘肃省实行，农村医疗救助也未推开，甘肃省农村的正规社会保障仅限于农村五保户的供养，以及对特困户的部分救助。由于从救济角度分析的脆弱人群其人均收入都是在国家贫困线以下，并且绝大多数在特困线以下。所以，我们此处对脆弱性的分析，也将主要参考特困线，即维持农村地区个人基本生存的底线。也就是说，这些人群的脆弱性更体现在生存能力的脆弱，如果国家救助及时有效的话，这一人群的生活能维持。如果国家救助不及时的话，他们的脆弱性直接表现为生存危机。

（一）甘南藏区的救济情况分析

社会救济是社会安全网内容的一部分。甘肃省的社会保障目前仅限于五保户这一特定人群。到 2006 年上半年为止，全国已有 13 个省由地方财政负担，实行了农村最低生活保障制度。甘肃省在 2000 年、2001 年和 2002 年曾实行过农村低保制度，但因为财政资金不足，2003 年就停止了。根据国家修订后的《农村五保户供养工作条例》，甘肃省已制定了《甘肃省农村五保户供养办法》，在 2006 年 7 月公布，2006 年 9 月 1 日施行。该办法包括总则、供养对象和内容、供养标准和形式、供养资金的筹集和管理、供养服务机构和住房保障、监督管理、附则七个部分。办法明确规定对五保户在吃、穿、住、医、葬方面给予村民的生活照顾和物质帮助。农村五保户资格的认定主要针对农村老年人、残疾人和未满 16 周岁的未成年人，同时要具备三个条件：第一，无法定赡养、抚养、扶养义务人，或者虽有法定赡养、抚养、扶养义务人，但无赡养、抚养、扶养能力的；第二，无劳动能力的；第三，无生活来源的。农村五保供养标准，由市（州）人民政府原则上按照不低于当地上年农村居民平均生活消费支出额确定，报省人民政府备案后公布执行。并根据当地农村居民平均生活消费支出水平的提高适时调整。农村五保供养对象实行集中和分散两种供养形式，供养形式由五保供养对象自愿选择。各级财政部门要对农村五保供养资金实行专户管理，封闭运行。集中供养的，将供养资金直接拨付供养服务机构；分散供养的，将供养资金直接发放到户。

甘肃省民政部门根据"应保尽保"的原则，在 2005 年对农村地区的五保户进行了较为全面的摸底调查。根据我们的实地调查，甘南州卓尼县柏林乡人均收入在千元左右，五保户的供养水平为：每季度两袋面粉（1 袋 50 斤，折合现金 53 元），全年合计为 424 元。据乡民政员介绍，五保户如果"断顿"了可以到乡里索取，可以先给 1 袋或 2 袋。此外，优先得到捐赠的衣服以及冬令、春荒的面粉。夏河县 2005 年的人均收入是 1642 元，财政转移支付的五保供养资金是每人 360 元/年，另外有 10 袋面粉，每季度 2 袋外加冬令、春荒各 1 袋，每袋面粉也是 50 斤折合现金 53 元。合计 890 元，如果再加上春节前的问候资金，平均能达到每人 900 元的水平。临夏回族自治州临夏县的财政转移支付五保供养资金是每人 600 元，此外在冬令、春荒两次救灾资金、面粉的发放以及其他如捐赠衣服的分送等，优先保证五保户。和政县较为贫困，2005 年的人均收入只有 1242.2 元，财政转移支付的五保供养资金是每人 300 元。此外在冬令、春荒救助中，五保户各能得到 1 袋面粉，每袋面粉 50 斤，折合现金 56 元。据和政县民政局长介绍，和政县人均 1.5 亩地，五保户基本都在 40 岁以上所以都有土地，出租 1 亩地一年可得 300 斤小麦。市场上 50 斤面粉的最低价格是 15 元左右，因此，五保户能够吃饱。但如果要看病或有其他开支可能就吃不饱。如果五保户真有困难而乡政府的救济款又的确不足，可由乡里开介绍信，证明该五保户的真实情况，到县民政局后一般可以额外得到 200 元救助。现实中确实是有这样的情况，即老实的五保户可能确实困难而没有得到更多的帮助，那些钱要得勤、跑得勤的五保户可能并不是很困难但得到更多的救助。从和政县的情况看，大部分五保户处于半饥饿状态，40% ~ 50% 的五保户靠村民互助和亲邻相帮，而来自于社区的帮助在有些地区大于国家给予的救助。

（二）甘南藏区农村五保户和残疾户的实际生活状况

通过我们课题组的调查得知，甘南州和临夏州的农村五保户和残疾户的生活状况确实非常贫困，而且由于劳动能力的缺乏和经济贫困，他们常常在村子里被边缘化。以下是我们这次调研的案例。

案例 4

张生花，女，藏族，67 岁，是卓尼县柏林乡柏林村的五保户。张生花年轻时最先嫁到卓尼县的巴都村，生有三个女儿。丈夫去世后，因为没有儿子被丈夫的哥哥赶出了家门，回到娘家。1993 年，张生花改嫁到柏林村，丈夫带有一个儿子，当时 13 岁。再婚后张生花又生了一个女儿，婚后第五年丈夫又因病去世了。丈夫去世后，张生花靠丈夫留下的 5 亩地，把自己的四个女儿和丈夫带过来的儿子都抚养长大。而今丈夫的儿子已经 26 岁，结婚五年多了。张生花一直把丈夫的儿子看做是自己的儿子，但儿子结婚后就独立出去生活了，至今没有回来，也没有寄钱。张生花的四个女儿，其中一个已经去世，另外三个都早已结婚随夫家生活，无法照顾老人。

柏林乡在 2003 年和 2004 年分别发生了 5 级和 5.3 级的地震。张生花原先的房子在地震中受到了较大损坏成为危房，被村里评为一等灾民，2004 年底得到价值 6000 元的灾民建房物资，主要有门窗、木料、红砖、水泥、白灰、油漆等。在村民的帮助下，张生花又重建了大约 40 平方米的新房。在 2005 年，张生花得到救助面粉 9 袋，其中，五保户应得的是每季度 2 袋面粉，在春荒救济中又得到了 1 袋。前几年，张生花还有劳动能力，1 亩地用来种植当归，4 亩地种青稞和洋芋，再加上国家给的救助，生活勉强过得去。近年来，张生花的类风湿关节炎越来越严重，已经不能种地，只靠出租土地和国家的五保户救济生活。现在张生花唯一能做的是自己上山拾些树枝、草蒿子留作冬天取暖，还有就是每天自己用壶取水。据张生花介绍，由于柏林村大家生活都不富裕，自己得不到其他村民更多的帮助，如果在农闲时去找村里的妇女聊天，碰到吃饭的时候就吃一口。如果生病了，像感冒这样的病就自己趴炕上两三天，休息休息也就过来了。近年来，因为不种地，有时吃的不够，就只能去女儿家要。村里的各种活动张生花从不参加。村里的事有的知道有的不知道。张生花的家里没有任何家具和电器，只有一个 15 瓦的灯泡用来照明，但在我们去调查的前一个多月不知什么原因不亮了，而张生花认为正值夏天，天黑得晚就没有求人来修。每天张生花的食物是面粉和盐。当问到她是否满意国家给的救济，张生花回答："政府给多少就多少，这是国家的心。给得多当然生活好一点，少就差一点。自己的儿子都不管国家能管就很不错了。"当问到她最担心什么，张生花认为："第一是睡在炕上生病没人管，第二是恐怕吃的不够，第三是没有零花钱。身边缺少照顾的人，现在还能走，如果走不动不知该怎么办，只能过一天算一天。"

（根据张生花 2006 年 8 月 6 日口述笔录整理）

案例 5

夏河县是甘南藏区的牧业大县，该县民政局根据"应保尽保"的原则在 2005 年进行了全县的摸底调查，调查结果为：五保户 262 户 286 人，特困户 6637 人（即年人均收入低于 400 元的为特困户，2004 年我国的农村贫困线为年人均收入 668 元），57 户重点优抚对象。县政府对五保户的供养主要是通过财政转移支付实现的。2005 年，夏河县的年人均收入为 1500 元左右，因为是吃饭财政，每个五保户平均每年仅可获得 360 元现金，生活面粉 10 袋左右（每袋面粉 50 斤，53 元/袋），合计现金 700 ~ 800 元。

在夏河县牙利吉乡的阿纳第十自然村，笔者走访了村内唯一的一户五保户。元旦和卓乃日末老两口都是藏族，今年分别是 76 岁和 74 岁。两人一生没有生育，只是在 27 年前收养了一个女孩，而今女儿早已结婚随夫家生活。元旦在 50 多岁时右眼出了毛病，现在只有左眼有视力，而且至今身体一直多病，卓乃日末的身体比较健康，主要负责照顾元旦的生活起居。两位老人中只有元旦享有五保户的待遇。元旦老人在 2004 年和 2005 年分别得到了五保户保障金 900 元和新年慰问金 375 元，另外还有在这两年的冬令、春荒救灾救济中得到的 2 袋面粉，合计有 1388 元。这一数字和 2005 年夏河县的人均收入相差不大。而且也是我们调查中五保户供养水平最高的。

此外，两位老人每年还能分到别人捐赠的衣服。据两位老人介绍，除了必不可少的开支，他们几乎从不购买衣服等消费品。从其室内的陈设看，床是土砌成的，除了两张用于睡觉的羊皮和一些被褥，家里没有任何电器和家具。

夏河县的藏民主要信奉藏传佛教，阿纳的宗教气氛也很浓，全村都信教，元旦和卓乃日末都是非常虔诚的佛教徒。现在，元旦老两口和邻居 56 岁的桑吉杰布住在一个院子里，原先桑吉杰布家就是元旦一家的邻居，并一直主动负责照料元旦老两口。元旦家早先的土房早就成了危房，一直寄住在在桑吉杰布家。2005 年，元旦家获得了 5000 元灾民建房款后，由村长和桑吉杰布出面，购买了建房所需的所有材料，村里几乎所有的青壮劳力都来义务帮忙，在桑吉杰布家院内建起了元旦家现在的大约近 40 平方米的新土房。桑吉杰布也是虔诚的佛教徒，认为照顾两位老人是应该的，也是非常高兴的事情。现在他的一家都已经把元旦老两口看做是自己家的老人。由于元旦眼盲之后，盘腿坐的时间过长，他的腿和脚已经变形，现在几乎不能行走。每天，桑吉杰布都要和元旦老人聊天解闷两次以上，桑吉杰布的妻子和孙女帮助卓乃日末做饭和其他家务，桑吉杰布的三岁小孙子负责每天帮助元旦去厕所。近年来，元旦老人一直备受头痛的困扰，为此，在 2005 年，村内集资 70 多元，乡政府出了 200 元，由桑吉杰布带老人去合作市看了一次藏医。虽然没能彻底治好，但犯头疼病时，一吃药就不疼了。

因为藏区信奉佛教，自古以来的传统就是尊重老人和长者，如果谁家的老人没有儿女照顾，全村就要担起照顾老人的责任，通常的做法是老人轮流到各家去吃饭，老人的牛羊由村里人帮助放牧。而今的元旦和卓乃日末也受到了全村人的关注，无论是谁家娶媳妇、嫁女儿、盖房等事情或是过节，一定要来请两位老人参加，村内的老人和干部也经常来看望元旦老两口。近来，元旦老人走路不便，大家就主动将好吃的送上门。两位老人原先的草场和牛羊也都给了村上。

当我问两位老人对自己的生活怎么看时，两位老人都认为现在有了自己的房子，还有同村人尤其是桑吉杰布的照顾，生活上一切都很好。当问及是否幸福时，他们毫不犹豫地回答"幸福"。

（根据阿纳第十自然村村长、桑吉杰布、元旦和卓乃日末夫妇 2006 年 8
月 11 日口述笔录整理）

案例 6

和政是回族、汉族和东乡族混居的县。和政县民政局康局长根据多年的工作经验，认为目前农村五保户供养工作存在的问题主要是：一、五保户保障水平低。如在和政县，一个人每年的正常生活至少需要 800 元，但该县目前的五保户保障金只有 300 元/年。二、由于财政资金紧张，还有一些应保未保的人员。三、政府和社会对五保户群体关注不够。在和政，大部分五保户处于半饥饿状态，只有 40% ~ 50% 的五保户能够得到亲邻相帮和村民互助。

在和政县吊滩乡中心村，我们走访了两户在 1985 年就被批准的五保户。马爱力木，男，东乡族，52 岁，从小哑巴，至今独身。根据马爱力木 2004 年新换的农村五保户供养证中的记录，在 2004 年，马爱力木得到五保户保障金 350 元，2005 年的五保户保障金为 300 元。在此期间，没有得到过任何面粉、衣服等救助物资。据村长和经常照顾他并同为东乡族的邻居马麻乃介绍，马爱力木精神不是很正常，喜欢四处走，经常不在家。人清楚的时候还知道在家做些吃的，有时也能买东西，人不清醒的时候就什么都做不了。马爱力木的名下有 1.2 亩地，但自己从未种过，都是村里的人帮忙种些小麦，每年收获时给他大约 200 斤小麦，并磨成面，算是租金。马爱力木和其他东乡族一样信奉伊斯兰教，经常去清真寺做礼拜。由于寺里也知道他的情况，只要马爱力木去清真寺，寺里就管他的饭，让他住在寺里，帮他洗衣服，马爱力木作为回报，也经常帮寺里干些劈柴、打扫等活。同时，本村东乡族的一个村民在附近开了一家小饭馆，马爱力木也经常过去帮忙倒倒水，劈柴，所以马爱力木也经常在那吃饭。负责照顾马爱力木的邻居帮他保管一部分粮食和钱，当他生病或待在家里时，就经常为他做饭。总体而言，马爱力木能够吃饱，当确实遇到困难时有东乡族邻居和清真寺帮忙。

相比之下，同村汉族的尹代花的境况就相差很远。尹代花也是中心村资格最老的五保户之一，女性，今年66岁，从小双腿残疾，只能勉强走路，没有劳动能力，另外智力低下。据尹代花的侄子介绍，尹代花的父母也是残疾人。吊滩乡以前由于缺碘有较为严重的地方病，尹代花的致残原因也主要是缺碘。尹代花以前一直和父母同住，十几年前父母过世后就一直自己独立生活。尹代花的住房是中心村最差的，由于没有劳动能力，只能从别人那得到帮助，不可能给别人以帮助，加上她和其他人交往上有一定障碍，使得她在村内处于无人问津的边缘化状态。吊滩乡在2005年的人均收入只有1179元，中心村的人均收入还略低一些。客观上，由于大家的收入都很低，生活都很困难，无力帮助更为困难的尹代花。主观上，中心村大部分汉族村民都没有宗教信仰，也就不像同村的回族、东乡族那样有宗教凝聚力，有自觉帮助别人的想法。中心村的汉族和回族、东乡族虽然在同一村内，但实际上是分开居住的，东乡族大部分住在条件更为艰苦的山上，山下住的主要是回族和汉族，但汉族和回族住在不同的区域，并没有真正混居，相互之间的交往也并不多。作为汉族的尹代花从未去过清真寺，也没有过到清真寺寻求帮助的想法。所幸的是，尹代花在父母过世后名下有了6亩耕地和8亩宅基地，她的生活就一直以租地获得粮食来维持。三年前，因为尹代花21岁的侄子结婚，需要更多的土地和宅基地，才主动把尹代花接去同住。现在，尹代花的侄子在尹代花名下的宅基地上新盖了房子，并和她一起生活，但尹代花的生活条件并未真正改善，侄子住的是瓦房，而尹代花住的是土房，平时她也不和侄子一起吃饭。虽然村民在评价尹代花侄子对老人的态度上颇有微词，但都认为总比她一个人生活强多了。

（根据2006年8月17日吊滩乡中心村村长、马麻乃等村民、马爱力木、尹代花口述笔录整理）

案例7

王次巴九，男、藏族、40岁，曾是甘南藏族自治州国家级贫困县——卓尼县纳浪乡纳浪行政村第一自然村的村长，县人大代表。发生于2000年的车祸使其丧失了劳动能力。现在的王次巴久虽然生活基本能够自理但农活和家务都做不了，只能在家看个门。

据纳浪乡民政员和纳浪村村民介绍，王次巴九在发生车祸之前是一个头脑精明、敢想敢干的干部，在村里有很高的威信。纳浪乡是甘南的半农半牧区，王次巴九家，除夫妇两人外，还有两个儿子。家里共有耕地2.7亩，其中1亩是自家的承包地，0.7亩是开荒后的耕地，另外还承租了1亩村里的地。王次巴久的妻子在家里负责种地，收获的小麦、青稞、洋芋等作物供家人食用。王次巴久颇有经商头脑，利用其村距山林近的优势，很早就带着村里的一些人做起了收购木材、运输和贩卖木材的生意，是村中最早购买兰驼牌农用车的家庭之一。王次巴久利用做生意赚的钱在1998年新盖了有6间瓦房的院子，当时还养了两头牛和一些羊，是村中名副其实的富裕户。

2000年，王次巴久开车运送木材时，因和别人说话导致车翻进了山沟，他本人也昏迷了数日。经过救治，虽保住了性命，但有了较为严重的后遗症。胳膊、腿使不上劲，无法正常走路和劳动，而且他的大脑也受到了损伤，说话不清楚，脑子也不好使了。治病过程持续了大半年，医疗费也花了2万多元。当时考虑到所有的费用都需要自己负担，孩子还小，也就放弃了继续治疗的机会。车祸的发生使得王次巴久家的生活发生了巨大转变。当时他的大儿子还在上初中，原先王次巴久准备培养儿子上大学，但因家庭经济困难，大儿子初中没毕业就不得不放弃学业。由于王次巴久丧失了劳动能力，妻子和大儿子种地的收入一年下来只有1000多元，刚够吃饭。很快，家里的积蓄就用完了，牛和羊也都卖了，他家由村里的富裕户变成了特困户（年家庭人均纯收入在625元一下的为特困户，625元至825元为贫困户）。三年后，大儿子也开始用兰驼农用车从岷县贩运蔬菜，才使得家里的经济略有缓解。现在，大儿子已经结婚，儿媳已经怀孕八个多月，小儿子14岁还在上小学五年级。

从2000年车祸至2006年7月间，王次巴九一共从村里得到8袋救济面粉。每袋50斤，约52元/袋，合计为416元，平均每年得到救助69.3元。虽然王次巴九得到的国家救助非常少，并不能真正缓解他家的贫困问题，但因为他以前当过村干部，和村内其他的残疾户相比，他得到的救助还是最多的。

纳浪乡现有 541 个残疾人，占乡总人口的比例为 7.6%，残疾人中的贫困人数（家庭人均年收入低于 625 元）是 495 人，贫困发生率是 91.5%。卓尼县民政局在 2005 年对纳浪乡残疾户的家庭经济收入进行了部分调查，具体情况为：

表 11－3　纳浪乡残疾户家庭经济收入情况

家庭人均收入	户数	比重（%）	家庭人均收入	户数	比重（%）
200 元以下	16	12.21	400～500 元以下	20	15.27
200～300 元以下	31	23.66	500～600 元以下	3	2.29
300～400 元以下	61	46.56	合　计	131	100

表 11－3 的数据显示，残疾户中家庭年人均收入在 400 元以下的比例达到了 82.44%。

从救助方面看，纳浪乡在 2005 年发放的救济面粉共 1182 袋（每袋 50 斤），救灾、救济款合计 18850 元，而且这包括了纳浪乡的五保户 32 户 46 人。卓尼县的五保户保障水平为，每个五保户每年可得到国家救助金 300～500 元或 8 袋面粉（每袋 50 斤）。国家发放的面粉中，扣除五保户的供给后，可供救助的面粉只有 814 袋，纳浪乡现有残疾贫困者 495 人，也就是说，平均每人每年得到面粉救助不足两袋。由于甘肃省的农村都未实行农村低保，像王次巴九家这样的农村残疾户需要的救助和国家所提供的救助差距确实很大。

（根据纳浪乡民政员和王次巴九夫妇 2006 年 8 月 8 日口述笔录整理）

案例 8

梁高草，女，35 岁，藏族，住在卓尼县纳浪乡纳浪村。从小哑巴，其夫汉族，小腿截肢但装上假肢后仍能劳动，是入赘到梁高草家。两人成家后有两个儿子，大儿子 18 岁已经去新疆打工两年，小儿子 15 岁，正在上六年级。梁高草一家现和母亲、两个哥哥一起生活。梁高草之所以和母亲、两个哥哥住在一起，原因是两个哥哥都有不同程度的残疾，母亲已经 75 岁无力照顾两个儿子。大哥今年 40 岁和梁高草一样从小哑巴，二哥 38 岁不仅哑巴而且身体残疾，智力低下。这一家虽然有三个残疾人，但只有梁高草的二哥有残疾证，梁高草和大哥因为仅仅是哑巴，有劳动能力所以没有纳入统计的残疾人范围。梁高草一家 7 人拥有土地 10.8 亩，主要种植洋芋、小豆、青稞、小米、油菜等。因为梁高草的丈夫腿不方便干活，梁高草的大哥近来身体不好也只能干些轻活，所以梁高草家因缺乏劳力，去年只种了 0.5 亩的当归，收获的农作物主要用于自家消费，如果遇到自然灾害，农作物减产的时候，全家连吃的都不够。梁高草家现有 1 头母猪、2 个猪娃、2 只鸡、23 只山羊。如果实在缺钱的时候就卖掉 1～2 头山羊。梁高草的大儿子因为家庭困难，16 岁小学毕业后就外出打工了。2004 年，他刚去新疆时没有经验，打工两个月最后老板找借口不给钱。幸亏后来找了同村去新疆的，介绍了工作，才有了打工收入。去年大儿子年底带回来两千多元，今年上半年寄回来 500 元。据梁高草的丈夫介绍，新疆地区的打工工资要高于本地，本地打工一天的平均工资是 15 元，而在新疆为 35～40 元/天。梁高草的小儿子马上就要小学毕业了，梁高草夫妇原先打算小儿子上到四年级就不再上学了，要么像哥哥那样外出打工，要么在家种地都行。但是，在四年级时不去了一个学期，老师亲自找上门让小儿子上学，最后决定上到小学毕业。实行两免一补已经两年了，但每个学期交的书本费、培训费等加在一起要 80 多元，对于困难的梁高草家，这一负担确实不轻。当问及梁高草的小儿子是否愿意上初中时，他回答不愿意，希望能去新疆打工。原因是能挣钱，上学也没什么意思。梁高草夫妇也主张小儿子读完小学就可以打工或在家务农，没有必要再上初中，家里也供不起了。

案例 9

夏河县王格尔塘高强村的旦匹吉，女，43 岁，残疾类别是肢体，残疾等级为二级。旦匹吉 17 岁时丈夫入赘到她家，但婚后两人感情一直不好。3 年后在女儿一岁时两人离婚。离婚让失去劳动能力的旦匹吉决定外出要饭养活自己和女儿。1983 年开始至今，旦匹吉已经外出要饭了 20 多年。每年春节过后就出去一直到八月秋收之前回来。旦匹吉说，因为不好意思在熟人多的夏河及其周围地区要饭，又听说南方比较富裕所以就先坐火车去了深圳后来又去了广州和杭州。在大城市要饭比较轻松，只要坐在繁华的十字路口，就会有人给钱。在大城市待的时间长了，旦匹吉不仅学会了普通话，像广东话、杭州话等南方方言也都能听懂。40 岁以后旦匹吉的母亲不同意她再出远门,所以近两三年来旦匹吉就选择去了青海。从夏河县坐汽车可以直达青海,通常早上 7 点出发,下午 1 点就能到。在青海要饭就没有在南方的大城市里要饭那么轻松,必须挨家挨户的要。在青海,四川和甘肃去要饭的都有而且人数不少,不好要,一天下来也就 20 元左右,比起大城市少多了。去年,旦匹吉的女儿左耳化脓,到兰州去检查,大夫说是耳膜化脓。由于错过了最佳的治疗时间,所以左耳已经失聪。给女儿看病一共花了 8000 多元,因为自己没有钱,由旦匹吉的弟弟出面担保向农村信用社借了 9000 元。旦匹吉的弟弟是禄曲县的小学教师,弟媳是合作市医院的护士,弟弟一家住在合作市。旦匹吉的母亲已经 70 多岁了,和旦匹吉的女儿一起耕种家里的 7.5 亩地。主要种植小麦、大豆、油菜等,种地的收入够一家人吃饭。旦匹吉家的房子是两层楼,面积有 200 多平方米,而且楼房的式样、所用的木材质量都很好,家中的陈设也和城市差不多。旦匹吉外出要饭的目标是首先还清给女儿看病欠的钱,其次是想给女儿招个上门女婿。因为女儿耳朵已经不好,自己又是残疾人所以上门女婿不好招,不仅要有彩礼还要准备兰驼农用车、摩托车、金戒指等。由于外出要饭,村里的救济旦匹吉从来没有享受过。旦匹吉曾向村长提出需要国家的救济,村长说她收入不符合救济标准。旦匹吉自己估计最多还能外出要饭 10 年。希望女儿能在这期间结婚,自己也能有一些养老的钱。

(三) 相关的分析讨论和政策建议

以上针对农村五保户和残疾户受救助状况的分析讨论无疑是属于社会保障的范围。社会保障体系设立之初,就把保证个人的社会权利作为主要目标,个人的社会权利包括对抗贫困、歧视和社会风险(联合国 2001)。[①]

虽然我国的社会保障体系目前还处于改革和发展阶段,但长期以来的模式仍未打破,即我国社会保障体系以城市和农村为界限划分为明显的两

[①] Fabio Bertranou and Octavio Jiménez Durán, 2005, "Social Protection in Latin America: The Challenges of Heterogeneity and Inequity", *International Social Security Review*, Vol. 58.

个板块，绝大部分社会保障资源用于城市。① 农村五保户作为我国农村社会保障体系的主要内容，《农村敬老院管理暂行办法》已于 1997 年 3 月实施，《农村五保户供养工作条例》于 2006 年修订后当年 3 月开始执行。从我们的实地调研看，虽然水平不高，但对农村五保户而言确实是至关重要的。和自然灾害引发的脆弱性相比较，农村五保户和残疾户的脆弱性更体现在生存的脆弱性上，也就是表现在特困线即个人生存底线的波动上。

我们的调研发现，五保户所处的村、乡、县人均收入高，经济状况较好的话，其救助水平就高，维持基本生活问题不大，如夏河县和临夏县；如果所处的村、乡、县人均收入低，经济较为贫困，其救助水平就低，甚至连基本生活都成问题。

五保户作为生活社区中被边缘化的人群，无法通过正常渠道获得相关信息。如在柏林乡和纳浪乡，乡民政员都强调，如果五保户断顿了，可以到乡里来要，乡里如果有存粮就先给 1 袋 2 袋，如果没有存粮也会想办法解决。但调查中得知，大部分五保户并不知道这一信息。有的五保户认为，国家给了补助了，不够也不好意思、不敢再要。

另外，我们所调研的地区，农村五保户均为分散供养。有的还没有开展医疗救助，五保户如果生病就面临着无人管、无人问的状况。

在农村，如果家庭有一个残疾人，基本上就会处于贫困或贫困的边缘（见案例4）。由于残疾人身体的原因，在我们的调查中上过学的残疾人非常少。残联搞的一些技术培训活动，不仅覆盖面太小，而且是几周至一个月的短期培训，不一定能直接看到成效。如临夏县残联在 2005 年组织部分残疾人（以县城的为主）搞的修鞋培训、计算机打字培训，效果都不是很好。究其原因，其一是残疾人劳动力转移得非常少，由于没有文化加上身体残疾，去不了大城市，当地又竞争不过其他身体健康的劳动力，找不到和培训内容一致的工作。和五保户不完全一样的是，残疾人通常有亲属的照料。正因如此，国家对农村残疾人的救助非常有限，除了每年残联在春节前的慰问和冬令、春荒的优先照顾，农村残疾人没有固定的救助资金和救助渠道。

---

① 赵人伟、赖德胜、魏众：《中国的经济转型和社会保障改革》，北京师范大学出版社，2006，第 3 页。

有鉴于此，相应的政策建议为：第一，对农村五保户的供养尤其是贫困地区的五保户供养，应该从财政上给以真正的保证。第二，国家经济发展的终极目标是使国民的生活水平得以提高。随着我国经济实力的不断提高，农村五保户的供养水平也应该保证达到不低于当地上年农村居民平均生活消费支出额。第三，保证五保户、残疾人的医疗救助。因为五保户大部分为老人，生病和生大病的概率也较高。即使五保户的生活救助达到了当地上年农村居民平均生活消费支出额。但如果没有较好的医疗条件，自己负担的医药费较重的话，仍会使五保户的生活陷入极端贫困。残疾人同样比正常人有更高的患病概率，再加上肢体不健全，因此也应该将之纳入医疗救助体系。本课题组有专门的内容讨论农村医疗救助，此处就不再展开。第四，对农村残疾人尤其是年轻的残疾人，应该让其接受九年义务教育，从残联或扶贫项目上想方设法提高其适应市场经济的能力，促进其融入劳动力市场。这样对国家、残疾人家庭和残疾人自身都会有很大的好处。第五，政府层面应大力提倡全社会关注和帮助五保户和残疾户。

参考文献

　　白永修、马小勇：《落后地区农户的脆弱性与社会安全体系的构建》，《天津师范大学学报》（社会科学版）2008 年第 1 期。

　　〔英〕丹尼斯·C. 缪勒：《公共选择理论》，韩旭、杨春学等译，中国社会科学出版社，2011。

　　郭劲光：《我国农村脆弱性贫困再解构及其治理》，《改革》2006 年第 11 期。

　　郝时远、王延中：《中国农村社会保障调查报告》，方志出版社，2009。

　　胡务：《社会救助概论》，北京大学出版社，2011。

　　汝信、陆学艺、李培林：《中国社会形势分析与预测（2008）》，社会科学文献出版社，2008。

　　徐月宾、刘凤芹、张秀兰：《中国农村反贫困政策的反思——从社会救助向社会保护转变》，《中国社会科学》2007 年第 3 期。

　　赵人伟、赖德胜、魏众：《中国的经济转型和社会保障改革》，北京师范大学出版社，2006。

　　朱玲：《救济与重建——1988 年洪涝灾害之后的个案研究》，《经济研究》1999 年第 4 期。

第十二章　农牧区的民间救助和社会救助

魏　众

从英国实施《济贫法》至今大约 400 年过去了，而和工业化相配合的现代社会保险和社会救济制度，实施也有一个多世纪了。这些现代社会保障制度在发达国家有了较快的发展。回顾这些国家社会保障的发展历程不难发现，在欧洲以英国和德国为代表的社会保障体系都是伴随着工业化的进程出现的，并随着工业化和城市化进程的深入而扩大了保障范围。

在此之前，家庭起着主要的保障作用，而宗教组织则提供了补充性保障。但当工业化和城市化到来的时候，原有的大家庭受到了冲击，进入城市的年轻人无法再像以前那样及时为家庭提供所需的保障，这样，国家开始介入保障事业，从而出现了社会保障。渐渐地，为工作人口提供保障成为现代国家的责任。随着社会管理和相关制度建设的推进，这种责任也慢慢推广到非工作人口以及农村人口，从而构成现代全民覆盖社会保障体系。

在中国，随着工业化和城市化进程，社会保障制度的覆盖面也渐渐地从城镇就业人口扩大到广大的农村地区。以农村低保、农村医疗保险和医疗救助、农村养老保险和五保救助为代表的农村社会保障制度在全国范围内得到了较快的发展。这些社会保障制度在多数农村地区也得到了当地农民的支持，覆盖率大多达到 90% 以上，甚至接近 100%。

这些农村社会保障制度的高覆盖率有这样一些先决条件：家庭规模的缩小，大量的剩余劳动力转移，相对健全的社会管理制度。此外，不得不提到的是，在以汉族聚居为主的大多数地区，在其漫长历史发展过程中，只有紧急状态下的临时性救助和救济措施，而没有长期救助和保障的传统，因而这些社会保障制度于中国农村而言是一个全新的制度。

和其他地区不同，藏区缺乏上述先决条件。家庭规模较大，很少劳动力转移，工业化和城市化进程不显著，社会管理制度也不够健全。此外，藏区的保障体系和西欧早期有相近之处，即由于经历过政教合一的政治统治，宗教组织在保障中起到了一定的作用，具有提供较为长期的救助和救济的传统。在这样的地区，一个植入式的社会保障制度推进又会有什么特点以及哪些问题呢？

一 藏区的老人以及政府的救助机制

由于经济发展相对滞后和地处高寒地区，藏区人口预期寿命并不很高，再加上藏区并未真正实行计划生育，所以，藏区老龄化问题并不严重，但随着经济发展水平的提高，其老龄人口比重也有了较为显著的增加。

基于 2010 年人口普查数据，西藏自治区的老龄人口比重低于全国平均水平，大约为 10% 左右，但比起 2000 年 8% 的比重有了显著的提高。况且，10% 的比重意味着西藏自治区也逐渐接近了老龄社会的水准。为此，对西藏乃至整个藏区的老龄人口给予关注并提供适当的福利政策有了比以往更为显著的紧迫性。

藏区政府对老龄人口的社会救助主要表现在五保户供养和农村新型养老保险方面。当地的新型农村养老保险开始实施不久，但遭遇了一定的困难，主要体现为参保率不高。但因为 60 岁以上老人可以直接享有每月 50 元的养老金，结果，在此次调研的西藏自治区昌都地区的贡觉县和江达县以及四川省甘孜州的德格县，享受养老金的人口比重均大大高于西藏自治区的 10% 老龄人口比重。

（一）五保救助

包括昌都和甘孜州在内的藏区的五保救助和全国其他地区基本一致，是为鳏寡孤独的老人每月提供一定金额的救助。其中在昌都地区，大约 4000 多人获得了五保救助，每人每年补助标准为 2200 元。甘孜州情况也与此类同。

五保救助是新中国成立后就一直存在的一项制度，且从未中断，有着比较成熟的经验和较为完善的制度。进入新世纪以来，按照民政部的要求，全国正逐步实现五保老人的集中供养，本次调研的藏东地区也在推行这项工作。

但集中供养的设想在实行中遇到了一些问题，作为民政社会救助制度之一的软环境建设自不待言，作为硬件建设的敬老院建设也往往滞后于推进的计划。本次调研的贡觉和江达县目前都有在建的养老院，但均未能达到营业的要求。反倒是在资金条件不那么充裕的德格，我们却意外地发现了一个建成并正在使用的养老院。

案例 1　玛尼干戈养老院

玛尼干戈是德格县的一个乡，恰好处在两条交通要道的交会处。在玛尼干戈有一所政府办的养老院。该养老院 2008 年建成，目前有管理人员一人，临时聘用人员一人。全院有 9 名老人。我们去调研时，该养老院正在重新修缮，但老人还住在里面。该敬老院修缮工程中的一项是为老人修建转经桶，这将使老人无须去寺院就能实现转经的要求。

玛尼干戈养老院的老人主要来自临近的两个村庄。他们的生活可以得到一定程度的照料，如果患病，养老院会联系乡卫生院来车接老人们去看病。这些老人在乡卫生院和县医院的医疗费全部由政府承担。但自己去看藏医的话是不能报销的。但老人们还是更相信藏医，尽管去了要花几块钱，但他们认为可以根治病情。

乡里的医生每月来养老院三次，都是为老人做检查。医生如果感觉病情比较严重会叫救护车过来。但当地人对医院不是太相信，有时车来了也不去看。州里曾经派专家来这里巡诊，敬老院动员他们去看病，但老人们大多拒绝。因为看病要到康定去，他们怕晕车，还说怕走到半路就晕死了。

玛尼干戈养老院是我们此次三县调研中唯一调研到的一所政府兴办的敬老院。而据我们所知，德格县城还有一所政府开办的敬老院。玛尼干戈敬老院条件并不算很好，但应该说比一般鳏寡老人独自居住的建筑质量还要稍好一些。敬老院中的每个房间安排一名老人居住，但房间中也几乎没有什么布置。由于老人此前的生活背景差异，他们之间很少进行交流，从而大大降低了敬老院集中供养所预期的优势。

案例2 养老院里的老人

曲多今年76岁，原本是离玛尼干戈大约3~4公里的雪沟村人。

曲多很小的时候父母双亡，他就一直跟姐姐一起生活。后来姐姐出嫁了，他就一直自己一个人过，从未结婚，也没有孩子。

包产到户的时候，曲多分到了7头牛，和一些耕地。但因为经营不善，很快牛就都死光了。他原本也有自己的房屋，但20年前家里失火，房屋烧光了。从此他整天东跑西跑，有时在喇嘛寺借宿，有时打小工，在别人家借宿。他此后将近20年的生涯大多是在打短工的生活中度过的，做小工、砍柴、挖虫草、挖贝母，后来年纪大了，就在别人家去挖虫草的时候帮别人看家等。

来养老院之前，他把自己的耕地都给了姐姐。活佛办的养老院曾经也要他去，但他拒绝了。主要是因为那里离这边比较远，去了也没有认识的亲戚朋友，会感到比较孤单。

从去年开始他每月有了200元收入。

有意思的是，老人原本是农村户口，但来到养老院之后，变成了城镇户口。结果以前有的农村养老保险50元现在没有了，老人抱怨说，自己可是从来没在城里工作过啊。他的低保也被平分了。为此他找过乡里的书记，结果书记不在，乡里的文书对他说，他原来在村里属农村户口，现在在乡里就变成了城镇户口了。

老人毕竟年龄比较大了，身体有一些问题。他的肺有问题，就去医院检查，也输了液，在医院待了9天，结果病好了。他的血压也有点高，因为在高原，而且饮食也不那么合理，乡里就给他发降压药，每天吃。乡卫生院的院长杨医生经常来养老院给他做检查。

老人的腿脚不太方便，有关节炎。有意思的是，这些病他就不在乡镇卫生院治疗了，而是去上边比较远的的一个藏医那里去看。结果居然疗效还不错，以前他要拄拐去看，现在已经不用拄拐了。这些病他还是信藏医。

尽管住在养老院，老人们之间的交流似乎并不多。根据管理人员和老人自己的说法，他们之间很少串门，也很少打交道，一般自己待在自己屋里，要是闷了就请假出去逛一下。他们之间交流少的另一个原因居然是：老人们大多听力不好，有时会互相都听不见。老人隔几天就会回自己村里的亲戚家去转转，要提前请假。回来之前和养老院打个电话就行。但有些老人却不愿意受这些管制，私下里就走了，去哪里也不知道。

甘孜州尽管财政状况并不好，但其敬老院建设和云南、青海藏区相比相差不多，相对而言，昌都地区的养老院建设就相对滞后了。在所调查的两个县，都只有正在修建的敬老院，而没能实现集中供养的初级目标。从中我们也不难发现集中供养制度的推进更多取决于地方政府的意愿而不是财力问题。

（二）新型农村养老保险

新型农村养老保险，尽管在全国范围内仍是试点，但西藏已经全面铺开，西藏 60 岁以上的农牧民老龄人口已经开始享用新型农村养老保险的养老金。根据该制度，每位 60 岁以上老人每月可以得到 55 元的养老金。在与昌都一河之隔的四川省甘孜州德格县，这一制度也已经开始实行。这一制度在内地也遇到了一定的问题，但最终很大程度得到了解决，覆盖率也基本达到预期目标。而在藏区，该项制度的覆盖率低于预期目标。

从调查中我们了解到，这项制度实施的障碍除了群众认识不足，参与热情不高以外，最主要的障碍居然来自我们此前没想到的一个方面——户口登记制度的不完善。

在此前的藏区调研中，我们已经了解到，在藏区，户籍登记制度实行的情况并不乐观。很多藏民自出生以后就从未前往当地派出所办理户籍登记。因而有相当一批藏民并没有户口，他们更不会去办理身份证，因而其身份和年龄等基本情况都是当地主管部门所不掌握的。

养老保险作为现代社会的一项社会福利制度，要求的是和现代社会相配套的一系列社会制度。在藏区，由于整体社会发展的滞后和制度建设的滞后，原本早已建立的制度并不完善，并且给新的农村社会养老制度带来了问题。社会养老保险制度需要身份证作为唯一的身份核查标志，但从来不办理身份证的藏区农牧民又哪里会有身份证号呢？而且，由于户口登记制度和身份证制度未能真正全面实施，当地居民中，哪些人年龄在 60 岁以上，哪些又在 60 岁以下，更是令政策执行部门一筹莫展。

在所调查的地区中，贡觉和江达县都存在大量没有办理身份证的当地居民。此前，农牧民的活动范围有限，其日常活动范围基本上是熟人社会，并不需要什么身份证件，只有那些外出务工或者礼佛的人员按照有关规定需要办理身份证件。此次为了提供社会养老保险服务，当地公安部门在民政部门的配合下做了大量的工作。派出专人前往农村地区为当地居民办理身份证件；在县城的身份证办理机构也适当延长了办理的时间。结果，由于此前制度建设的不完善，两个县都比预期多出了很多 60 岁以上的老龄人口。

在贡觉县，甚至有少部分城市居民此前也没有身份证，如今才开始办理，其养老保险制度推行的进度可想而知；在江达县，情况比贡觉好一些，比较多的 45~59 岁的人主动参加新型农村养老保险制度。但总体而言，身份证件、户籍登记，进而年龄问题是困扰藏区推进新型农村养老保险的重要障碍。

案例 3　贡觉困境

贡觉县是 2010 年开始实施农村新型养老保险的。具体说来，是在 7 月开始进行部分试点，同时向当地农村居民进行宣传，主要宣传缴费标准、享受的条件和标准和未及领取养老金即去世人员的家属继承权问题。10 月开始正式启动全县范围的试点工作。此前，由各乡镇上报 2010 年 6 月满60 岁的人员名单。

但从近一年的实践来看，情况不理想。主要表现为：一方面有一些群众不太着急，有等靠要思想；另一方面则是户口登记有问题。有些人没有户口本，有些人没有身份证。其中有部分自愿参保人员则受到户口登记和身份的制约无法参保，特别是那些 60 岁以上的老人。

相对于其他贫困地区，贡觉县的收入还不错，因为大多数家庭都有虫草收入，用于支付每年 100 元的养老保险缴费基本不存在问题。但由于观念的问题和当地居民对政府的信任问题，参加的人数仍然比较少。

当地公安系统的网络建设也比较落后，乡镇派出所和县里不联网。所以只好由县公安局派人下到乡镇去办理。由于户口登记制度不完善，在年

龄认定上有一些出入和争议。按照统计局的数据，贡觉县人口应为40000
人多一点，但2010年人口普查数据显示，全县只有38000多人。由于户口
登记存在漏洞，结果该县60岁以上的人口达到了4527人，占全县人口的
12%！

而农村新型养老保险的网络建设同样存在问题，因为乡镇没有网络，
所以养老保险也无法实现网络管理。

此前，证件对于当地居民基本上是没什么用处的，因而去进行户口登
记等的居民不是很多，大多都是要去拉萨等地之前才到公安局进行户口登
记和办理身份证件。现在，由于证件和个人福利息息相关，所以办理证件
成为当地居民近期--项很重要的事情，办理户口登记、身份证甚至残疾证
（关系医疗救助和低保）的人每天都排起了长队。

相对而言，本次调研地区的农村养老保险制度推行情况，德格县好于
江达县，而江达县又强于贡觉县，但即便是德格县的参保率比照全国平均
水平也低了不少。调研地区显然缺乏工业化和城市化等社会保障制度建立
的原动力，也没有大规模的农村剩余劳动力转移和家庭规模缩小等情况出
现，普通农牧民对养老保险制度的欲求没那么强烈，因而其制度推进的速
度低于其他地区确有可以理解之处。除此之外，参保率不高的原因可能有
以下这样几个方面。

首先，预期寿命不高，获取养老金的机会小。西藏的居民预期寿命比
较低，这一方面是当地经济发展状况导致的，另一方面，不可否认与当地
气候高寒和空气稀薄有更重要的关系。因为预期寿命低，就当地居民而
言，能够在60岁以后获得养老保险金的机会偏低，从而影响了参保的积极
性。在调研过程中笔者也时常听到"我不知道能不能活到那个时候"这类
的说法。

其次，观念意识和对政府的信任问题。在当地农牧民的意识中，缺乏
养老保险这样的现代社会概念。对于这样一种先缴纳费用，而后在很多年
以后才领取养老金的制度，他们或多或少持怀疑态度。而不得不说，这种
短视行为的背后是对政府能力的信任问题，或者说是对养老金保值增值能
力的怀疑。

再次，长期获得援助导致了福利依赖症。这一点在昌都地区表现更为

明显。在昌都地区的调研中，不止一个民政官员会提到"等靠要"的落后思想。当然，这种等靠要的思想观念是要不得的，但如果我们仔细分析一下就不难发现，这种等靠要的思想不仅来自普通农牧民，而且来自政府官员和整个西藏自治区政府机构。由于全国援助西藏的力度很大，所以西藏自治区的资金获得是相对比较容易的，而且，由于长期财政自给率较低的现实，无论是当地官员还是普通百姓都容易产生对政府福利的依赖。

最后，制度设计存在问题。此次全国新型农村养老保险为了体现政策对老年人的关爱，所以专门为 60 岁以上的老人直接提供养老金而无须交纳。但这样一来，实行养老保险的地方都存在老龄人口参与率极高，但那些应该缴纳养老金的人群缴纳积极性不高的情况。为此，在东部一些地区采取了一些地方性措施，如老人至少有一个子女参加养老保险的规定。这些措施对于提高养老保险的参与率有一定的帮助。但在此次调研的藏区，没有见到这样的规定。应该说，目前藏区对该制度的理解仍存在欠缺，实践中也少有制度创新出现。

在西藏自治区，还有一个比较独特的专门针对高龄老龄人口的福利政策，被称为"寿星老人特殊补贴"，该补贴专门面向 80 岁以上老人，根据年龄的不同，他们每人每年可获得 300~1000 元的补贴。在整个昌都地区，总共有 6601 名老人符合相关条件，昌都地区财政每年为此投入 200 多万元。这种将高龄老人和低龄老人区别对待的制度是一种应对老龄化的前瞻性政策设计，但和养老保险面临的问题几乎一样：在一个户籍登记制度不完善的地区，如何知道这些老龄人口就是超过 80 岁的高龄老人呢？

二 藏区的特困户和社会救助

（一）最低生活保障制度

如果说新型农村养老保险制度面临了配套社会制度基础不完善的情况，那么，在藏区实行最低生活保障制度面对的则是一个商品经济不发达的经济基础。我们知道，在一个商品经济不够发达的地区，实行以收入划定的困难户标准本身就会存在这样或那样的问题。因为农牧民收入大多以非现金的形式存在，确定每家每户的收入有很多困难。这种情况除了发生在其他一些经济发展相对滞后的地区，在整个藏区也是普遍存在的。

尽管根据制度设计，800元是最低生活保障制度给予保障的收入标准，但真正实施起来，由于收入计算的困难性，一个村落中到底谁家在贫困线以上，谁家在贫困线以下，实际上是很难判断的。在全国大部分地区也包括藏区，一般都是由县里将低保指标层层分解到村一级，即每个村给予的低保指标是确定的。所以多数农村社区采取的方法就是排序法，从收入最低的户往前排，直到用完所有的指标。

在藏区，村庄内部的贫困人口较多，特别是贫困线附近的家庭数量较多，区分低保户和非低保户的难度就更大了。面对这样的局面，昌都地区的政策设计也相对粗放，以三种标准划定取代了补差原则（见表12-1）。从而一定程度上回避了收入计算这个难题，并将划分贫困户的责任下放到村庄。

但在制度执行的最基层——村庄，这个问题毕竟是无法回避的，特别是那些存在大量贫困边缘家庭的村庄。于是在一些村庄，他们实际执行的是，由一部分家庭去领取低保补助，但由更多的符合条件或情况相当的人来平分低保补助。其中的部分村庄走得更远，它们甚至自发地根据村中实际领取低保家庭的情况重新设定了低保标准，并根据自行设定的标准发放补助。尽管民政系统的各级主管部门对这样的行为十分反感，也采取了一些惩罚性措施制止此类问题的发生，但效果不明显。这类问题屡禁不止的原因主要在于低保的制度设计和当地的实际情况存在一定的不适应。

表12-1　昌都地区的低保标准

分类	条件	年给付标准（元）	占总户数比重（%）	占总人数比重（%）
一类	三无人员	1070	4.6	3.5
二类	尚有一定劳动能力	772	3.2	2.3
三类	有劳动能力,但遭遇大病或家庭困难	564	5.7	6.8

不仅如此，低保补助的发放也存在问题，即金融服务问题。在藏区，往往乡里才有信用社的网点能够办理贷款和发放补贴等事项。在昌都，由

于上述问题的存在，以前低保补助就直接发到村里，由村委会发放，结果发现在少数村庄出现了平均分配的现象，也有受助对象报告说没有拿到低保补助。于是，低保补贴的发放程序此后就变为由乡民政员通知低保对象来乡镇领取。

案例4　痛失亲人

这一家是一个贫困家庭，家里几乎没有什么陈设。全家仅有的两口人是一个 28 岁的女子索朗和她 3 岁的儿子。

她家原本经济状况不错。丈夫是个石匠，而且比较有经济头脑，靠给别人刻字每年能有不错的经济收入。但在 2008 年，丈夫在喝酒时和别人发生争吵，结果被对方失手打死。凶手随即自首并被判刑，索朗自家也得到了 6000 元收入。但自从丈夫去世以后，家里的状况就一落千丈。一方面她家靠救济，另一方面她自己也打点短工。村里为了照顾她家，2009 年把 3 亩温室大棚交给了她，而且安排技术员教她，但到了 2011 年 3 月，技术员走了，而索朗自己文化程度比较低，也没认真学，结果还是不会种菜。

她家是从山上搬迁下来的，在原来的牧场还有虫草地，但当地虫草质量不好，去年只有 3500 元收入。这些钱也就是够买点粮食和给孩子买一点吃的东西。

在丈夫死后，他家成为低保受助对象，因为家里确实没有什么收入来源，所以她家就能够按照最高的每年 1070 元标准领取低保补贴。

贡觉县在藏区以民风彪悍著称，社会治安状况堪忧。其结果除了导致和邻县的关系紧张外，在县内的农牧民之间关系方面也造成了一定的问题。这种社会治安状况也在一定程度上造成了社会救助方面的额外支出。

（二）特困户子女上大学的一次性救助

在西藏自治区，和贫困人口有关的社会救助还有一项新的举措，即贫困家庭子女上区外大学，凭五证一书上报地区教育局，大学本科补贴 5000 元，大学专科补贴 4000 元。在区内上大学，由地方民政部门开具证明，入学时给学生发放 4000 元。贡觉县 2009 年办理了两户上大学救助，2010 年办理了一户，且都是城镇户口。该款项往往在次年3、4月份才能下达，因而一般由县里先行垫付。由于贫困家庭上大学的可能性较小，该措施并未引起很大的关注，但这种瞄准贫困人群的设想还是值得称赞的。一个设计良好的社会救助制度往往也会是由一个个不起眼的小社会救助制度相互衔接形成的。

（三）医疗救助

和其他地区一样，藏区也有专门针对特困户的社会医疗救助。在广大农牧区的农村居民，政府从县新型合作医疗基金中提取5%用于医疗救助。该制度设计是这样的：对于贫困户参加新农合的，剩余部分凭卫生部门相关证明，以及低保和残疾证明，到民政局报销救助部分。民政局报销上限为1万元，县政府批准可报销最高至3万元。如果额度更高，则需要由地区审核并经自治区民政厅批准，最高可报销至6万元。

在贡觉县，2010年在全县4万多人中，69人得到了医疗救助的报销，报销总金额约19.2万元，但医疗救助还是有大量的结余，江达县和德格县的情况与贡觉县也比较相近。

案例5　帕措①中的次仁一家

雄巴村的次仁一家五口，次仁和丈夫都是40岁出头，家里有三个孩子，二男一女。其中12岁的长子去了附近的一所寺院做僧人。9岁的儿子在上学，女儿还只有6岁，没到上学年龄。她家分家之后只有一亩地，因为丈夫的另外三个兄弟没分家。她家只有十头牛。

次仁和她的丈夫都患过肝炎，也曾去过昌都和拉萨，但均未能治好。后来借助藏医，她丈夫的疾病有所好转，但所用藏药来自昌都的一所寺院，价格比较贵。后来因为她家经常看病被纳入低保和医疗救助对象，从2010年开始藏药也可以报销了。次仁自己也吃药，大部分是从拉萨买到的，她家在拉萨

---

① "帕措"是当前世界并不多见的父系氏族的残留，至今仍比较完整地保留着原始父系氏族部落群的一些基本特征。在藏语中"帕"指父亲一方，"措"指聚落之意，"帕措"即指"一个以父系血缘为纽带组成的部落群"，也就是藏人传统观念中的骨系。帕措既有氏族的特征，又有部落的职能，基本上是一个父系社会。但帕措拥有更为严密的组织结构和鲜明的氏族民主议会特征。西藏贡觉县三岩的帕措组织被称为"父系原始文化的活化石"。

有亲戚。她家因为从其他地区拿藏药，所以只有部分藏药能报销。

因为身体的原因，她家每年的虫草收入不多，一年也就挣上900元的样子。经常有亲戚朋友来帮忙，有的属于一个帕措，但也不一定都是一个帕措的，他们这个帕措总共也就12家。

尽管医疗救助并不能完全满足贫困农牧民看病和吃药的需求，但其在减轻贫困农牧民医疗负担方面的作用还是比较明显的。面对大量的资金结余，如何进一步提高医疗救助资金的使用效率还有待当地政府的制度创新。根据其他地区的经验来看，这方面的政策选择有：让更多的农牧民能够享用医疗救助，或者适度减少医疗救助金占新农合的比重，从而将更多的资金用于一般农牧民医疗费用报销方面。

三　藏区对老人和特困家庭的民间救助形式

（一）家庭内部或亲族的供养

由于藏区家庭规模一般较大，家庭人口较多，核心家庭较少，所以和家人一起居住的情况是非常普遍的。在所调查的众多家庭中，和儿子一起生活的老人占大多数，少数老人和女儿一家一起生活。在这些家庭中，老人的供养基本上是家庭内部解决。这一点和欧洲前工业化时代的情况几乎毫无二致。

但对于那些无儿无女的五保户来说，情况就不同了。由于昌都等藏区敬老院建设相对滞后，所以藏区的绝大多数五保户处于分散供养的状态，他们的生活大多是由其亲戚来照料。

案例6

白拉，女，70岁。和外甥一家住在一起，由外甥一家照顾。

白拉原本有丈夫，丈夫是个乡村医生，但丈夫多年前去世了。她自己不曾生育，所以就成了五保户，因而每年有2200元的收入。

白拉生活基本自理，烧水沏茶什么的都可以自己做。但他的身体有病，肺部有问题。因为他哥哥在拉萨，是个干部，所以她曾经去拉萨治疗过，在那里待了两个月，花了 3000～5000 元，结果钱花光了，但也没完全治好。回来后请亲戚朋友从江达拿药，她参加了合作医疗，但每年从江达拿药自己还要花 1000 元，此外，她还从藏医那里拿药，大约要花 300 元。

尽管自己有土地，因为身体不好，也交给别人种了。租种她土地的人每年差不多把产出的一半给她。白拉自己也没有牛羊。她因为身体不好，也不敢去转经，一去肺就出问题。

在藏区，像白拉这样的情况还是比较多见的。

（二）私人或者寺院办的养老院

私人或者寺院办养老院在藏区比较普遍，这和藏区农牧民的历史文化传统有关。一方面，当藏区农牧民年老以后，从宗教信仰出发，越来越关心来世的问题，从而格外关注宗教礼仪，如转经等。而另一方面，藏传佛教寺院也有着兴办养老院的传统，即便在有一些限制的情况下，他们也设法规避了有关的管制而在寺院外兴办养老院或者由老人的家人在寺院周围建房供老人居住。

根据对一些老年人的访谈我们得知，从他们的自身需求来说，住在寺院附近自己也很方便。一方面，转经等精神需求相对容易得到满足，而另一方面，邻近大中型寺院，并且这些寺院中大多有不错的藏医，就医因此比较便利，对于这些独居在寺院周边的老人而言，唯一不便的是饮食，这需要家里有人隔一段时间给老人送一些吃的东西。

作为藏区的老年人，随着年龄的增长，且受到藏传佛教根深蒂固的影响，对于未来有着和内地居民不同的需求，即六道轮回的观念一直都影响着当地的广大居民。如果离寺院比较近或者居住在寺院周围，每天念经和转经的时间得到保证，这样所积累的功德有助于他们在去世以后的世界中获得好的出路。

案例 7

贡觉县熊东乡有一个个人办的养老院。而一般藏区的居民到了一定年龄愿意去寺院，这主要是因为他们会考虑到宗教中来世的问题，在寺院居住转经比较方便，而且可以由寺院料理后事。这些老人大多是自己去的，寺院一般不专门办养老院，这些老人也不需要交钱，主要的成本在于由他们的亲戚帮忙盖房子。当老人行动不便时，主要由他的亲戚来照顾，在没有亲人的情况下，寺院也可以帮忙照顾。在一些比较大的寺院，还会有藏医来给他看病。

德格县的雀儿山东侧，也有两个活佛办的养老院，一个在阿须乡，一个在错阿乡。30～40个老年人住在那里。

（三）村落内部农牧民之间的救助

村落内部农牧民之间的互助行为相当普遍，农忙时帮助别人收割，平时生活等方面的互相帮助，等等。总体来说，藏区社会仍保留着一些传统社区的形式，尽管一个社区中往往大家情况差不太多，但当一个家庭遭遇困难的时候，还是有很大的可能性从其他家庭中获得帮助。

在贡觉调查的时候，次仁说他们家因为生活比较困难所以会得到其他人家的帮助，这种帮助既可能来自同一帕措也可能来自不同帕措。由此可见，作为原先家族世系基础的帕措不再是生活中唯一的联系纽带了，相反，从次仁的案例中可以看到，那些和社区有关的联系渐渐占据了主导的地位。帕措更多的是在家族的重大事件方面发挥作用。

在那些氏族或者部落观念不强的地区，生活困难的家庭也会得到村落其他人群的帮助。笔者在某村调研时就在一位单亲母亲的家中发现一位男士正在她家，一问方知，该男士那天正好为该家庭购买并送来食品。

但这种村落中农牧民之间的救助大多属于救急的性质，而且基本上限于劳务方面的帮助，尽管金钱上的帮助也有，但一则金额不太大，二则每个藏民家庭也不很宽裕。在藏区，如果出现临时性困难，向亲戚朋友借钱渡过难关还是比较容易的；如果家庭生产和生活方面出现人手短缺问题，请亲戚朋友帮助也是完全可能的。但如果是一个长期贫困的家庭，它需要的往往是较为长期的援助，靠亲友帮助的可能性就比较小了。总体来说，暂时性贫困大多可以从村社得到帮助，但长期性贫困只能通过政府的低保获得保障。

（四）寺院对贫困农牧民的救助方式

寺院对贫困农牧民的救助在一定程度上是临时性的和有偿的。根据课题组在藏区调研发现，寺院在藏区农牧民遭遇困难的时候也可能提供帮助，但这种帮助多是有偿的，如在某村庄，一户农牧民因主要劳动力去世造成了经济困难，寺院也为该户提供了一些必需的生产资料，如牛羊。但双方规定，在牛羊长大以后，寺院要从出售牛羊的收益中获得一个较高比例的收益，或者由该户将部分牛羊羔连同牛羊返还给寺院。

尽管如此，还是应当看到寺院在救助农牧民方面的积极作用。其实，这种救助方式颇有些类似于扶贫方式中的造血机制。但如何既发挥寺院贫困救助方面的作用又限制其在政治方面的影响力，这确实需要地方政府的智慧，或许我们可以从当年欧洲从政教合一状态摆脱出来后的社会保障制度建设中寻找参考。

民间的救助，无论是村落或者氏族部落的救助，还是寺院的救助，大多也只有救急的性质，而很难进行长期的救助，在这方面，政府的低保制度有着明显的优势。因此，尽管低保制度存在识别方面的困难，贫困户的选择也有一些不如人意的地方，但这一制度总体上还是受到了藏区广大农牧民的称赞。

四　政策建议

在藏区调研中，在社会救助和民间救助方面感觉最为强烈的是社会管理和现代制度的配套问题。在跨越式发展的战略指引下，西藏自治区及其相邻藏区的经济社会发展都取得了一定的进展，但作为社会经济发展基础的一些制度建设却相对滞后，从而影响了正式制度的效果。所以作为藏区社会经济发展的决策者需要了解什么是可跨越的，什么是不可跨越的。

充分利用后发优势，再加上大量来自内地的资金投入（尽管这些资金的自我循环还存在一定的问题），藏区跨越式发展的经济基础初步确立了，但作为发展基础的社会条件呢？

因而，在藏区实施养老和社会救助问题上应特别注意以下几个方面。

（一）民间和政府互为补充，共同发挥作用

在东部藏区的调研中能够明显地发现，藏区的养老和救助方面有多重力量同时存在。既有官方的正式制度设计——农村新型养老保险制度和各种社会救助，也有民间的、非正式的社会保护。在当前，政府提供的社会保障和救助还不足以满足被救助者的需要，因而养老保障和社会救助方面还需要民间力量作为重要的补充。两者在社会救助方面互为补充的角色，决定了二者不应是互相排斥的关系，任何一方的力量也不足以挤出另外一方。

（二）在社会制度转型期，制度设计应具备一定的弹性

前文讨论了社会救助制度中存在制度和当地情况不相适应的情形。从政府的角度看，这种不适应要求政府在政策执行中保有一定的弹性。但政府较为难的是，如何既保证政策执行中的弹性，又防止政策弹性过大以致政策形同虚设。在经济社会转型时期，藏区的各项社会保障制度会进一步推进，但转型期的制度建设自有其不同的特点，也需要从民间的制度执行以及其他国家的历史经验中寻找答案。

（三）社会保障制度配套的社会管理需要加强

社会保障制度作为现代社会制度，本身对社会经济发展有一定的要求。而藏区此前在一些重要的社会管理制度建设，如户籍登记和身份证制度等方面，还存在一定的问题。这些问题的存在已经影响了社会保障制度的实行。为此，在跨越式发展的旗帜下，必须抓好基本的社会管理制度建设。因为任何盲目的跨越最终会导致社会经济发展中各项关系的脱节，这方面应引起有关部门的充分重视。

参考文献

旦增遵珠、李文武：《社会救济与西藏社会保障制度变迁》，《西藏研究》2004 年第 4 期。

丁赛：《救灾救济与家庭经济安全》，见本书第十一章。

洪大用、房莉杰、邱晓庆：《困境与出路：后集体时代农村五保供养工作研究》，《中国人民大学学报》2004 年第 1 期。

李许桂《试析西藏农村的社会救助现状及其完善》，《学理论》2012 年第 23 期。

洛桑达杰、旦增遵珠：《略论西藏社会保障制度的演化》，《西藏民族学院学报（哲学社会科学版）》2011 年第 6 期。

武国亮、陈萍、谢宗棠：《青藏高原农牧区社会保障制度现状、问题与发展》，《大连民族学院学报》2010 年第 4 期。

第十三章 西藏农牧民贷款证及
当地金融业的新探索

姚 宇

今天的藏族地区，藏族农牧民参与金融服务的活动越来越频繁，这一现象在世界上其他欠发达地区也可以被观察到，但是，这里正在实践的金融服务活动及相关的金融服务政策却有着特殊的实践意义和理论价值。为了更好地理解这一政策及其实践效果，中国社会科学院经济研究所的考察队伍于 2011 年 8 月在昌都地区专门针对这个问题开展了调研，下面是我们对该地区调研情况的介绍及我们的思考。

一 藏区传统借贷金融活动的回顾

虽然藏区的市场经济发育滞后，但出于满足生产生活中的需要，借贷活动早在一定范围内就得到过充分的发展，据《昌都地方志》记载："1951～1957 年，市场自由借贷一直比较活跃，借贷利率逐年上升，商业贷款开始月息 33‰至 35‰，1953 年底，月息上升至 40‰至 50‰；1957 年，借贷利率为 50‰至 100‰。"从上述历史文字记录来看，当年藏区的借贷等金融活动是相当活跃的，这既和当地市场经济不发达有关，又和当地人民群众在物质资料极度匮乏的条件下维持生存的需要有关。

（一）传统借贷活动以实物借贷满足基本生存为主要目的

人们在比较封闭的环境中生存时，一旦遇到生活资料不能维持生计时，向周围的人寻求帮助，这是人类处于生存需要的本能反应，《昌都地方志》中提到"1950年前，农村借贷一般以青稞为主，也有借酥油、银元、茶叶的，但为数不多"，这说明直至1950年前后，当地人们的借贷活动还停留在实物借贷阶段，这也体现了当地市场经济发育的实际水平。当我们今天去访问藏区时，实物借贷活动也依然存在，几乎在每一个村庄，牧民们向邻里、向寺庙借青稞、酥油，或少量以满足基本生存的货币的例子，比比皆是。

（二）高利息让一般人难以获得金融借贷的机会

在落后的自然经济条件下，只有极少数人掌握剩余物质资料，借贷的利息也明显偏高。在当地形成的"春借秋还"的习俗下，利息水平一般为"借四还五"，个别地方实行"借一还二"，只有极少数利息低的地方实行"借六还七"。借贷对象仅限于有一定财产的"差民"，并且要有担保人，在这样的制度下，既让穷人难以获得借贷支持，也让人们一般不敢轻易卷入借贷活动。

与此同时，传统藏区的借贷活动缺乏规范，在民主改革前，借贷活动甚至是贵族、寺庙赤裸裸地盘剥老百姓的重要工具，在一般自由借贷活动之外，藏族地区过去还有强迫贷款的行为，寺庙等机构或个人"硬性交给群众一定数量的粮食或货币收高利贷"（《昌都地方志》，第442页）。《昌都地方志》记载："八宿寺庙向所有差役户摊派6藏克青稞，不借者，亦要还一年的青稞利息。"在作抵押时，抵押物品的价值肯定要高于借贷数目，田地、房屋、衣服、枪支、首饰等均可以成为抵押物，如果到期不能归还或还不清者，抵押物品无权索回，借款却还需归还。

（三）传统借贷金融活动曾经一度显著减少

藏区传统的借贷制度，一方面排斥了穷苦藏民利用借贷活动发展生产、平滑日常生活中的各种冲击的需求；另一方面，极易形成新的穷人加入穷困者的队伍。这样的制度下，越是穷人，越无法利用借贷制度，一旦卷入了这种金融活动，也越有可能陷入巨大的风险。

人民政府充分认识到了借贷活动在帮助藏区农牧民发展生产、扶助藏民生活中的重要性，也认识到传统金融活动对当地经济社会发展的危害性，早在 20 世纪 50～60 年代，人民政府就在这方面进行过制度探索。有文字记载，当时昌都地区实行过无息种子贷款、口粮贷款，这些种子、口粮由政府从公粮中拨出，到期归还于公粮。比如，1964 年，昌都地区政府贷放种子口粮 43.05 万公斤、农具贷款 5.6 万元，该地区还发放扶持贫苦农牧民的贷款 4.67 万元，帮助 4000 余户群众（贫苦农牧民占 85%）。同时，政府通过各级银行开展的贷款业务，让民间的混乱无序的信贷活动逐渐减少。

（四）政府举办的金融贷款服务业务已逐渐从面向企业转向个体

和内地一样，藏区在计划经济时期的国有工业企业、国有商业企业、集体企业获得的贷款服务曾经一度占据了当地金融贷款服务业的主要份额。随着当地市场经济的逐渐发育，"绝大部分国有商业企业失去了主渠道作用，银行为遏止风险的增加，对此类贷款的规模也逐渐压缩"。从 20 世纪 80 年代开始，金融政策逐渐放宽，私营、集体商业贷款逐渐增加，从 1993 年起，昌都地区的银行信用社等机构，开始实行"国营、集体、个体'一视同仁'，支持集体、个体商业发展的"政策。

二　当前藏区农牧民对金融借贷服务的需求

（一）藏族农牧民对金融借贷服务的需求与日俱增

随着市场经济的兴起，藏族农牧民在生产生活中，已经逐步对金融借贷服务产生了新的需求。在市场经济条件下，金融是现代经济的核心，藏区社会经济的发展同样离不开金融服务业。在现代社会里，金融服务影响着经济发展的各个环节，对于微观主体来说，金融服务业常常成为个人与家庭经济平稳发展的重要支撑，有时还是个人与家庭摆脱贫困的重要手段。

（二）传统金融服务满足不了当地农牧民对金融借贷服务的需求

据 2005 年修订的《昌都地方志》记载："过去 50 年累计支持扶贫贷

款 2 亿元，扶持贫困户达 2 万户，扶持贫困人口 10 万余人。"这是 50 年间的累计扶贫贷款金额，平摊到每一年的话，一年仅有扶贫贷款资金 400 万元，平均每年支持的对象仅有 400 户。以 1994 年为例，当年扶贫贷款合计仅 454.2 万元，贷款户数 592 户。这对于一个拥有 58 万多人、9.9 万户的贫困地区而言，无异于杯水车薪。

藏区自然灾害多，农牧业生产组织化程度低，以家庭为主要生产单位，抗风险能力弱，这些导致农牧业生产的风险性高；藏区地广人稀，交通不便，电力、通信等基础设施保障度低，导致金融机构经营成本显著偏高。计划经济时期，政府举办过的农牧业贷款项目，财务混乱，农牧民还款自觉性差，金融行业管理水平低下。这些因素都对当地金融服务业的发展形成了制约。

缺乏资金、特殊的高原环境与地广人稀的社会因素等原因导致了高原藏区农牧村金融体系建设滞后现象长期得不到解决，这极大限制了农牧民对金融服务的可及性。虽然部分商业银行在县城设立了县域金融机构，在中心镇设立了农村信用社的流动服务站，但是因为现代金融制度对风险控制、利润来源要求的客观限制因素，高原藏区的金融服务的发展仍然十分缓慢。偏远农牧村信贷需求量小、基础设施落后，进一步造成服务成本高、收益低，甚至出现大范围亏损，打击了金融机构的积极性。同时，由于金融竞争不足，农村信用社贷款利率通常上浮很高，严重加剧了农牧民金融利用的困难和利息负担。在信贷风险补偿、担保、保险等金融辅助机制的严重滞后的情况下，藏区金融服务业的发展动力不足，这进一步导致金融服务业的供给乏力。

（三）民间借贷填补了当地农牧民对金融借贷服务的部分需求缺口

资金匮乏是影响当地金融借贷服务业发展的重要因素。与此同时，现代金融服务业又是一种具备很强风险控制的特殊行业，获得服务者，需要先有一定担保，或者其他抵押，而对于藏区农牧民来说，其个人可抵押物资是十分有限的，当农牧民不能从正规金融机构获得资金支持，个人或机构只能另寻他路。这样的后果是：金融服务的供给不足，延缓了当地的经济发展，甚至在一定程度上加深了当地的贫困状况，我们在调研中发现：

贫困与金融可及性水平高度相关，越是贫困的乡村，贫困村民的高利贷借贷行为越多，或者是因为借高利贷而落入贫困境地的农牧民越多；越是富裕的乡镇，高利贷借贷行为越少。当地的金融机构报告中也提供了如下信息：中国人民银行阿坝中心支行课题组（2006）认为：存在于阿坝州牧区县的民间借贷资金规模较大；人民银行黄南州中心支行课题组（2009）认为，由于青海黄南藏区农牧民面临"贷款难"问题，包括高利贷在内的民间借贷十分活跃；人民银行阿里地区中心支行课题组（2001）的研究中披露，阿里藏区农牧民遇到资金困难更愿意借高利贷，民间借贷融资和高利贷盛行。该课题组在同一篇文献中还明确提到："借高利贷的群体是有贷款需求但找不到担保、抵押的贫困农牧民，从事经商的农牧民；放高利贷的群体是富裕的农牧民、国家干部。各地民间借贷年利率平均约为30%，最高的达80%。"①

从一定程度上来说，民间借贷与银行和政府举办的贷款项目之间应该是并存和互补的关系，但是在实践中，因为当地农牧民的个人可抵押物资常常就是其基本生存条件，一旦借款者还不起借款，就面临着陷入贫困的结局。另外，在缺乏有效监管的情况下，民间借贷很容易让借款者的处境雪上加霜。

三　传统金融制度在当地发展与实践中的缺陷

现代社会的金融制度有时是难以简单复制到藏区这样的特殊的社会里的，主要的原因是：当地社会从奴隶社会一步跨进社会主义社会，各种基本社会制度的发育还不完善，接受现代社会的各种全部条件还不充分，即使投入发展金融服务业的资金，具体的运行制度还需要假以时日，与此配套的各种社会规则还需要被当地群众逐步接纳，各种专业人才队伍还需要系统地建设与培养，各种运行机制还需要当地群众广泛参与，仅仅投入资金，对于藏区这样的特殊社会，金融服务业仍然是难以发展起来的。

---

① 人民银行阿里地区中心支行课题组：《对阿里农牧区贷款难问题的调查与思考》，《西南金融》2001年第7期。

（一）当地盛行的实物借贷传统与现代金融制度存在差异

为了保证正常的生活，人们之间的借贷活动关系一直长期存在，特别是在生产力比较落后的藏区，农牧民之间更是保持着互助的传统。这种互助关系的形成原因有多种解释，但从经济学的角度来看，最强有力的解释莫过于：具有不同禀赋的社会成员在社会生产的过程中，获得不同收入的情况是难以避免的，为了保证低收入者的生存安全，也为了自身安全和未来自己需要他人帮助，互助行为就成为一种集体内部的再分配方式形成并保留了下来。

在生产率低下的社会里，对于一般的物品而言，如果有剩余，在动荡不定的年代里，或者在偏远的乡村，把财物放在家里是莫大的冒险，所有者需要冒着财富被盗、被抢或被毁的风险。于是我们常常看到在这类地区，比较盛行村民之间进行互助的古老习惯。在藏族的村庄里，如果某人没有足够的食物，他在村庄里常常可以得到共同部落其他成员的接济，接济的物品一般而言是不需要偿还的。例如，江达县 B 乡的 A 村党支部书记米玛告诉我们：该村有一户人家于 2009 年受了火灾，受灾后在附近邻居家住了近一年，直到我们访问的 2011 年才把自家的房子建起来。在借住邻居家期间，他不需要向邻居支付房租，甚至还和邻居家一起吃喝。在当地，邻里之间借些粮食，或者某户人家杀了牛羊，邀上贫困户一起吃的现象，也是比较普遍的。

（二）传统借贷制度更容易排斥贫困人口

金融借贷活动有两个要素条件：一是需要有能力偿还；二是使用借贷资金不是免费的。我们经过对藏区农牧民借贷的观察与分析，已经看到：他们的信贷活动还与规避市场风险有关。（1）市场波动带来了预期收入的波动，导致一部分市场参与者不得不依靠借贷来防范或化解市场波动带来的风险。（2）不同类型的人对于市场风险的承受能力不同，对于一些风险承受力强的人会选择借入，而某些承受能力弱却有剩余的人，可能选择贷出，于是借贷就形成了。这些借贷活动主要满足着人们的平滑消费和应对市场机会的功能，但在藏区的特殊环境下，这两大功能都遇到了挑战。

1. 传统的平滑消费手段难以应对现实的需要

我们知道，借贷有平滑消费的功能，但是，对于藏区农牧民而言，当地的消费剩余非常有限，如果在某段时间发生大规模的集体活动，传统的互相之间的接济就非常困难了。

案例 1

在上面提到的江达县 B 乡的那个村庄，那个受了灾的人家主人叫曲松，他是如何仅仅在两年时间就挣够了钱重新置办新家的呢？他告诉我们，靠的是挖虫草、卖虫草。在 B 乡，对于大部分农牧民来说，挖虫草这个活动也和金融服务有着密切的关系，原来每年到了 4 月以后，农牧民家里的食物基本上就青黄不接了，而上山挖虫草是需要携带足够粮食的，农牧民们就利用《农牧户贷款证》贷上几千元钱，购买粮食后携带上山，而卖了虫草后，他们再还掉贷款。为什么他们不能向亲戚朋友借钱，而非要向银行贷款呢？因为现在挖虫草已经成为当地农牧民的重要收入来源，到了挖虫草季节，几乎家家都要上山挖虫草，互相之间借钱已不可能。此时农业银行推出的《农牧户贷款证》项目就显得非常重要，曲松告诉我们，他利用借的钱买了粮食，一家 4 口人上山挖虫草。2011 年挖了 1 斤半，在我们访问他家的时候，他还没有全部卖掉，他准备再捂捂货，等待价格再高点的时候出售，而他的卖虫草的收入足以还清贷款。我们问曲松，肯定会向银行还清贷款吗？他回答道："肯定要还的，不然我明年怎能再去贷款呢？"原来，像曲松这样的普通农牧民把每年挣回来的钱都花在了修房子上，或者应对孩子教育方面，一年下来，手中余钱所剩无几，他们的主要收入来源就是挖虫草这个重要的经济活动，而是否能向银行贷款买粮食就成为一件很重要的事情。

2. 面对共同的市场机会时，系统性的资金需要难以同时给予满足

藏族农牧民虽然饲养着一定的牲畜，但是我们不能以农业地区的视角来评判他们的财富储量。对于他们而言，到了牛羊出栏的季节，伴随着大额钞票入账的同时，他们还必须掏出大额的资金为准备过冬的牛羊购买草料、饲料，以及一家人一年的食物，特别是肉制品。除去这样的开支，他们手上的余钱已经不多了，如果遇到合适的市场参与机会，他们就很难拿出足够的本钱来，这将使得藏族农牧民的市场参与能力大受影响。特别是在一个个相对封闭的社会里，在经济发展实现跨越的阶段，其常常会出现经济机会很多但资金匮乏的现象。

案例 2

在 S 乡的乡政府对面，我们采访了一位开小店的老板，他叫普巴扎西，他利用自家的房屋开了一个近 20 平方米的微型超市，因为紧挨着乡政府，来往的顾客比较多，在当地人看来，生意非常兴隆。普巴告诉我们，五年前，他利用《农牧户贷款证》贷款两万元，从贡觉县城批些食品、小百货，自己把货拉回 S 乡，每个月拉一次货，大部分的商品能在批发价上加一倍多，有的能加到近两倍，因为 S 乡离县城比较远，路也不好走，单程需要 4 个小时，所以普巴的价格对当地人而言，他们并不认为不合理，这个小商店现在发展得很好。但当初普巴开店的时候，却不是那么容易，曾经想过从亲戚朋友那边借钱，但是周围的人和自己一样拿不出多少钱来，按照普巴自己的话说，幸好有了《农牧户贷款证》。他从政府手上贷到了款，顺利开了店。现在乡上还有一家商店，因为开得晚，老百姓更愿意认同普巴开的店。因为生意不错，普巴还把房子翻盖了一次，在我们去的两年前，他翻盖房子花了 5 万元，房子的质量看起来不错，和周边其他房子比，是又高又结实。而这一切收入，都是他贷款开的小商店挣来的。普巴还告诉我们，现在他每年都会用《农牧户贷款证》贷款 2 万元，作为商店的流动资金。

（三）传统信贷制度已经不适应当地社会经济的发展

从上述案例中，我们可以对当地信贷活动的发展情况做一点小结。

我们先来看看藏族农牧民向银行所贷钱款用在了哪些方面呢？贡觉县农业银行的洛松达瓦给出了答案，他从工作经验中总结了当前农牧民借贷的主要目的是：一为挖虫草，二是做珠宝生意，三是办微型企业，如 2010年有十几户牧户想联合起来贷款开办一个奶牛场。可见，无论哪一种具体的贷款目的，都是因为农牧民被市场经济深深地卷入，并在市场经济中遇到了各种风险的挑战，或者需要应对来自市场的波动，而不得不采用借贷作为一种经济应对手段。只要藏族农牧民继续参与市场经济活动,他们的信贷需求也就会继续不断地发展。

但是,传统的信贷方式能否满足上述活动要求呢?第一,仅从现代金融制度本身控制风险的内在需要来看,就难以满足当地农牧民的需求,因为现代金融服务业在贷款过程中,需要担保、抵押或质押贷款,但是因为农牧民常常生活在偏远人稀的地区,认识的人大多是一样的"穷人",很难找到合适的担保人,一旦某个市场机会来临,又会让同质的一批人申请对同样的项目进行资金支持,而这又不符合金融系统的风险规避原则。从而导致当地农牧民难以获得贷款。第二,现代金融服务手续繁琐,针对个人贷款期限较长的也仅有一年,有的甚至只有几个月,而高原地区作物、动物生长缓慢,生产经营周期长,使得农牧民对贷款的疑虑不少。第三,当地农牧民受过去计划经济时期信用社制度的影响,认为资金是上级免费送给自己使用的,用了资金需要偿还的概念一下子还不能接受,甚至有的地方连本金到期都不愿意偿还。这些因素已经极大地影响了当地金融服务业的积极发展。

四 西藏《农牧户贷款证》制度

为了加快发展市场经济,西藏自治区政府急切期望解决传统金融信贷服务中的上述这些缺陷。而中国农业银行也为在藏区拓展金融业务寻找出路。双方进行了合作与探索。从上述分析中,我们已经明白,在藏区对农牧民采取抵押贷款的方式,很容易让他们陷入新的风险,那么有没有可能为他们提供其他方式——比如说信用制度下的金融服务呢?根据现代金融服务业的基本要求,无论是哪一种类型的借贷活动,都需要一定的制度保障和社会道德约束。只有有关借贷的法律法规成为人们借贷活动中的行为规范,信用关系才能逐渐建立起来,把钱贷放出去一方的利益才有保障,借贷方才敢以借款人的信誉发放贷款,借款人不需要提供担保。当前西藏实施的《农牧户贷款证》制度,其特征就是,借款人无须提供抵押品或第三方担保,仅凭自己的信誉就能取得贷款,并以借款人信用程度作为还款保证。这是一种比较特殊的小额信贷方式。

（一）西藏《农牧户贷款证》制度的基本情况

为了满足农牧民群众的金融服务需求，2000 年中国农业银行西藏分行出台了《中国农业银行西藏自治区分行农牧户小额信用贷款管理办法》，政策开展初期，该《办法》对部分农牧区开展了"金、银、铜"三卡小额信用贷款业务试点工作，向持金卡、银卡和铜卡的农牧户分别授信 10000 元、6000 元和 3000 元。通过试点、总结、完善和推广，2005 年末全区农牧户小额信用贷款余额达 13.93 亿元。随着藏区市场经济的进一步发展，农牧民市场应对方面的需要也进一步提升，为了帮助农牧民应对更大的市场风险及生产生活的需求，农业银行西藏分行分别于 2005 年和 2010 年对"三卡"的信用额度做出适度调整，对金、银、铜卡授信额度分别由 10000 元、6000 元和 3000 元调整为目前的 30000 元、20000 元和 10000 元。与此同时，农行还开展了信用乡（镇）、村的评定工作。对评定为信用乡（镇）、村里的农牧户，他们能获得的授信额度更高。这些乡或村里的农牧户所持的贷款证，按金、银、铜卡授信额度分别由最初的 20000 元、10000 元和 5000 元调整为目前的 40000 元、30000元和 20000 元，并实行动态管理。①

对于少数有市场经济头脑，敢于闯市场，并有一定市场经验的农牧户所产生的大额资金需求，农业银行西藏分行于 2005 年 4 月推出了《农牧户贷款证"钻石卡"》制度，根据农牧户的信用状况、致富能力，向符合条件的农牧户授予三星钻石卡、二星钻石卡和一星钻石卡，分别授信 20 万元、15 万元和 10 万元。农牧户小额信用贷款以"金、银、铜、钻石"四卡为载体，采用"评级授信、动态调整、随用随贷、逐笔立据、余额控制、周转使用"的操作方法，无须提供第三方担保。②

（二）西藏小额信贷项目的实践效果

农业银行西藏分行小额信用贷款政策的成功解决了农牧户在市场参与

---

① 上述数据参考了中国人民银行拉萨中心支行课题组：《西藏农牧区金融体系建设与农牧区经济发展》，《西南金融》2011 年第 5 期。

② 上述数据参考了中国人民银行拉萨中心支行课题组：《西藏农牧区金融体系建设与农牧区经济发展》，《西南金融》2011 年第 5 期。

过程中的资金周转需求,化解了发展中国家农村普遍存在的"贷款难"问题,使得普通农牧民在市场参与的过程中获得了更多机会,风险应对方式和应对能力明显增强,增收渠道有所发展。政策试点的 2000 年底,农业银行西藏分行涉农贷款余额仅为 11.01 亿元,其中,农牧户到户贷款仅为 2.39 亿元,借款户仅有 5 万余户,不到农牧户总数的 10%。据中国人民银行拉萨中心支行课题组《西藏农牧区金融体系建设与农牧区经济发展》报告(2011 年),截至 2010 年 12 月末,小额信用贷款余额达 40.30 亿元,较 2005 年末增长 1.89 倍,共发放钻石、金、银、铜卡 39.31 万张,较 2005 年末增长 20.41%。目前,西藏全区 42 万农牧户中,获得农行贷款证"四卡"贷款的有 38 万户,占 90%,实现了真正意义上的广覆盖。

(三)农牧户贷款制度直接与扶贫政策相结合

该项目在实施的过程中,对于扶贫有特别的关注,比如说,对部分有丰富市场经验并已经富裕起来的农牧户,他们有希望提高贷款额度的需求,2005 年 1 月,农行西藏分行在向其发放《农牧户贷款证》钻石卡(以下简称钻卡)的决定时提出要求:一星钻卡带动 1 家贫困户,2 星钻卡带动 2 家贫困户,3 星钻卡带动 3 家贫困户。这是利用市场金融手段与政策性扶贫工作的一种新探索。

西藏大学的贡秋扎西等人在《小额信贷在西藏的实践评析》一文中报告,在西藏山南的 4 个调查村中,55% 的农户可获取超过 700 元/年的利润,21% 的农户可获得 400~600 元/年的利润;在那曲,有 57% 的牧民可获得超过 700 元/年的利润。消费方面,在山南,有 51% 的农户能添置床和火炉,15% 的增加食物消费,7% 能购置衣物,各有 5% 的农户添置电视和收音机,还有 3% 增加教育支出;在那曲,有 41% 的农户能添置微型太阳能发电机、床和火炉,各有 18% 的能够多买牲畜和青稞面。[1]

五 西藏《农牧户贷款证》制度的政策创新含义

Demirgüç-Kunt 在世界银行 2007 年的一份名为 *Finance for All? Policies*

---

[1] 贡秋扎西等:《小额信贷在西藏的实践评析》,《西藏研究》2008 年第 5 期。

and Fitfalls in Expanding Access 报告中指出：减轻金融排斥对于提高各国居民的社会福利水平都是非常重要的。2006 年诺贝尔和平奖得主、孟加拉国农村银行创始人穆罕默德·尤努斯设计的孟加拉乡村银行——格莱珉银行（Grameen Bank）的小额信贷模式在世界范围内获得了广泛的赞誉和推广，但是这种小额信贷模式仍然具有巨大的缺陷并且已经在发展中遇到了问题。总结起来说，目前在世界范围内被广泛接受的小额信贷模式具有如下两个缺陷：（1）人身依附及不同程度的连坐制度，（2）不可持续性。

我国正在西藏自治区由农业银行西藏分行开展的《农牧户贷款证》制度有效克服了上述两个问题。（1）这种制度是由政府财政补贴兜底的政策性农牧户贷款政策，让商业银行敢于承接这个风险较高的项目，实际是政府在政策实施的起点上为广大农牧户提供了最后的担保，避免了商业银行向农牧户个人要求个人担保所带来的其他负面影响；这种制度也无须农牧户个人以储蓄行为或其他类似行为参加银行的股份，让农牧户可以自由退出，避免了因不能退出而造成的农牧户经济活动选择的自由权，这对于农牧户参与市场经济活动是非常重要的。（2）该项目由正规商业银行举办，可以调动的资金能力远远超过世界上任何小额信贷银行或小额信贷项目的资金，在市场发生波动时，特别是较大地域范围、较长时期的波动时，大型商业银行可以为农牧户提供更加坚实的资金支持基础，帮助农牧户抵御市场风险，大型商业银行实行的现代银行管理体系可以进一步保证资金安全，能够为农牧户提供持久的服务。

开展这样的实践项目离不开政府的支持，一方面政府为农牧户在商业银行那里提供了最后的担保，另一方面政府财政为整个项目的顺利开展提供了资金支持。但是，政府采用如此间接方式对贫困地区进行扶贫，是造血式扶贫的一种创新方式，这种方式能够充分调动藏区市场经济主体——农牧民的积极性，并且充分尊重他们在市场经济活动中的自主选择权。

前文提到的 S 乡的普巴扎西还跟我们说过他的经历：普巴以前做过好几样工作，参过军，替别人打过工，还替别人跑过运输，但都不能让他找到归属感，于是就回乡种地，一方面种地，一方面也在寻找机会，可是乡里一些扶贫项目要么他家不符合条件分不到，要么他没有那个能力，幸好有了《农牧户贷款证》政策，他从银行借到了钱，帮助他开起了小超市，一家人的日子过得很好，在村里属于中上户。

六　政策建议与讨论

（一）继续扩大《农牧户贷款证》试点范围及服务范围

当前实行的《农牧户贷款证》制度是以年为单位，按年授信的，随着藏区市场经济的发展，农牧民参与市场活动的逐渐深入，今后应逐渐放宽贷款时限，探索半年、季度的授信时间；《农牧户贷款证》的服务方式也可以逐渐改变为针对个人，藏区目前实行的家庭制度下，家庭人口众多，不少兄弟成年后仍未分家，而当前的贷款制度是以户为单位的，使得不能掌控家庭经济权利的成年兄弟失去了更好的市场参与机会。

（二）完善征信信息管理体系

我们在调研中发现，有的农牧民做的小本生意非常好，在使用《农牧户贷款证》时已经评为金卡户，但是因为该村不是信用乡，使得其信用额度不能达到信用乡农牧户的授信水平，这极大挫伤了该农牧户进一步扩张生意规模的积极性，建议今后改变以乡、村为单位的信用评级体系，逐渐完善农牧民个人征信信息管理系统。

（三）鼓励其他商业银行参与农牧户金融服务项目

当前由农业银行开办的《农牧户贷款证》在当地形成了垄断局面，这有其客观历史原因，但这不符合金融服务市场的开放政策，不利于市场竞争，我们建议当地政府鼓励其他商业银行参与到农牧户金融服务项目中来，鼓励各商业银行机构探索更多的金融创新项目，更好地为藏区农牧民服务。

参考文献

贡秋扎西等：《小额信贷在西藏的实践评析》，《西藏研究》2008 年第 5 期。

中国人民银行拉萨中心支行课题组：《西藏农牧区金融体系建设与农牧区经济发

展》,《西南金融》2011年第5期。

人民银行阿里地区中心支行课题组:《对阿里农牧区贷款难问题的调查与思考》,《西南金融》2001年第7期。

人民银行山南中心支行课题组:《农牧民专业合作经济组织发展与金融支持协调配合的调查——以西藏山南地区为例》,《西南金融》2009年第8期。

西藏昌都地区地方志编纂委员会:《昌都地区志》,方志出版社,2005。

Demirgüc-Kunt,"Finance for All? Policies and Fitfalls in Expanding Access",2008,The International Bank for Reconstruction and Development / The World Bank.

第十四章　政策性保险对藏区
社会经济发展的贡献

姚　宇

对于生活在青藏高原上的藏族牧民来说，最为常见且严重的经济安全风险当属雪灾。青藏高原上的漫长雪季（多数地区从秋末至初夏都属雪季），一旦发生强降雪，常常形成大面积地区系统性的灾害，这种灾害对于牧业生产造成的威胁，以及牧民家庭可能蒙受的经济损失，进而给牧民带来陷入贫困陷阱的风险，虽然新中国成立以后，各级政府在藏区牧民遭遇雪灾时给予了必要的灾后救助，但是从实施救助的效果来看，救助工作仍然难以在维护牧业生产方面起到保障产业安全的作用，也难以使牧民摆脱雪灾危害所造成的心理阴影。

如何对多灾地区的藏族群众给予更多的风险援助，一直是困扰各级政府的一件大事。2011 年 8 月，笔者随中国社会科学院藏区课题组前往西藏自治区昌都地区贡觉县、江达县进行调查，对当地政府有关部门和藏族农牧民家庭进行了走访。在本次调研活动中，西藏自治区政府与人保西藏分公司共同举办的政策性涉农保险项目引起了我们的关注。

一　藏区主要灾害的特征及举办
普通商业保险的困难

目前，藏区主要自然灾害是天气因素引发的：雪灾、水灾、雹灾、泥石流。在藏区，天气因素引发的雪灾是一种难以准确预测的自然灾害，这种灾害引起的结果是大面积冻死牛羊牲畜，牧民一旦失去牛羊，再想恢复原先的牧业生产水平，平均需要5年时间。这种灾害主要特点可以总结为：因为天气状况难以准确预报，无法让当地农牧民提前准备，对农牧民生产生活的打击沉重，对生产生活的后续影响持续时间长，有时对农牧民生产生活的打击是毁灭性的。

正因为雪灾有这些特点，过去牧民让牲畜过度存栏的目的之一也是想在相同死亡概率的情况下，让牲畜多存活一两头。这种想法虽然有一定的道理，但结果是牧民的损失更大。在藏区的农业生产区域，青稞、小麦的产量本来就不高，一旦水灾、雹灾发生，农民颗粒无收的情况时有发生。青藏高原是地质构造活动很强的地区，雨水、雪水融化激发的泥石流时常冲毁农田、房屋，改变地貌。

过去，灾害一旦发生，农牧民基本上都是依靠政府的救助度过最困难的日子，政府发放的救济物品主要是应急生活物资，地方政府以恢复生产为目的而大规模地发放牛犊、羊崽的能力是比较有限的。过去基本上是依靠农牧民自己的力量慢慢积累，缓慢地恢复生产。本课题组2007年在青海藏区调研时，当地干部一再与我们探讨在这种地区开展财产保险的可能性，而商业保险领域的资深人士却回答我们："难！一是这种地区天灾发生的可能性难以预测，二是一旦发生灾害，其导致的损失巨大。"

进一步分析这类地区难以开展商业财产保险的原因还有以下四个深层次的原因。

（一）系统性风险巨大

我们知道保险项目的重要原理，就是分散风险，让没有遭遇灾害的人暂时让度积累去帮助已经遭遇风险的人，而雪灾常常在一个地区大范围发生，雪灾对大范围地区牧民是一种风险，对于保险公司而言也形成了风险，这显然不符合保险公司自身规避风险的原则。

雪灾是指一次强降雪天气或连续性降雪天气过程后，出现大范围积雪、强降温和大风天气，对牧业生产和日常生活造成严重危害的一种气象灾害。[①] 气象学上一般以草原牧区积雪深度≥5cm且连续积雪日数≥7天为

---

①　温克刚、刘光轩：《中国气象灾害大典（西藏卷）》，气象出版社，2008。

一次草原牧区雪灾过程。[①]《中国气象灾害大典》等资料显示，青藏高原上的仲巴县、萨嘎县、吉隆县、聂拉木县、定日县，年平均雪灾次数大于1.2，也就是说平均每年都会有1~2次雪灾，这些县周边各县年平均雪灾次数也大都在0.6~1.2之间，是我国雪灾发生频率最高的地方。而以青海玛多县、称多县，四川石渠县为中心的另一个雪灾集中区年平均雪灾次数为0.8~1.2，周边地区雪灾频率也大都在0.6~0.8。一般的雪灾影响面积在10万平方公里以上，而青藏高原的雪灾影响面积通常可达20万~30万平方公里，甚至更大。有文献记载，1993年1~3月底，青海牧区各地先后发生雪灾，积雪覆盖面积达46万平方公里，其中积雪深度50厘米以上的为33万平方公里。[②] 2003年10月到2004年2月，持续4个月的69场大雪，使草肥水美的藏北草原沦为一片雪海，皑皑冰雪覆盖了那曲地区38万平方公里的草地，受灾面积相当于我国东部山东、江苏、安徽三省面积的总和。[③]

（二）保费计算困难

只有尽量低廉的保费和尽量高水平的赔付水平，才能吸引人们投保，但是对于藏区雪灾的风险，受地球气候变化的影响，和近几十年来高原上人口增加和资源过度开发的影响，脆弱的生态环境遭到严重破坏，自然灾害日益严重，目前很难准确预测其发生的长期概率，而牛羊这种生产性资料，其价格波动也是难以做到长期预测的，灾害初期因牧民担心牛羊死亡而大规模屠宰，造成牛羊肉价格暴跌，灾害后期，因牛羊死亡而导致供给减少，又造成价格暴涨，而保险基金的给付和补偿是具有时差性的，在这种情况下，保险公司为了规避风险，要么提高保费价格，要么提供低廉的赔付水平，可是这对于牧民而言是没有吸引力的。

青藏高原上的雪灾集中发生的时间主要是冬季和春季，即每年的10月至次年3月，甚至在个别年份雪灾能持续到次年夏天。严重的雪灾可能持续较长时间，《中国气象灾害大典》记载，1985年10月17~22日，玉树

---

① 高懋芳、邱建军：《青藏高原主要自然灾害特点及分布规律研究》，《干旱区资源与环境》2011年第8期。

② 王建林、林日暖：《中国西部农业气象灾害（1961—2000）》，气象出版社，2003。

③ 温克刚、王莘：《中国气象灾害大典（青海卷）》，气象出版社，2007。

州断断续续的大雪下了6天6夜，之后又有多场大雪，杂多、治多、曲麻莱、称多县受灾严重，7869户、42800多人和218万头（只）牲畜被大雪围困，整个雪灾长达半年之久，一直到1986年4月底才有所缓解。雪灾造成的后果，不仅仅是低温天气、牛羊失去饲料来源，而且造成牲畜死亡；因为留下过冬的牛羊，常常是幼畜或怀孕的母畜，大批的牲畜死亡，导致当期或第二年牛羊市场供应量减少，从而导致牛羊（肉）价格出现显著波动。1974年10月至1975年春季，青海南部先后遭受不同程度雪灾，玉树州普降大雪10多次，一般积雪在20~40厘米左右，阴坡和重灾区积雪在60~100厘米以上，并经常刮7、8级大风，州府至西宁、各县至州府公路全被积雪堵塞，运输中断，死亡牲畜78.7万头（只），死亡率达到15.57%。[1] 如果这样的情况发生在市场经济的今天，雪灾给牛羊（肉）市场价格波动的影响，是难以估计的。正是因为这些交织在一起的因素，给确定赔付水平工作带来了巨大的挑战。

（三）在当前牧民饲养牛羊明显超载的情况下，保险公司面临的风险更大

在市场经济条件下，对于牧民而言，单位面积内饲养牛羊越多，预期回报越大，可是一旦发生雪灾，对于保险公司而言，赔付的总量越大。

为了准确计算灾害导致牛羊死亡损失的概率，就必须先掌握区域内牛羊总量，但是在牛羊（肉）市场价格节节攀升的情况下，即使畜牧管理部门有各种各样的控制载畜量的政策措施，但牲畜超载是一个普遍现象，这就导致在保险险种开发与设计过程中的第二个挑战：各种牲畜在遭遇雪灾时的死亡概率也是测不准的。

此外，在一般情况下，保险所面临的保障对象总是存在一个确定的损失风险估计，而且这个损失风险是不能等于1的。可是在雪灾情况下，事情又将如何呢？《中国气象灾害大典（青海卷）》记载，1966年1月3~5日，那曲部分地区积雪50~65厘米，雪后气温由原来的-9℃急剧降至-41.7℃，-35~-41℃之间的气温且持续半月之久，积雪形成冰冻，致使

---

① 温克刚、王莘：《中国气象灾害大典（青海卷）》，气象出版社，2007。

200 万头（只、匹）牲畜受灾。① 长时间的灾情，加上地处偏远，对受灾牧民而言，很可能是全局性的损失。发生大面积的系统性灾害，让一般的商业保险公司也是难以承受的。

（四）道德风险难以规避

因为商业保险公司难以准确摸清投保者饲养牛羊的数量，这就可能给保险公司带来一种风险：牧民可能为部分牛羊投保，而一旦发生灾害，他们可能把牛羊圈中全部死亡的牛羊冒充为向保险公司投保的牛羊，从而给保险公司造成巨大的甄别困难。这种道德风险给保险公司造成的损失是无法预测的。因此，在过去的几十年里，保险公司一直没有在这类地区开展此类业务。

保险是一种经营风险的特殊行业，现代保险为人们的生产生活提供风险管理服务，必须建立在完备的风险数据库基础之上。但目前的实际社会管理，还不能提供准确的诸如牲畜数量等数据，这就很难采用精算技术计算出牲畜伤亡风险的发生概率、诱因和时空分布等基础信息，难以为大范围识别和预防风险提供基础数据支持。

二　减少保险服务排斥对当地经济发展的意义

在现代工业社会中，保险服务的出现有其必然的因素。笔者认为，从其必要性来看，最关键的原因不外乎几个方面：（1）维护市场稳定性的需要，市场出于自身持续稳定发展的需要，必须依靠某种机制来平滑其内部某些局部的波动，以防止这种局部的波动引起系统性破坏。（2）在经济规模不断扩大的情况下，市场主体需要更多的力量来帮助其分担市场风险，以免自己独自承担所有的风险。（3）规避风险是全社会所有经济单位的共同需求，现代保险作为风险管理者，在提供风险管理服务的同时，其服务方式及服务内容也深入到生产生活的每一个角落，影响着社会经济的运行模式，已经成为现代社会不可或缺的制度供给，它具有其他公共服务手段无法比拟的全局性和系统性的风险管理与控制优势，利用好保险服务，是经

---

① 温克刚、王莘：《中国气象灾害大典（青海卷）》。

济活动单位打造核心竞争力的内在要求，是实现社会经济发展的重要保证。

从举办保险的前提条件来看，在工业社会中，（1）风险概率可以准确计算或预测，无论开发什么保险产品，都必须正确掌握拟覆盖领域的风险水平，不能使用金钱进行抵偿的保险项目是难以付诸实施的；（2）市场中的个体有参加保险活动的经济剩余，只有在人民群众完成维持基本生活需要之后，手中还拥有一定的所谓经济剩余，保险产品才可能找到市场；（3）赔付（或补偿）可以使用金钱来衡量，并且赔付水平足以补偿参保人的主要经济损失，否则保险活动还是难以被接受。然而当今藏区社会因为经济发展水平的落后及其所面临风险的特殊性，导致了藏民在保险利用方面存在着障碍。主要原因已在上一章节进行了分析。

从农牧民的立场来看，在藏区发展现代保险服务业，却有着一种迫切的时代要求。

第一，当今生活在藏区的大部分农牧民进入现代市场经济的脚步非常匆忙，从自然经济一步跨越进入市场经济的时间很短，他们对于风险的预防和管理手段还比较落后，我们在调研中，遇到这样两个案例。

案例

2007 年，我们在青海果洛州调研时，遇到一户人家，主人叫丹增。因为他家的草场大部分遭到破坏，形成了黑土滩，牧草长不起来，他只好年年走牧。每年 7 月，从果洛出发，赶着牛羊一直走到四川的阿坝，然后再走回来。每年在自家土地上只能待上 7 天，处理一些诸如合作医疗报销等事务，就得又收拾起帐篷往四川走。而在沿途上，他得依靠同部落的其他人家的草场，喂养自己家的牛羊。因为是别人家的草场，不得不提前商量，并确定使用的区位，还不得不看别人的态度。有的时候，牛羊不吃饱，也得转场。他家的牛羊虽然大多数能够依靠这种方式活下来，并养活他们一家 4 口人，但这样的牲畜饲养方式显然不利于牛羊的生产。

在果洛草原上某乡还有一户人家，男主人不在家，女主人曲珍告诉我们，她的丈夫去给别人家放牧了。当我们问她有多少牛羊的时候，她告诉我们，自己没有任何牲口，因为前一年他们家牲口得了瘟疫，都给埋了。后来他们家就没有了牛羊，草场租给别人家使用，但是都是一个村的，同一个部落的，对方也没有给自己家什么实际好处。她的丈夫给别人放牧的目的，除了家里减少一张口吃饭，最主要的是为了获得小羊羔、小牛犊。丈夫给人家放牧已经三年，还没有回来。陪同我们一起调研的当地乡村干部告诉我们，这种情况，少说得 5 年时间，她家丈夫才能带上足够的牲口回家。

从上述案例，我们可以得出两个结论：（1）自然因素对于牧民生产生活造成的灾害，确实对其正常生活形态形成了毁灭性的打击，而且这种冲击会持续较长的时间。（2）灾后生产的重新建设，主要依靠牧民自己采用传统的习俗来完成，比如说走牧、代牧等方式。现代社会的救助方式难以完成帮助牧民恢复生产的任务，因为在现代社会中的救助政策，一般是对受灾者的基本生活给予人道主义的救助，或者在帮助其重新进入劳动力市场方面给予特别扶持，其基本的前提是被救助者的劳动能力基本完好，只要市场正常运行，他们重新进入劳动力市场后，就可以通过劳动恢复正常的生活。而对于高原牧区的人们来说，其生产方式是需要自己为自己提供足够的生产资料，比如草场、种畜、放牧的劳动力等。而这些，显然超出了现代社会的救助范畴。我们从第二个案例中的信息还可以发现，高原藏区的牧民在长期的社会实践中，也找出了一定的克服困难的办法，而且这个办法在我们走访的多个牧村都有所耳闻，但其效率仍然有待考证。

第二，传统的风险管理与救助办法难以承受来自现代市场经济的系统性风险，在现代市场经济条件下，更难以修复自然灾害对其脆弱的高原牧业经济造成的冲击。

贡觉县发改委干部张某跟我们说："我们这里的牛羊肉价格常常受牧民秋杀的总量影响，牛肉价格能在两三个月里从 18 块多涨到 30 多块，最高的时候能卖到 60 多块，我们从外面调都来不及，价格就涨上去了。我们也摸不透这个价格怎么能变化这么快。"前面已经提到，牛羊肉的价格在灾害前后一般会形成一个暴跌再暴涨的现象，牛羊肉价格的剧烈波动，势必对羔羊、牛犊的价格同样造成影响，一旦在受灾面大、灾害程度深的年份，如何才能保证牧民在灾后获得足够的恢复生产的物资呢？从计划经济时期实行的延续政策来看，当地政府主要依靠上级拨付的资金和物资来救助灾民，而受灾者主要依靠这些钱和物资满足基本生活，这是这种政策首要完成的功能；而在草原上，没有牲畜，就没有办法生活。牧民想要对恢复牧业生产做更多的准备的话，就必须压缩自己的灾后消费，而这时的消费已经是来自救助物资，其积累能力就可想而知了。当然，在我们的调研中，也遇到过牧民给我们讲述他们受灾后，外嫁的姐妹家给受灾的哥哥弟弟家送来牛羊的故事，但是，这一切都得有一个前提，灾害的发生面积不能过大，否则这种亲戚之间的互相帮助也无从谈起。

市场经济机制自身的特性，也会对风险起到放大的作用，如果一场大范围的降雪一旦形成雪灾，势必造成如下三种风险：（1）灾害造成畜牧业减产，牛羊肉价格势必上涨，给市场本身造成波动，影响牧民的灾后生活；（2）与市场经济体制对应的现代社会的救助手段与高原牧区自然灾害后的恢复要求之间存在着缺口，救助的物资难以满足灾后恢复与重建，这个过程的持续时间将进一步加深市场的不稳定性；（3）因为高原地区地广人稀，道路一旦遭冻，由政府统一组织的救灾工作将更加困难，灾害面积越大，单位救灾成本越高。

为了尽量克服这种系统性风险，传统的风险管理与救助办法常常回避对灾后生产恢复的责任。这既受当时经济发展水平的约束，更受到风险管理水平的限制。在实行市场经济的今天，我们完全可以利用保险的手段，分散风险、分散救助的方式应该成为高原地区的风险管理的内在要求。

一般商业保险公司，出于其工作的基本要求，平时就得积累各种风险管理信息，一旦发生灾害，可以及时准确地统计受灾情况，而这恰恰是灾害管理、救灾物资公平分配，以及确保各种救灾资源发挥最大效率的基本要求，然而因为青藏高原地区的海拔高、面积大等特点，给灾害统计工作带来很大困难，导致一般商业保险公司难以在高原藏区开办相关业务。于是在藏区大部分地区，仍然延续计划经济时期传承下来的各种风险管理办法。比如说，传统的登记式的统计方法，其实这已经越来越不能保证上述要求得到实现，而与现代保险制度相结合的统计方法却可以有效克服这些困难。

现代保险介入灾害处理全过程，可以改变救助方与被救助方的行为关系。在保险缺位的情况下，自然灾害发生后受灾者直接向政府寻求经济方面的援助，这时会出现两个问题：一是大量的转移支出必然会加重财政的负担，而政府只能根据财政预算中用于救灾的民政事业资金规模进行救助，难以按照灾害的实际后果进行完全有效的援助，特别是在大灾之年，或者财政吃紧的年份，对于保障农牧民风险方面，财政保障就难以提供制度性保证，常常依靠兄弟省份进行支援；二是由于政府和受灾方信息的不对称，机会主义会驱使受灾方虚报或多报受灾损失，造成灾害记录的失真和加大财政负担，或者影响其他地区的资金分配。

如果采用现代保险制度作为财政救助制度的前一道防线，我们可以利用专业技术核定受灾损失情况，根据合同约定对受灾的被保险人进行公平补偿。因为保险业务在平时就具备基础的风险管理信息，在事故发生后，保险公司的及时介入，可以减少一定的道德风险发生概率。采用保险方式，也可以减少权力寻租带来的腐败现象，因为保险公司的专业核赔技术，以及其自身的利润目标，使灾害处理流程更加公平、透明、救灾效率更为高效。保险手段，可以彻底约束当事人的行为，这也是与现代市场经济发展要求相一致的社会风险管理制度，理应覆盖到农牧民身上。

第三，自然灾害是藏区农牧民贫困发生的主要原因之一，灾害对牧民家庭的发展所造成的影响常常会持续多年并形成代际传递。切断贫困与灾害之间的联系，传统的救助手段已经不能完成这一任务，在市场经济条件下，保险可以成为配套的服务供给来补充公共政策服务体系的不足。

本书第三章提到过夏顿一家，因为"我们家属于富裕户，自始至终，没有得到一点救济，我们也没说什么，因为村里其他人家更惨"。其实富裕户在灾害中也遭遇了巨大的损失，甚至损失的牛羊规模更大，但是在传统的救助制度之下，却不能得到任何救济，这除了使夏顿一家人产生不公平心理，更给该户人家未来的生产发展带来了负面影响。他们作为原来的富裕户，在牛羊养殖方面应该具备更多的生产经验，可是因为得不到更多的援助，依然因灾害陷入了贫困的境地。

三　当前西藏自治区政策性涉农保险的做法

从前面的讨论中，我们可以看出，与市场经济体制相配套的保险制度已经在藏区形成了客观需求，对于身处发展条件比较脆弱环境中的人们，或者对于本身就处于能力缺失状态下的人们而言，向其提供保险服务也是现代社会的必然责任。可是，在商业保险公司的能力与高原藏区的特殊条件之间，存在着一定的缺口，如何打破这种因为自然因素所造成的排斥现象呢？一种企业与政府合作的政策性商业保险逐渐形成了。

随着市场经济在藏区的建立与发展，以及市场机制在藏区的逐步深化，过去那种仅仅依靠灾害救助的方式已经与当地牧业经济的发展难以适应，为了平滑牧业生产的风险以及保护牧民生产能力使之持久发展，人们一直希望能有一种符合当地实际情况的灾害保护机制。在西藏自治区人民政府和中央人民政府的长期努力和支持下，2006 年开始，西藏自治区在日喀则的拉孜县和那曲的双湖特别区开展了政策性涉农保险的首批试点。经过数年探索，这种政策性保险经历了从"政策扶持、商业运作"的开办模式到"政府补贴，保险公司代办"的代办经营模式，目前已发展为政府与保险公司"联办共保"的商业化运作模式。

正因为前面提到的灾害特征，人保公司前期开展的保险项目导致了该公司在西藏地区该险种总是亏损。在试点当年，两个参保县区保费共计195.7 万元，最终保险赔付为 213.47 万元。在第二年的试行代办模式下，虽然费率、保险标的、保额等内容都没有变动，并且保险公司实行封顶赔付，但 2008 年度西藏政策性涉农保险保费共计 3050 万元，最终赔付额却为 3737.6 万元。

保险公司作为企业是难以承受长期亏损的，经过积极的探索，在总结试点经验的基础上，2011 年西藏自治区政府将政策性涉农保险经营模式调整为与人保公司"联办共保"的模式，并且把保险覆盖面扩大到了全自治区，自治区财政提供保费补贴 26423.33 万元，自治区政府财政和人保财险按 7：3 的比例共同承担风险，资金按比例打入专门账户。在联办共保模式下，人保公司对自身应承担的风险不封顶，自负盈亏，人保公司通过购买再保险等形式分散和降低了自身承担的风险额度，进行一种商业化运作模式。同时，政府另外设立风险基金，并给人保公司核定了 3000 万元的涉农保险经营费用，一旦发生超支，由自治区财政和人保公司按照 5：5 的比例共同承担。

这种"联办共保"的模式并不是完全由自治区政府包办，它也充分调动了各级政府和农牧民的积极性。在参保时，由县级政府与中国人保在西藏各地市级分公司签订政策性涉农保险合同，牛羊牲畜、农作物、住房等都列在保障范围之内，保费的 90% 由自治区、地（或市）、县（或区）财政承担，分担比例为：50%、20%、20%、参保的农牧民只需承担 10% 的费用。签订合同时，由县政府代表辖区内农牧民，把经过核定的各种牲畜的数量、作物播种面积等在合同书上明确说明，集体投保。

发生灾害后，保险公司可委托乡镇政府协助查验灾情，乡镇政府拍照传给人保公司的地市级分公司，即可赔付。如果灾情面积较大，人保公司将派员实地勘察、评估。当农作物遭受自然灾害造成经济损失时，农民就可以申请保险赔偿：青稞每亩 240 元，小麦每亩 180 元，油菜每亩 306.3元。对于牧民而言，牲畜因为灾害意外死亡时，可以得到的保险赔偿标准为：牛每头 1263.16 元，绵羊每只 131.58 元，山羊每只 110.53 元。

四 实行农牧业保险进行灾后救助的效果

西藏自治区为农牧民开展的政策性保险项目具有以下几方面的优点：

第一，采用保险的方式进行灾后救助，改变了临时性的救灾工作模式，对于灾害多发、易发地区的居民而言，保险这样的非临时性的救灾方式可以让灾民心里更加踏实。

阿旺乡有一户贫困人家，老人叫曲布，他家的条件很不好，只有不到 30 只羊。当我们询问他是否知道牲畜保险项目时，他赶忙告诉我，他们家参加了，钱是由乡里直接扣了。问他是否愿意参加，他回答说："愿意，这是好东西，以后牛羊死了，可以赔钱的。以前赔不了，牛羊死了，也就看着死了。现在听说，死了以后保险公司会来看现场，在山坡上摔下来的也可以赔，羊在山坡上吃草常常会摔死。保险好，保险好。"他朴实的回答中至少透露出两重内容：一是牧民对于保险项目是期待的；二是保险项目所覆盖的风险基本上能够满足牧民的要求。

第二，因为是年初预算就已经安排了保费补贴，并且投入了保险专户，改变了过去救灾资金款项安排、使用不透明的现象，增强了老百姓对政府的信任感。

2011 年我们在昌都地区调研时，电话询问了人保昌都分公司的联系人罗松先生。他在电话里肯定了政府已经把当年的配套资金打入了专户，地方各县、乡协助征收的保费也是在专门账户中。

第三，采取保险的理赔方式避免了过去救灾款项发放的不平均而导致的不公平现象。

　　阿旺乡有一户人家，主人叫扎西，2011 年时已经 69 岁。他告诉我们，他家养了 100 头牛、70 多只羊，每年杀 4 头牛、8 只羊，平时再花 5000 ~ 6000 元买些食物，主要是糌粑和面，一家人的生活就够了。上一年政府搞了牲畜保险，乡里来宣传，他就参加了，他们家一共交了 2000 元。虽然到我们访问他的时候，他家还没有因为遭灾需要什么赔付，但他个人仍然觉得有必要参加，因为从以前的遭灾经历来看，他觉得，一旦发生灾害，政府赔的会比较划算。他甚至还叹息道，要是十多年以前有保险就好了，他的一个原先挺富裕的亲戚就不会像现在这样日子难过了。

虽然我们在调研中没有遇到遭受大灾并获得大额赔付的人家，但是当地人们和我们谈到保险时，大多持欢迎态度。

第四，多灾的地区也是生态脆弱地区，商业保险可以调动当事人控制载畜量的积极性，谁家养的牛羊越多，要么缴费越多，要么超编部分不能参加保险。这样的方式可以提醒当事人注意，习惯的生产生活方式中是不是有不合理的地方，从而起到让当事人调整未来的生产生活方式的作用。

我们认为，这种政策性的农牧业保险应该进一步总结经验，在更多地区进行推广。

参考文献

高懋芳、邱建军：《青藏高原主要自然灾害特点及分布规律研究》，《干旱区资源与环境》2011 年第 8 期。

王建林、林日暖：《中国西部农业气象灾害（1961—2000）》，气象出版社，2003。

温克刚、刘光轩：《中国气象灾害大典（西藏卷）》，气象出版社，2008。

温克刚、王荤：《中国气象灾害大典（青海卷）》，气象出版社，2007。

后 记

本书是我们课题组在 2004～2007 年和 2011～2013 年的工作成果。在此需要特别提到的是：

国务院扶贫领导小组办公室，西藏自治区、四川省和甘肃省的各级政府及地方社会科学院，有效地协调和帮助课题组从事田野工作。

中国社会科学院和福特基金会北京代表处对本项研究曾给予长期资助，国家社科基金特别委托项目《西藏历史与现状综合研究》办公室又给予了追加资助。

调研地区受访的公共服务供给机构、村委会成员、农牧民家庭成员、寺院僧人和居士，以及本地和外来的企业家、做工者和商人，为我们提供了丰富的信息，从而为本项研究的顺利进展奠定了良好的基础。

调研地区的藏语翻译以及本书的英文提要编审人员提供的技术支持，对于实地调查中的访谈活动和本书的问世至关重要。

中国社会科学院国际合作局、科研局和经济研究所的科研行政管理机构为课题组提供了必需的后勤支持。

我们愿借此机会向促成本课题组的"藏区发展研究"圆满结束以及对本书出版提供帮助的机构和个人表示衷心的感谢！

朱 玲

2014 年 10 月 31 日

图书在版编目（CIP）数据

排除农牧民的发展障碍：青藏高原东部农牧区案例研究/杨春学，
朱玲主编. —北京：社会科学文献出版社，2014.12
（西藏历史与现状综合研究项目）
ISBN 978 - 7 - 5097 - 6642 - 2

Ⅰ.①排…　Ⅱ.①杨…　②朱…　Ⅲ.①农业经济发展 – 案例 –
西藏 ②畜牧业经济 – 经济发展 – 案例 – 西藏　Ⅳ.①F327.75

中国版本图书馆 CIP 数据核字（2014）第 237086 号

·西藏历史与现状综合研究项目·

排除农牧民的发展障碍
　　——青藏高原东部农牧区案例研究

主　　编/杨春学　朱　玲

出 版 人/谢寿光
项目统筹/宋月华　周志静
责任编辑/金成武　抃以牢

出　　版/社会科学文献出版社·人文分社（010）59367215
　　　　　地址：北京市北三环中路甲 29 号院华龙大厦　邮编：100029
　　　　　网址：www.ssap.com.cn
发　　行/市场营销中心（010）59367081　59367090
　　　　　读者服务中心（010）59367028
印　　装/三河市尚艺印装有限公司

规　　格/开　本：787mm × 1092mm　1/16
　　　　　印　张：19.5　字　数：304 千字
版　　次/2014 年 12 月第 1 版　2014 年 12 月第 1 次印刷
书　　号/ISBN 978 - 7 - 5097 - 6642 - 2
定　　价/89.00 元